2020年度版

TAC行政書士講座

みんなが欲しかった！行政書士の40字記述式問題集

TAC出版
TAC PUBLISHING Group

はじめに

　行政書士試験で難しいとされている「記述式問題」ですが、300点満点中、60点の配点を占めています。記述式問題を得点源にできるようになれば、これほど心強いことはありません。

　そこで、初学者から学習経験者まで、行政書士試験の全受験生が、記述式問題で50点ラインを越えられる実力を養ってもらうことを最大の目的として、本書を書き上げました。

　まず、記述式問題の【解法マニュアル】として、40字記述式問題の解法を徹底的にマニュアル化しました。このマニュアルにしたがって、記述式問題に取り組んでいただくことで、記述式問題での得点が安定してきます。

　また、記述式問題の【解法テクニック】として、行政法と民法の科目別に過去問を使用して、出題形式別に記述式問題の解き方を解説します。出題形式を押さえることで、問題で要求されているポイントを外さないで書くことができるようになります。

　さらに、記述式問題の【実戦編】として、過去問の出題傾向を徹底的に分析し、今後、出題の可能性が高いテーマを網羅的にマスターできるようなＴＡＣオリジナルの記述式問題ばかりを掲載しています。この問題をものにしていただくことで、本試験に対応できるだけの実戦力と知識を身につけることができます。

　加えて、多肢選択式問題の対策として、【多肢選択式問題】も付けてあります。

　そして、民法改正に対応できるよう内容を改訂しています。

　本書の解法テクニックを前提に、記述式問題をマスターして、あなたの行政書士試験合格をグッと強く手元に引き寄せてください。

　あなたの2020年度の行政書士本試験合格を心より祈念しております。

ＴＡＣ行政書士講座

本書の特長と使い方

① 問題類型別解法テクニック

> **問題**
> 　実際の行政書士本試験で出題された問題です。資格試験攻略のためには、必ず押さえなければならないのが過去問です。過去問の出題形式を押さえることによって、記述式対策の第一歩が始まります。

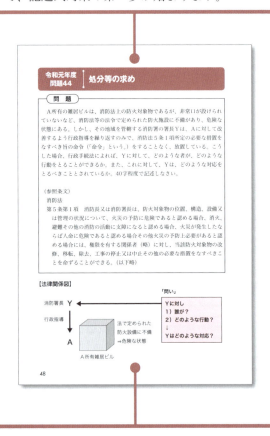

> **法律関係図**
> 　事案を視覚的に把握するための法律関係図です。法律問題を短時間で正確に解くためには、登場人物を図に描いて全体像を正確につかむことが必須です。この図をみて事案を正確に把握する練習をしてください。また、自分が図を描くときの参考としてください。

問題文の構造

問題を読み解くには、問題文を正確に把握することが必要です。まずは、問題文の構造を大きくとらえることで、問題文を正確に把握する足掛かりにします。

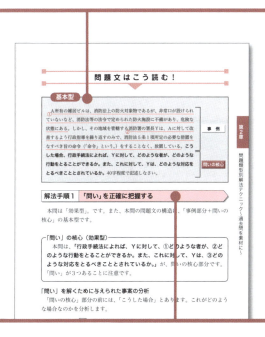

解法手順

記述式問題を解く手順、いわば「解法マニュアル」です。
全問題を

① 「問い」を正確に把握する

② 「問いの形」に合わせて「答えの形」をつくる

③ 「答え」を完成させる知識を記憶喚起する

④ 「問い」に呼応する「答え」をつくる

という4つの手順で解きます。これを繰り返すことで、記述式問題の「正しい解法手順」が自然と身に付くようになります。

記述式解法・ここがポイント！

　ここでは、解答作成術について解説しています。記述式問題は、条文・判例をそのままの形で書けばよいというものではありません。「問い」の形に合わせてどのように条文や判例をまとめるか、その方法や、つじつまの合わせ方をマスターします。

この「○○」「□□」「△△」に、解法手順３で喚起した知識で穴埋めします。

「○○」には、「何人も」
「□□」には、「命令をすることを求めることができる」
「△△」には、「必要な調査を行い、必要があると認められたときは命令をしなければならない」

具体的には

「行政手続法によれば、Ｙに対して、何人も、命令をすることを求めるという行動をとるということができ、Ｙは、必要な調査を行い、必要があると認められたときは命令をしなければならない、という対応をとるべきこととされている。」となり、これが完全な形の解答となります。

記述式解法・ここが推敲のポイント！

　本問は、行政手続法によって解答することが求められていることが前提ですから、「行政手続法によれば」は省略します。
　また、「どのような行動」、「どのような対応」についても、具体的な「行動」や「対応」を書けば、それが求められている「行動」「対応」だということがわかります。したがって、□□「という行動」、△△「という対応」は書く必要はありません。

≪解答を推敲しよう！≫
行政手続法によれば、Ｙに対して、何人も、命令をすることを求めるという行動をとるということができ、Ｙは、必要な調査を行い、必要があると認められたときは命令をしなければならない、という対応をとるべきこととされている。(107字)

「行政手続法によれば」は解答の前提、「という行動をとるという」「という対応をとるべきこととされている」は意味の重複になるのでカット

行政手続法によれば、Ｙに対して、何人も、命令をすることを求めるという

52

解答を推敲しよう！

　解答の仕上げは、作成した解答を「40字程度」に推敲することです。キーワードを落とさず、また、解答の内容を崩さずに、どのように推敲するかの手順を示しています。

解答例

行政書士試験研究センターが発表した解答例で、出題者が望む答えです。どのような解答をつくればよいのか、正解が示されています。

② **実戦編**

> **問題**
> 出題傾向を踏まえて作成した、出題可能性が高い論点のオリジナル問題です。その中でも重要度の高いものから順に★★★〜★のランクを付しています。

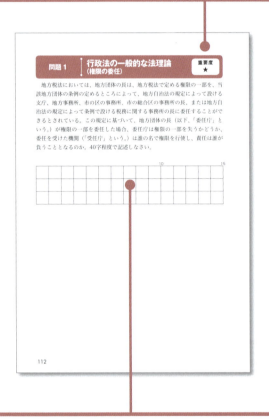

> **解答欄**
> 本試験ではほとんどの問題で15マス×3段の解答欄が設けられています。実際に解答を書いて、40字程度にまとめる訓練を行いましょう。

解説

第1章 記述式問題・解法マニュアル、第2章 問題類型別解法テクニックと同じ流れで、解答への道筋を示しています。

解答例

配点されるキーワードをすべて盛り込んだ40字程度の解答例です。赤シートで隠しながら学習できます。

シリーズ紹介と活用法

ここでは、TAC出版書籍（みんなが欲しかった！行政書士シリーズ）のご紹介と、その書籍を使った効果的な学習法について説明します。

入門書

1 行政書士 合格へのはじめの一歩

- 「オリエンテーション編」で、行政書士という資格と行政書士試験について、さらっと確認してイメージをつかみましょう。
- 「入門講義編」で、各科目の内容をざっと読んで全体像をつかむとともに、法律学習になれましょう。

実力養成

2 行政書士の教科書

- まずは1回、ざっと読んで全体像をつかみましょう。わからないところがあっても、どんどん読み飛ばします。
- 本文をじっくり、力を入れて読み込みましょう。
- 「例題」は必ず解きましょう。できないときは、すぐに本文に戻って知識を確認しましょう。

リンク

3 行政書士の問題集

- 『行政書士の教科書』の1回目を読む段階から、できればSectionごと、少なくともCHAPTERごとに、『行政書士の問題集』の問題を解きましょう。
- できなかった問題は、解説に記載されているリンクをもとに『行政書士の教科書』に戻って確認しましょう。

リンク

4 行政書士の最重要論点150

- 『行政書士の教科書』の重要な150の論点をピックアップして、見開き2ページ1論点（項目）の構成、図表中心でまとめています。

5 行政書士の判例集

- 最重要判例を中心に、重要度に応じてメリハリをつけながら、憲法・民法・行政法・商法の数多くの判例を掲載しています。

過去問演習

6 行政書士の5年過去問題集

- 5年分の本試験問題を、詳細な解説と問題ごとの正答率とともに、新しい順に年度別に収録しています。
- 出来具合に一喜一憂することなく、また解きっぱなしにせずに、できなかった問題は、『行政書士の教科書』に戻って復習しましょう。

7 行政書士の肢別問題集

- 実際の本試験問題を素材にしながら、法令（等）科目の重要論点を、選択肢ごとに分解し、1問1答形式で、知識を確認できる1冊です。
- 選択肢（問題）ごとに、重要度ランク・肢を切るポイントを明示しているので、メリハリをつけた学習が可能です。

記述対策

8 行政書士の40字記述式問題集 本書

- 過去問題を題材にした解法マニュアルと、過去問題＆オリジナル予想問題が1冊に集約されています。
- 一通りの学習が終わって、直前期に40字記述式対策を行われる受験生が多いようですが、実力養成の学習と同時並行することで、より知識定着を図ることも可能です。

直前対策

9 本試験をあてる TAC直前予想 行政書士

- 出題傾向を徹底分析した予想問題を3回分収録しています。
- 問題部分は回数ごとに取り外せるようになっているので、実際の本試験を意識したシミュレーションを行うことができます。是非とも時間（180分）を計りながらチャレンジしてみましょう。

合 格！

CONTENTS

第1章　記述式問題・解法マニュアル

1 記述式問題ってなに???

～記述式問題は行政書士試験攻略のキーポイント！‥‥‥‥‥‥‥‥ 2

（1）記述式問題とは ‥‥‥‥‥‥‥‥‥‥‥‥‥‥‥‥‥‥‥‥‥‥‥ 2

（2）記述式問題での得点の妙味 ‥‥‥‥‥‥‥‥‥‥‥‥‥‥‥‥‥ 3

（3）記述式問題を解くための大前提 ‥‥‥‥‥‥‥‥‥‥‥‥‥‥ 3

2 記述式問題の対策をしよう！ ‥‥‥‥‥‥‥‥‥‥‥‥‥‥‥‥ 5

（1）記述式問題で求められるものは？ ‥‥‥‥‥‥‥‥‥‥‥‥‥ 5

（2）要求される知識は択一も記述も共通なのだ！ ‥‥‥‥‥‥‥‥ 5

（3）対策は早い時期から始めよう（合格曲線をイメージしよう）‥‥‥‥ 6

（4）条文・判例を参照しながら、どんどん問題を解こう！ ‥‥‥‥‥ 8

3 記述式問題・解法マニュアル ‥‥‥‥‥‥‥‥‥‥‥‥‥‥‥‥ 9

（1）解法手順1 「問い」を正確に把握する ‥‥‥‥‥‥‥‥‥‥‥ 12

　① 問題文の形から「問い」全体をつかもう（記述式問題の基本構造）

　② 実際の問題を使って問題を把握してみる

（2）解法手順2 「問いの形」に合わせて「答えの形」をつくる ‥‥‥‥‥ 21

（3）解法手順3 「答え」を完成させる知識を記憶喚起する‥‥‥‥‥ 23

　①「問い」に答えるためには知識が必要

　②「問い」に答えるための知識とは？

　③ 条文・判例を記憶する　～記憶すべき条文・判例

　④ 基本的な条文・判例とは？　～記憶すべき条文・判例の明確化

　⑤ 基本的な条文・判例の記憶法

　★超重要★「そもそも何が問われているの？」

　　～記憶喚起すべき知識にたどりつく方法 ‥‥‥‥‥‥‥‥‥‥‥ 26

（4）解法手順4 「問い」に呼応する「答え」をつくる ‥‥‥‥‥‥ 30

　　～「○○」に、喚起した知識をはめ込んで解答を作成し、推敲作業へ

　① 解答手順2でつくった「答えの形」のなかの「○○」「△△」を穴埋め

　② 40字程度に推敲する

③ 推敲作業から解答が正しいかどうかをさぐる（文字数からの確認作業）

④ 誤字脱字がないかを確認

⑤「問い」に呼応しているかどうかを確認

（5）記述式問題対策として訓練しなければならないこと ……………………… 32

第2章　問題類型別解法テクニック　～過去問を素材に～

1　内容面からの類型化 ……………………………………………………… 34

（1）要件型（民法に多い）………………………………………………… 38

　平成30年度問題45　制限行為能力者の相手方の保護 ……………………… 40

（2）効果型（行政法に多い）……………………………………………… 47

　令和元年度問題44　処分等の求め ………………………………………… 48

（3）要件・効果型（民法に多い）………………………………………… 53

　平成25年度問題45改題　無権代理人に対する責任追及 ………………… 54

（4）事例把握型（民法）…………………………………………………… 61

　平成21年度問題45改題　保証債務（求償権）…………………………… 62

（5）基本概念定義型（行政法に多い）…………………………………… 69

　平成26年度問題44　公の施設 …………………………………………… 70

（6）条文趣旨型（民法）…………………………………………………… 77

　平成22年度問題46改題　不法行為債権が相殺できない趣旨 …………… 78

2　形式面からの類型化 ……………………………………………………… 83

（1）一行問題型（民法・行政法いずれも）……………………………… 83

　平成23年度問題44　即時強制 …………………………………………… 84

　平成29年度問題46改題　不法行為に基づく損害賠償請求権の消滅時効 … 92

（2）空欄補充型（民法）…………………………………………………… 97

　平成24年度問題46改題　遺留分…………………………………………… 98

（3）解答欄分割型（民法）………………………………………………… 104

xiii

第3章 〈実戦編〉行政法

1 行政法出題履歴一覧表 ·· 106

2 〈行政法〉過去問の分析による傾向と対策 ················· 107
（1）出題形式から探る出題傾向①（効果型が中心となる理由）················ 107
（2）出題形式から探る出題傾向②（事例問題が中心となる理由）············· 108
（3）過去問から読み解く出題傾向(択一式過去問で出題されたところ) ·········· 109
（4）〈行政法〉記述式問題の対策 ····································· 109
　問題 1　行政法の一般的な法理論（権限の委任）················· 112
　問題 2　行政法の一般的な法理論（許可）······················ 114
　問題 3　行政法の一般的な法理論（公定力）···················· 116
　問題 4　行政法の一般的な法理論（行政代執行）················ 118
　問題 5　行政手続法（申請に対する処分）······················ 120
　問題 6　行政手続法（処分理由の提示）························· 122
　問題 7　行政手続法（不利益処分・聴聞①）···················· 124
　問題 8　行政手続法（不利益処分・聴聞②）···················· 126
　問題 9　行政不服審査法（審理員の選任方法）················· 128
　問題10　行政不服審査法（誤った教示）························ 130
　問題11　行政不服審査法（執行停止の取消し）················· 132
　問題12　行政不服審査法（審理手続を経ないでする却下裁決）············ 134
　問題13　行政不服審査法（審理員意見書）····················· 136
　問題14　行政不服審査法（審査請求に対する裁決）············· 138
　問題15　行政事件訴訟法（処分性）··························· 140
　問題16　行政事件訴訟法（裁量行為）························· 142
　問題17　行政事件訴訟法（訴えの変更）······················ 144
　問題18　行政事件訴訟法（執行停止）························· 146
　問題19　行政事件訴訟法（差止め訴訟①）···················· 148
　問題20　行政事件訴訟法（差止め訴訟②）···················· 150
　問題21　行政事件訴訟法（争点訴訟）························· 152
　問題22　国家賠償法（1条「職務を行うについて」）··········· 154
　問題23　国家賠償法（2条）································· 156
　問題24　地方自治法（直接請求）····························· 158

xiv

問題25　地方自治法（特別的拒否権）‥‥‥‥‥‥‥‥‥‥‥‥‥‥‥ 160

第4章　〈実戦編〉民法

1　民法出題履歴一覧表 ‥‥‥‥‥‥‥‥‥‥‥‥‥‥‥‥‥‥‥‥ 164

2　〈民法〉過去問の分析による傾向と対策 ‥‥‥‥‥‥‥‥‥‥ 166

（1）出題形式から探る出題傾向①（要件型が中心となる理由）‥‥‥‥‥ 166

（2）出題形式から探る出題傾向②（事例問題が中心となる理由）‥‥‥‥ 167

（3）過去問から読み解く出題傾向（択一式過去問で出題されたところ

　　＋過去問で出題されたところの理解の前提となる条文）‥‥‥‥ 168

（4）〈民法〉記述式問題の対策 ‥‥‥‥‥‥‥‥‥‥‥‥‥‥‥‥ 168

（5）〈民法〉改正に伴う対策の必要性 ‥‥‥‥‥‥‥‥‥‥‥‥‥ 168

問題 1　総則（後見開始の審判）‥‥‥‥‥‥‥‥‥‥‥‥‥‥‥ 170

問題 2　総則（制限行為能力者）‥‥‥‥‥‥‥‥‥‥‥‥‥‥‥ 172

問題 3　総則（制限行為能力者の詐術）‥‥‥‥‥‥‥‥‥‥‥‥ 174

問題 4　総則（心裡留保）‥‥‥‥‥‥‥‥‥‥‥‥‥‥‥‥‥‥ 176

問題 5　総則（94条2項の第三者）‥‥‥‥‥‥‥‥‥‥‥‥‥‥ 178

問題 6　総則（錯誤）‥‥‥‥‥‥‥‥‥‥‥‥‥‥‥‥‥‥‥‥ 180

問題 7　総則（強迫）‥‥‥‥‥‥‥‥‥‥‥‥‥‥‥‥‥‥‥‥ 182

問題 8　総則（任意代理人による復代理人の選任）‥‥‥‥‥‥‥ 184

問題 9　総則（代理権の消滅事由）‥‥‥‥‥‥‥‥‥‥‥‥‥‥ 186

問題10　総則（代理権の濫用）‥‥‥‥‥‥‥‥‥‥‥‥‥‥‥‥ 188

問題11　総則（無権代理人の責任）‥‥‥‥‥‥‥‥‥‥‥‥‥‥ 190

問題12　総則（期限の利益の喪失）‥‥‥‥‥‥‥‥‥‥‥‥‥‥ 192

問題13　総則（裁判上の請求による時効の完成猶予・更新）‥‥‥‥ 194

問題14　総則（取得時効の要件）‥‥‥‥‥‥‥‥‥‥‥‥‥‥‥ 196

問題15　総則（消滅時効）‥‥‥‥‥‥‥‥‥‥‥‥‥‥‥‥‥‥ 198

問題16　総則（援用権の喪失）‥‥‥‥‥‥‥‥‥‥‥‥‥‥‥‥ 200

問題17　物権総論（物権的請求権）‥‥‥‥‥‥‥‥‥‥‥‥‥‥ 202

問題18　物権総論（指図による占有移転の要件）‥‥‥‥‥‥‥‥ 204

問題19　物権総論（占有の態様等に関する推定）‥‥‥‥‥‥‥‥ 206

問題20　物権総論（占有保全の訴え）‥‥‥‥‥‥‥‥‥‥‥‥‥ 210

xv

問題21	物権総論（加工）	212
問題22	物権総論（共有者死亡時の共有持分の帰属）	214
問題23	物権総論（地役権の時効取得）	216
問題24	担保物権（留置権と同時履行の抗弁）	218
問題25	担保物権（留置権者による果実の収取）	222
問題26	担保物権（質権の対抗要件①）	224
問題27	担保物権（質権の対抗要件②）	226
問題28	担保物権（物上代位と差押債権者との優劣）	228
問題29	担保物権（抵当権と賃借権の対抗関係）	230
問題30	担保物権（抵当権侵害①）	232
問題31	担保物権（抵当権侵害②）	234
問題32	担保物権（法定地上権）	236
問題33	担保物権（抵当建物使用者の引渡しの猶予）	238
問題34	債権総論（種類債権の特定と注意義務）	240
問題35	債権総論（選択権の移転）	242
問題36	債権総論（受領遅滞の効果）	244
問題37	債権総論（損害賠償の範囲）	246
問題38	債権総論（債権者代位権の行使方法）	248
問題39	債権総論（債務不履行と詐害行為取消請求権）	250
問題40	債権総論（詐害行為取消請求の行使要件）	254
問題41	債権総論（詐害行為取消請求の期間の制限）	256
問題42	債権総論（連帯債務の相対効）	258
問題43	債権総論（保証債務に生じた事由）	260
問題44	債権総論（第三者弁済）	262
問題45	債権総論（特定物の現状による引渡し）	264
問題46	債権総論（口頭の提供）	266
問題47	債権総論（相殺）	268
問題48	債権総論（差押えを受けた債権の相殺）	270
問題49	債権各論（同時履行の抗弁）	272
問題50	債権各論（契約の解除）	274
問題51	債権各論（売主の契約不適合責任）	276
問題52	債権各論（使用貸借・借用物の返還の時期）	278

問題53　債権各論（賃借権の対抗要件）……………………………………… 280

問題54　債権各論（賃借人の意思に反する保存行為）………………………… 282

問題55　債権各論（賃借人の費用償還請求）…………………………………… 284

問題56　債権各論（賃貸借の更新）……………………………………………… 286

問題57　債権各論（注文者が受ける利益の割合に応じた報酬）……………… 288

問題58　債権各論（請負人の担保責任の制限）………………………………… 290

問題59　債権各論（請負契約の解除）…………………………………………… 292

問題60　債権各論（請負契約と不当利得）……………………………………… 294

問題61　債権各論（管理者による事務管理の継続）…………………………… 298

問題62　債権各論（他人の債務の弁済）………………………………………… 300

問題63　債権各論（監督義務者の責任）………………………………………… 302

問題64　債権各論（共同不法行為と使用者責任と求償）……………………… 304

問題65　債権各論（土地工作物責任）…………………………………………… 308

問題66　債権各論（過失相殺）…………………………………………………… 310

問題67　親族（婚姻・夫婦間の契約）…………………………………………… 312

問題68　親族（特別養子縁組の要件）…………………………………………… 314

問題69　親族（利益相反行為）…………………………………………………… 316

問題70　相続（相続人と相続分）………………………………………………… 318

第5章　多肢選択式問題

問題 1　憲法人権（プライバシー権）…………………………………………… 322

問題 2　憲法人権（法の下の平等①）…………………………………………… 326

問題 3　憲法人権（法の下の平等②）…………………………………………… 328

問題 4　憲法人権（法の下の平等③）…………………………………………… 330

問題 5　憲法人権（信教の自由①）……………………………………………… 332

問題 6　憲法人権（信教の自由②）……………………………………………… 334

問題 7　平成30年度本試験問題41 ……………………………………………… 336

問題 8　令和元年度本試験問題41 ……………………………………………… 338

問題 9　憲法人権（職業選択の自由）…………………………………………… 340

問題10　憲法人権（財産権の保障）……………………………………………… 342

問題11　憲法人権（人身の自由）………………………………………………… 344

問題12	平成21年度本試験問題41	…………………………	346
問題13	平成26年度本試験問題41	…………………………	348
問題14	憲法統治（財政）	…………………………	350
問題15	行政法の一般的な法理論（私法法規の適用①）	………	352
問題16	行政法の一般的な法理論（私法法規の適用②）	………	354
問題17	行政法の一般的な法理論（私法法規の適用③）	………	356
問題18	平成30年度本試験問題43	…………………………	358
問題19	平成27年度本試験問題42	…………………………	360
問題20	行政法の一般的な法理論（委任命令）	………………	362
問題21	平成24年度本試験問題42	…………………………	364
問題22	平成21年度本試験問題43	…………………………	366
問題23	行政法の一般的な法理論（授益的行政行為の撤回）	………	368
問題24	平成22年度本試験問題43	…………………………	370
問題25	平成25年度本試験問題42	…………………………	372
問題26	行政手続法（理由の提示）	…………………………	374
問題27	令和元年度本試験問題43	…………………………	376
問題28	行政事件訴訟法（処分性①）	………………………	378
問題29	行政事件訴訟法（処分性②）	………………………	380
問題30	行政事件訴訟法（原告適格）	………………………	382
問題31	平成19年度本試験問題43	…………………………	384
問題32	平成23年度本試験問題43	…………………………	386
問題33	平成18年度本試験問題42	…………………………	388
問題34	平成27年度本試験問題43	…………………………	390
問題35	国家賠償法（1条）	…………………………	392
問題36	平成20年度本試験問題43	…………………………	394

第 1 章

記述式問題・
解法マニュアル

1 記述式問題ってなに？？？
～記述式問題は行政書士試験攻略のキーポイント！

（1）記述式問題とは

　行政書士試験において1問の配点が最も高いのが、「記述式問題」です。記述式問題は、別名「40字記述」とも呼ばれたりします。記述式問題をどうやって攻略するかは行政書士試験に合格するためのポイントです。

　この「記述式問題」とは、与えられた「問い」に、40字程度で「答え」を書く問題です。全60問中3問出題されます。

　具体的な形式は以下のとおりです。

　この45マスに、鉛筆またはシャープペンシルで1マスに1字ずつ埋めていき、40字程度の答えを完成させます。平成26年度問題46では、25マスと20マスに分割される形の出題がありましたが、1問トータル45マスには変わりありませんでした。

　60問中たった3問とはいっても、1問20点もの配点があります。つまり、3問で60点になります。

　60問中54問を占める5肢択一式問題（5つの選択肢から1つの答えを選ぶマーク式問題）の配点が1問4点ですから、記述式1問で択一式5問分の配点です。相当に大きい配点といえますよね。

【行政書士試験300点の内訳】

記述 60点	多肢 24点	5肢択一式 216点

1問20点ですが、0点か20点かというわけではなく、部分配点があります。答えとなるキーワードが複数あり、例えば、1つ書ければ6点、2つ書ければ14点、全部書ければ20点というように、2点きざみで0点から20点まで得点が付きます。

（2）記述式問題での得点の妙味

配点が大きいため、記述式問題での得点が行政書士試験の合格を大きく左右します。この配点の高さこそ、記述式問題が行政書士試験で重要だといわれる最大の理由です。60点満点中**30点～40点は確保**したいところです。

本書では、受験生のアッパーレベル、50点を突破できるようになるためのコツをつかむことを学びます。

もし、記述式で40点～50点、多肢選択式で20点得点できれば、5肢択一式では216点中110点～120点で合格ということになります。

マークシート部分は約半分の得点で合格をつかみとることができるわけですから、気持ち的にもすごく楽になります。そこが記述式問題の妙味といえます。

【行政書士試験合格点180点のイメージ】

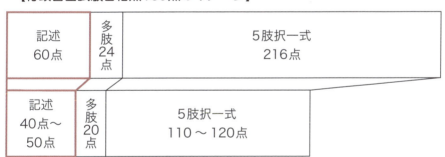

（3）記述式問題を解くための大前提

① 文字を書く機会を増やそう

5肢択一式や多肢選択式のようなマークシート式の問題と異なり、記述式問題は、実際に文章を鉛筆で書かなければなりません。そのため、「**書く練習**」が必要です。

ところが、パソコンや携帯の普及で、自分の手で字を書く機会が極端に減ってきています。そのため簡単な漢字を忘れてしまうこともあります。

本試験で簡単な漢字が思い出せないということにならないよう、意識的に文章を書く癖をつけましょう。
　具体的には、予備校などで講座を受けている方なら、板書をノートするときに記述を意識することです。独学の方であれば、択一式問題を解いていて間違えた条文や判例を実際に書いてみることもよいでしょう。
　ただ、ここで１つ注意があります。
　「実際に書きましょう」と書きましたが、民法や行政法の条文を第１条から**書き写すことは絶対にやめましょう**。時間がかかるうえに、実際のところ、ただ機械的に「文字」を書き写すだけになってしまうことが多く、頭には残らないからです。

② 丁寧なカクカクした字を書く練習をしよう
　あなたが書いた答案は、採点者に読んでもらわなければなりません。ですから、**採点者が読める字を書く**ことは記述式問題で得点するための大前提です。「自分が読めるから」ではなく、「採点者が読める字を書く」ことを強く意識することが必要です。常用漢字を楷書で丁寧に書きましょう。
　また、誤字脱字は減点対象となりますので、気を付けましょう。
　「でも、自分は字がきたなくて」と悩んでいる方もいらっしゃるでしょう。心配する必要はありません。誰でも、「読める字」、「誤字だと勘違いされない字」を書く方法があります。それはなるべく「**カクカク書く**」ことです。一画一画をかみしめるようにして、一画書くたびに鉛筆を紙から離します。
　達筆で書く必要は全くありません。逆に、さらさらと続け字を書くことは、書き方によっては誤字と判定される可能性もありますから気をつけてください。
　例えば、下記の「法」の部首は「さんずい」ですが、×の字はどう見ても、ただのくねくねした線で、「さんずい」ではありません。また、その下は「な」のつもりが、「る」になってしまっています。
　略字も避けましょう。略字は、常用漢字にはありませんから減点の対象です。

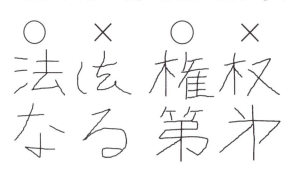

2 記述式問題の対策をしよう！

（1）記述式問題で求められるものは？

　記述式問題は、マーク式と異なり鉛筆を使って文章を書きますから、すごく難しいイメージがあるようです。

　同じ「文章を書く」ものに、読書感想文や小論文があります。たしかに、読書感想文や小論文の場合、自分の考えをうまくまとめて、論理的に筋の通った文章に仕上げなければならず、難しいといえます。そのイメージがあるためでしょうか、「記述式問題」といわれると、すごく難しく感じるようです。

　しかし、記述式問題は読書感想文や小論文と決定的に違うところがあります。記述式問題は、「あなたの感想を書いてください。」とか、「あなたの考えを書いてください。」といった、百人百様の書き方や考え方がある「正しい答えがない問題」ではない、ということです。

　記述式問題は、一言でいうと、「条文にはなんて書いてあるの？」「判例はなんて言ってるの？」ということが問われます。ですから、「答え」は、「条文にはこう書いてあります。」「判例はこう言ってます。」ということになります。

　このように、記述式問題には、「条文」や「判例」という「客観的に正しい答えがある問題」ということです。

> 　記述式で求められているのは、「自分の考えを書く」ことではなく、「条文に書かれていること」、「判例が言っていること」という「正しい答えを書く」ことなのです。

（2）要求される知識は択一も記述も共通なのだ！

　あなたが記述式問題で求められるのは、「条文」や「判例」という「正しい答え」を書くこと、です。では、記述式問題の「正しい答え」となる「条文」や「判例」とは、どの「条文」「判例」をさすのでしょうか？

　記述式問題を攻略するために、どのような知識を頭に入れておかなければならないか、ここが一番の悩みどころです。

　ここで「記述式問題は難しい」というイメージから、細かい知識をどんどん

増やそうとする人がいます。

　しかし、それは誤りです。

　記述式問題だからといって、誰も知らないような細かい条文や判例が問われるわけではありません。記述式問題で要求される法律知識のレベルは、択一式問題で求められる「基本条文」「基本判例」のレベルなのです。

　したがって、択一式問題をしっかり学習して、そこで出題されている基本条文・基本判例を押さえておけば、記述式問題に対応できるだけの知識を十分に獲得することができます。

【記述式問題のためのインプット】

（獲得すべき知識内容）択一・記述　共通

（知識獲得の手段）　　　　択一過去問を解く

　　　　　　　　　　　　　テキストを読む

　記述式問題のために特別にインプットすべき知識はありません。
　記述式問題のためのインプットは、択一式問題で出題されている基本条文・基本判例をしっかり押さえることです。

（3）対策は早い時期から始めよう（合格曲線をイメージしよう）

　「インプット」しなければならない知識は択一式問題で要求される知識と同じですから、記述対策として特別に頭に入れなければならない知識はありません。しかし、記述式問題は、その「出題形式」が択一式問題とはかなり異なります。そのため、択一式問題をいくら解いていても、記述式問題の「アウトプット」の練習にはなりません。記述式問題の解き方、書き方を身に付けるためには、記述式問題を解いていくことが必要です。

6

≪アウトプット≫

（択一式問題対策）
　択一過去問や答練などを受け、問題を解く
　　⇒　時間内で、ケアレスミスをしないようにする。

（記述式問題対策）
　記述式過去問を十分に分析し、過去問と同じ形式の記述式問題を解く
　　⇒　記述式問題の解き方・書き方をマスターする。
【注意】知識は択一式問題を解いて獲得していきますから、記述式問題は知識を獲得するためではなく、解き方・書き方を練習するために解きます。問題集を選ぶ際には、短文形式の問題ばかり載っている問題集ではなく、過去問の形式を踏まえた事例形式・長文形式の問題が載っているものを選びましょう。

　ところが、「記述式問題を解くにはまだ知識がないから」とか「記述式問題は直前1カ月でやろうと思っているから」という理由で、本試験直前まで記述式問題を解くことを避ける人が数多くいらっしゃいます。
　たしかに、下記の合格曲線にあるように、合格者であっても、本試験に合格できるだけの知識が身に付くのは本試験直前です。

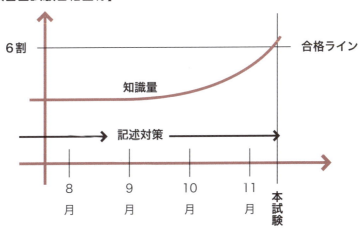

（本試験までの知識量の変化を曲線グラフにしたものです）

本試験では、合格者の得点の多くが180点〜200点の間に集中します。つまり、合格者といっても、その知識は、本試験の時点で6割を少し超えるぐらいの知識しかないということです。このことから考えると、合格者の知識量が合格レベルに達する時期は本試験直前ということになります。

　また、私の受験指導の経験でも、受験者の知識量が急上昇するのは本試験前の1か月〜1か月半です。直前期に全科目の復習を始める頃です。

　それにもかかわらず、「知識が身に付いてから……」なんて言っていると、本試験直前まで記述式問題を解く練習をすることができないことになってしまい、結局、本試験日までに記述式問題を解く技術を身に付けることができません。

　したがって、本試験で記述式問題を解く技術を身に付けるためには、「知識が身につく」もっと前から、つまり、「知識がまだなくても」記述式問題を解いて、解き方や書き方を練習しておかなければならないことになります。

> 　記述式問題を攻略するためには、知識がなくても、早い時期から問題を解く練習を始める必要があります。

（4）条文・判例を参照しながら、どんどん問題を解こう！

　「え〜っ?!　そうはいっても、知識がないんだから、問題をやったって解けないし、意味ないんじゃ……」と思うでしょう？

　もちろん、知識がないのですから、何も見ずに、持っている知識だけで解こうとしても解けるはずはありません。

　ではどうすればよいのでしょうか？

　答えは簡単です。問題を解くときに、問題を解くために必要な知識がある状態にすればいいんです。

　知識がないのに知識がある状態にするって、どういう意味？？？

　記述式問題で問われるのは「基本条文」と「基本判例」です。つまり、記述式問題に必要な知識は「基本条文」と「基本判例」です。

　そうであれば、問題を解く際に、机の横に「条文集」や「判例集」を置いて問題を解けばよいのです。そうすれば、問題を解くための知識がある状態で、早いうちから記述式問題を解くことができます。

　ただ、注意しなければならないのは、「条文集」や「判例集」を見ながら解

くのであって、**問題集に付いている「解答例」を見ながら解くのではない**ということです。

　記述式問題は「基本条文」や「基本判例」がさまざまなバリエーションで問われます。**記述式問題を解く意味は、決して知識の補充ではなく、「基本条文」や「基本判例」を問題のバリエーションに合わせて「答えにつくり変える」練習**をすることです。ですから、問題集の「解答例」を見ながら解いても、「答えを書き写す」だけになってしまい、「基本条文」「基本判例」を「答えにつくり変える」、という練習はできません。

　逆の言い方をすれば、「条文そのもの」や「判例そのもの」を見たとしても、問題のバリエーションに合わせて「答えにつくり変える」練習ができていれば、記述式問題の解き方・書き方の訓練として十分なわけです。

　このように、本試験で必要な知識がある状態を自ら作り出すことによって、どんどん記述式問題を解いていきましょう。

> 「条文集」や「判例集」を横に置いて、「条文」「判例」を参照しながら、記述式問題をどんどん解いていきましょう。

3 記述式問題・解法マニュアル

　記述式問題も「問題」ですから、受験者が行政書士になるにふさわしい素養を持っているかどうかを試すための「問いかけ」があります。この「問いかけ」に対して、あなたは「私にはその素養がありますよ」ということを、解答をつくることを通じて示す必要があります。

　単に「問い」に「答える」といっても、その過程で、「出題者の言っていることが私にはわかりますよ」「だから、私は出題者の『問い』に法的にこのように答えますよ」ということを示さなければなりません。

　実は、この「問い」に対して的確に「答える」ことこそ、行政書士という実務家にとって必要なことなのです。実務家が日々行っているのは、お客様から相談を受け、その相談を法的に理解し考え、最良の方法を答えることです。本書ではこれを「**法的対話力**」と呼んでいます。

　記述式問題も同じ構造を持っています。記述式問題が、法律実務家としての

第1章

記述式問題・解法マニュアル

9

素養があるかないかを試すにはちょうどよい問題形式なわけです。

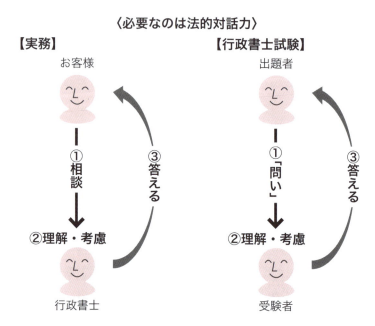

　あなたは行政書士という法律家になろうとしています。「問い」に対しては、「法律家として」答えることができなければなりません。法律家の道具は「法律」と「判例」です。したがって、「法律」と「判例」を使って答えること、**法的対話力を鍛えることが、あなたの行政書士試験での至上命題**ということになります。

　この道具を使って「問い」に「答える」ための４つの解法マニュアル（解法手順）をこれから学びますが、法律家の道具「法律」と「判例」を、この手順に従って処理することで記述式問題に的確に「答える」ことができるようになります。

　解法マニュアル（解法手順）は、記述式問題を見てから、「答え」を解答欄に書くまでの思考過程です。この解法手順をしっかり頭に入れて、この思考過程に沿って記述式問題を解くことができれば、「答え」を的確に導けるようになり、また、記述式問題を解くことが楽しくなります。

　この**解法マニュアル（解法手順）をマスターする**ことが、**本書の神髄**ですから、しっかりとマスターしていきましょう。

【解法マニュアル（解法手順）】

解法手順1≫　「問い」を正確に把握する

解法手順2≫　「問いの形」に合わせて「答えの形」をつくる

解法手順3≫　「答え」を完成させる知識を記憶喚起する

解法手順4≫　「問い」に呼応した「答え」をつくる

① 解法手順1
「問い」をしっかり正確に把握します。
「問い」が正確に把握できないと、正しい「答え」を導き出せないからです。

② 解法手順2
「問いの形」に合わせた「答えの形」をつくります。
実は、法的な知識がなくても、「問いの形」から「答えの形」をつくることができます。この作業が解法マニュアルのなかでも、最も肝心なところです。

③ 解法手順3
「答え」となる条文や判例の知識を頭の中から引き出します。
本試験では法令集や判例集の参照はできませんので、頭の中にある記憶だけが頼みの綱です。ただし、知識がなくても練習はしなければなりませんから、知識がまだ十分でない間は、条文集や判例集を見ながら、どの条文が問われているのか、どの判例で答えればよいのかを考えます。

④ 解法手順４

「問い」に呼応させる形で「答え」をつくり上げます。

　解法手順２でつくった「答えの形」（形式）に、解法手順３で喚起した「条文・判例知識」（内容）をはめ込んで、「問い」に対する形式と内容が整備された「答え」を完成させます。さらに、その「答え」を40字程度に「推敲」します。

　この解法マニュアル（解法手順）をマスターできれば、記述式問題を得点源にすることができます。

　記述式問題がうまく解けなかったり、得点が伸びなかったりする原因は、この解法手順１〜４のどれかが欠けているからなのです。単に「知識がない」の一言で片付けないことです。

　反対に、解法手順１〜４のどこが欠けているのかをあなた自身で把握できれば、そこを徹底的に練習することで、記述式問題が解けるようになります。

> 　記述式問題を得点源にするためには、解法手順１〜４のどこが欠けているかを把握し、そこを克服することです。

　ここで、解法手順１〜４について、もう少し身近な例で説明しましょう。

（1）解法手順１　「問い」を正確に把握する

　問題で問われている「問い」を正確に把握しなければ、記述式問題に「答える」ことはできません。「問い」を正確に把握してはじめて「答える」内容が決まります。これが出発点です。

　では「問い」を正確に把握するにはどうすればよいのでしょうか。

① 問題文の形から「問い」全体をつかもう（記述式問題の基本構造）

　何が問われているのか、その「問い」を正確に把握するためには、まずは問題文を頭から読み始めます。当たり前ですよね。

　ただ、与えられた問題文は、ある役割を持った２つの部分から成り立っています。その２つの部分を大きく構造的に把握することで「問い」を「正確に」把握することができます。

　「何を問われているのかわからない」「問われていることを間違えてしまう」といったことを防ぐことに役立ちます。

では、「ある役割を持った２つの部分」とは、どういう役割を持った部分なのでしょうか。それは、

   ① 「問いの核心」となる部分
   ② 「問い」を解くために与えられた事例の部分

の２つです。

「① 問いの核心部分」とは、出題者があなたに対して直接「問いかける」部分です。あなたがつくる「答え」は、この「問いの核心」に対する「答え」にならなければなりません。したがってまずは、この部分をとらえ切ることが第一です。

「② 問いを解くために与えられた事例の部分」とは、「問い」を解く前提としてあなたに与えられる、問題ごとに設定された具体的な事案の部分です。問題を解くために与えられた前提条件といってもよいでしょう。したがって、この部分に「問い」はありませんが、「問いの核心」に答えるためには、その前提条件を正確に理解しなければなりません。

「問い」を正確に把握する、とは、「ここが①『問いの核心』部分だな」「ここは②事例の部分だな」と意識しながら、問題文を構造的に把握することなのです。

【問題文の基本構造】

```
┌─────────────────────────────────┐
│                                 │
│        事　例　部　分            │
│                                 │
└─────────────────────────────────┘
┌─────────────────────────────────┐
│      「問いの核心」部分           │
└─────────────────────────────────┘
```

この形が、記述式問題の基本構造となります。基本的には②事例部分が先に示され、①「問い」の核心が後にくる形が多いといえます。

ただし、この基本構造の変形もあります。

たとえば、【問題文の基本構造　変形１】のように、①「問いの核心」部分が先にきて、②事例部分が後にくる場合があります。

第１章

記述式問題・解法マニュアル

【問題文の基本構造　変形1】

```
┌─────────────────────────────────┐
│        「問 い の 核 心」部 分        │
└─────────────────────────────────┘
┌─────────────────────────────────┐
│                                 │
│         事  例  部  分           │
│                                 │
└─────────────────────────────────┘
```

　さらには、【問題文の基本構造　変形2】のように、「問いの核心」と事例部分が示され、加えて、その「問い」に対する「答え」までがすでに用意されている形もあります！　これは驚きですね。示された「答え」部分に空欄が用意されていて、そこを埋める形になっていたりします。

【問題文の基本構造　変形2】

```
┌─────────────────────────────────┐
│        「問 い の 核 心」部 分        │
└─────────────────────────────────┘
┌─────────────────────────────────┐
│ ┌─────────────────────────────┐ │
│ │                             │ │
│ │      事  例  部  分          │ │
│ │                             │ │
│ └─────────────────────────────┘ │
│ ┌─────────────────────────────┐ │
│ │      「問 い の 核 心」部 分      │ │
│ └─────────────────────────────┘ │
└─────────────────────────────────┘
┌─────────────────────────────────┐
│                                 │
│          答  え                 │
│                                 │
└─────────────────────────────────┘
```

　このように、基本構造のバリエーションも考えられますが、いずれにしても、**①「問いの核心」部分**と、**②「問い」を解くために与えられた事例の部分が必ず存在**しますので、この①②がどこなのか全体構造をとらえるようにしてくだ

さい。

　では、①と②がどのような形で存在するのか。これを具体的にみていきましょう。

　ここでは、抽象的な話から離れて、少しわかりやすく日常生活の具体例に置き換えて、①「問いの核心」と、②「問い」を解くために与えられた事例を考えてみます。

【ある日の午後】

　ある日の午後、私は同僚Ｎと昼食に出かけました。外は、うだるような暑さです。

私「こんなときこそスタミナつけねばなるまい！　今日はガッツリ系で攻めますか！」
Ｎ「ちょっと夏バテ気味だったし、乗った!!」

　ということで、会社近くのラーメン屋「焼売の銀将」で定番のラーメンライス＋スタミナ焼売定食を注文。たっぷり、がっつり堪能しました。

私「いやぁ、食った食った。落ち着いたところで、茶でも行きますか！」

　ここも即決！　食後は喫茶店「スターリーバック」でそれぞれアイスカフェオレとアイスコーヒーを注文。テーブルについて、冷たい飲み物をグッと一飲み。ほっと一息。そしたらＮが、ニッコニコしながらたずねてきました。

Ｎ「俺さぁ、今度、彼女とデートするんだけど、彼女、北国出身で暑さにはめっぽう弱いんだよ。で、この暑さだろ。こんなとき、一番いいデートスポットってどこだと思う？　理由も教えて？」

さあ、このＮの質問。あなたならどのように答えますか？

第1章

記述式問題・解法マニュアル

「問いの核心」の把握

この「問い」に対して、私は、

「上野で動物園はダメだな。二人とも干からびてしまうよ」

と答えました。この答えは、Nの問いに対する答えとして的確でしょうか？

たしかに、「デートスポット」と、「その理由」は答えています。

でも、Nが聞きたいのは、ダメなデートスポットですか？

違いますよね。Nが聞きたいのは、「いい」デートスポットです。ですから、この答えでは、Nの「問い」に答えているとはいえません。

では、次に、こう答えたらどうでしょう。

「新宿の映画館とか、品川の水族館とか、上野の美術館、練馬のプールなんかもいいんじゃない！　映画館なら暑い中を動かなくていい。水族館なら水の中にいる感覚でゆったり過ごせる。美術館なら絵画好きのお前の趣味を彼女と共有できるし、暑い夏ならプールで水浴び直球勝負」

確かに、「いい」「デートスポット」も「その理由」も答えていますね。

でも、Nが聞きたいのは「一番」いいデートスポットです。複数のデートスポットを答えても、やっぱりNの「問い」には答えていません。

さらに、

「一番いいのは、新宿の映画館。」

とだけ答えたらどうでしょう？

「一番」「いい」「デートスポット」は答えています。

でも、Nは、その「一番」「いい」「デートスポット」がなぜ「一番」「いい」「デートスポット」なのかという「その理由」も聞きたいんです。「その理由」を答えていませんから、やはりNの「問い」に答えているとはいえません。

これらの答えは、同僚Nの「問いの核心」を正確にとらえ切れていないために、いずれもNの聞きたいことに的確に答えていません。

では、このNの「問いの核心」部分はどこなのでしょうか？

Nが聞きたいのは、「一番」「いい」「デートスポット」と「その理由」です。

つまり、Nの発言の

「一番いいデートスポットってどこだと思う？　理由も教えて？」

の部分が、Nの「問い」の核心部分、Nが私に「問いかけている」部分ということになります。

このように、「問い」に答えるためには、Nが聞きたいのは、「一番」「いい」「デートスポット」と「その理由」なんだ、ということを把握することが、「問いの核心」を把握するということなのです。

「問い」を解くために与えられた事例の把握

しかし、この「一番」「いい」「デートスポット」と「その理由」という4つの部分が「問いの核心」だということを把握しただけでは、実はNの「問い」に正確に答えることができません。

たとえば、次のように答えたらどうでしょう？

「家族で行くならやっぱり近くのアウトレットモール！」

「家族で」行きたい場所を答えても、「彼女と行く」一番いいデートスポットという「問い」に答えていませんよね。

では、これならどうでしょうか？

「デートならキャンプ場でバーベキュー！」

暑さを絵に描いたようなデートスポットを答えても、やっぱり「暑さにめっぽう弱い」彼女といく一番いいデートスポットという「問い」に答えていません。

つまり、Nが教えてもらいたいのは、「一番」「いい」「デートスポット」でも、それが「暑さにめっぽう弱い」「彼女と行く」、一番いいデートスポットでなければならないということです。

つまり、「暑さにめっぽう弱い」「彼女とデートする場合」という事例（条件）の下で、「一番」「いい」「デートスポット」と「その理由」という「問い」に答えなければならないということです。もちろん、この事例（条件）部分には、「問い」は含まれていません。しかし、「問い」に答えるためには、事例（条件）もしっかり丁寧に読んで把握していく必要があるということです。

このように、自分では、Nの「問い」に答えていると思っていても、①「問いの核心」部分を正確に把握していなかったり、②「問い」に答えるために与えられた事例部分を把握していなければ、Nの「問い」に正確に答えることはできません。Nから、「お前何言ってんの？　俺と彼女のこと本気で考えてくれてないでしょ？」という突っ込みが入ってしまいますね。

記述式問題でも、これは同じです。

「問い」を正確に把握するために、①「問いの核心」と、②「問い」に答えるために与えられた事例という、2つの部分を正確に把握する、という作業を行うことになります。

第1章

記述式問題・解法マニュアル

17

投げかけられた「問い」に正確に答えるためには、「問いの核心」を正確に把握しつつ、「問い」の前提条件も正確に把握しなければなりません。だからこそ、①「問いの核心」部分と、②「問い」を解くために与えられた事例の部分がどこなのかを正確に把握することが、「問い」を正確に把握するということになるわけです。

> 「問い」を正確に把握するとは、
>   ①　「問いの核心」部分
>   ②　「問い」を解くために与えられた事例部分
> を正確に把握することです。

② 　実際の問題を使って問題を把握してみる

では、実際に、行政書士の過去問を使って、「①『問い』を正確に把握してみる」を実践してみましょう。

> 【問題】（平成18年度　問題44）
> 　保健所長がした食品衛生法に基づく飲食店の営業許可について、近隣の飲食店営業者が営業上の利益を害されるとして取消訴訟を提起した場合、裁判所は、どのような理由で、どのような判決をすることとなるか。40字程度で記述しなさい。

この問題で、私たちは何を答えればよいでしょうか？　「問いの核心」部分はどこでしょうか？

「問いの核心」部分をつかむことができるかどうかが「問い」に正確に答えるためのポイントです。「問い」を正確に把握することが、記述式問題を解くための大前提・最重要ポイント・第1段階です。

まずは、先に述べた、【問題文の基本構造】を思い出してください。問題文の文末に「問いの核心」があるという形が基本構造です。

【問題文の基本構造】

事　例　部　分

「 問 い の 核 心 」 部 分

第1章　記述式問題・解法マニュアル

「問いの核心」部分を把握するために、まずは上記の基本構造を思い浮かべて、**問題文の文末に注意**してみましょう。過去出題された問題の多くは、このような形をとっています。

文末をみると、「裁判所は、どのような理由で、どのような判決をすることとなるか」とあります。

つまり、裁判所が、

「どのような理由で」

「どのような判決をするのか」

という2点、私たちは、端的に、この2点に答えればいいんです。ここが「問いの核心」部分です。

簡単に「問いの核心」部分をとらえることができました。

もちろん、記述式問題は、必ずしも、このような形を取るわけではありません。応用型で問われる場合もあります。その場合はどうするのでしょうか。

「問いの核心」は「問いかけ」の部分ですから、**「文章が疑問形」**になっているはずです。つまり、文章が疑問形になっているところが「問いの核心」部分ということになります。簡単ですね。

たとえば本問では、「裁判所は、どのような理由で、どのような判決をすることとなるか」の部分が疑問形になっていますので、ここが「問いの核心」部分ということになります。

以上のように、「問いの核心」部分は簡単につかむことができます。

また、「問いの核心」をつかむ作業では、法律の知識は一切使っていません。

「問いの核心」部分は、「問題文の構造」や「文章が疑問形かどうか」というように、問題文の**形式から判断でき、法律知識を使わずに把握することができ**

19

るのです。

> 「問いの核心」部分は、法律知識がなくても、「問題文の構造」や「文章が疑問形かどうか」という点からつかむことができることが多い。

　次に「問い」に答えるために与えられた事例部分はどこでしょうか。「問いの核心」に答えるために「与えられた事例」を把握することが「問い」を正確に把握する第2段階です。

　問題文の構造から考えてみましょう。

　「問いの核心」の前が事例部分です。本問でも、「問いの核心」部分の前の「保健所長がした食品衛生法に基づく飲食店の営業許可について、近隣の飲食店営業者が営業上の利益を害されるとして取消訴訟を提起した場合」の部分が「与えられ事例」ということになります。簡単ですね。

　では、応用型の場合はどうするのでしょうか。

　実はこれも簡単なことなのですが、「与えられた事例」は、「問い」に答えるための前提条件ですから、文章が「〜の場合、」とか、「〜。この場合」となっているところ、もしくは、問題文ですでに【事例】とされているところが「問い」に答えるために与えられた前提条件・事例部分ということになります。

　「問い」を解くために与えられた事例部分は、このように簡単につかむことができます。ここでも「問題文の構造」や「文章が『〜の場合』」などのようになっているか、ということから、法律知識を使わずに把握することができるのです。

> 「問い」を解くために与えられた事例部分も、法律知識がなくても、「問題文の構造」や「文章が『〜の場合』のようになっているか」という点からつかむことができることが多い。

　事例部分がどこなのかをとらえたら、あとは、そこに書かれている内容を、法的な知識を使って、丁寧に読み解いていくことになります。

20

【問題】（平成18年度　問題44）

─── 「問い」を解くために与えられた事例部分 ───

　保健所長がした食品衛生法に基づく飲食店の営業許可について、近隣の飲食店営業者が営業上の利益を害されるとして取消訴訟を提起した場合、

─── 「問いの核心」部分 ───

　裁判所は、どのような理由で、どのような判決をすることとなるか。40字程度で記述しなさい。

以上のように、「問いの核心」と「与えられた事例」の２つの部分を把握できれば、「問い」を正確に把握できることになります。

（2）解法手順２　「問いの形」に合わせて「答えの形」をつくる

　「問い」を正確に把握したら、次は「答えの形」をつくります。

　記述式問題で、受験者が悩むのは、「何から書き出せばいいのか？」という点です。本試験で何から書き出していいのかがわからず、「１文字も書くことができなかった」「書き始めることができなかった」ということをよく聞きます。

　また、基本条文・基本判例に関して出題されるのはわかっていても、その**問われ方はさまざま**です。そのため、学習した条文・判例が出題されたにもかかわらず、答え方がわからないために、「覚えた答えを書くことができなかった」ということもよく耳にします。

　同じ条文・判例を問う問題だとしても、**「問いの形」が変わると「答えの形」も変わります**。そのため、「問いの形」に合わせた「答えの形」をつくることができるという解答作成技術が必要となります。

　この手順をマスターできるかどうかが、記述式問題を得意にするか苦手にするかの分かれ道となります。

　とはいえ、この手順のマスターはすごく簡単です。ほとんどの方が、この手順を知らないだけで、知ってしまえば「なんだ、そんなことか」という、いわゆる「コロンブスの卵」なのです。

　「答えの形」は、法律知識がなくても簡単につくることができますし、記述

式で何も書くことができないということはなくなります。

先ほどの、平成18年度・問題44を素材にみてみましょう。

> 【問題】(平成18年度　問題44)
> 保健所長がした食品衛生法に基づく飲食店の営業許可について、近隣の飲食店営業者が営業上の利益を害されるとして取消訴訟を提起した場合、裁判所は、どのような理由で、どのような判決をすることとなるか。40字程度で記述しなさい。

このなかで、「問いの核心」部分は、
「裁判所は、どのような理由で、どのような判決をすることとなるか。」
でした。
これに対する「答えの形」をつくってみてください。
「そんなこと言ったって、法律知識がない！」なんて言わずに、「問いの形」に呼応させるように「答えの形」をつくってみてください。

> 「問いの形」
> 裁判所は、どのような理由で、どのような判決をすることとなるか。

> 「答えの形」
> 裁判所は、○○という理由で、△△という判決をすることとなる。

簡単に「答えの形」ができました！
つまり、**「答えの形」は「問いの形」を「オウム返し」にするだけ**なのです。
このように「答えの形」の作成は、法律知識がなくても「問いの形」から機械的に作ることができます。
あとは、この「答えの形」のなかの「○○」や「△△」の部分を埋める作業をすればよいだけです。「何から書き始めればよいか」で迷うことはなくなり、「答え」の作成がスムーズに行うことができます。
記述式問題は、40字程度の文章を1からすべて自分で考えて書かなければならないというイメージがあります。しかし、「問いの形」をオウム返しする

ことで、「答えの形」ができてしまいますから、**実質的に私たちが法律知識を使って考えなければならないのは**、機械的に作成した**「答えの形」のなかで、「○○」や「△△」の部分**だけなのです！

それにもかかわらず、この「答えの形」のつくり方を知らないために、「何から書き始めればよいか」がわからず、鉛筆が止まってしまうわけです。

> **法律知識を抜きにして、「問いの形」にオウム返しで「答えの形」をつくる。あとは、「○○」「△△」を埋めるだけ。この手順を押さえれば、記述式問題の解答作成技術は一気にアッパーレベルに到達します。**

（3）解法手順3　「答え」を完成させる知識を記憶喚起する

①　「問い」に答えるためには知識が必要

「問いの核心」部分を把握して、「答えの形」をつくれば、あとは「○○」「△△」を埋める作業をすることになりますが、「○○」「△△」を埋めるためには法律知識が必要となります。つまり、「問い」に答えられるだけの法律知識がインプットされていなければならないということです。

「○○」「△△」を埋められるだけの知識がインプットされているのであれば、あとは、その知識を頭の中から引っ張り出してくればよい、思い出せばよい、ということになります。

②　「問い」に答えるための知識とは？

「問い」に答えるためにインプットしておかなければならない知識というのはどのような知識なのでしょうか。

内容的には**5肢択一式問題で要求される知識**と同じです。また、過去12年間で出題されているのは「条文には何が書いてあるの？」「判例はどういっているの？」といった条文・判例知識を問う問題がほとんどです。したがって、記述式問題で要求される知識も条文や判例が中心ということになります。

③　条文・判例を記憶する　～記憶すべき条文・判例

条文・判例が問題の中心といっても、試験中に法令集や判例集を参照することは認められていません。したがって、条文・判例は記憶する必要があります。

しかし、条文・判例の量は膨大です。それらすべてを暗記するのは無理で

す。ただし、行政書士試験で問われるのは、あくまで基本的な条文・判例ですから、数ある条文・判例のなかから**基本的な条文と判例をピックアップして記憶**すればいいのです。

④ 基本的な条文・判例とは？ 〜記憶すべき条文・判例の明確化

では、「基本的」な条文・判例というのは、どの条文・判例を指すのでしょうか。答えは簡単です。5肢択一式問題や多肢選択式問題で過去出題された条文・判例、これが行政書士試験における「基本的」な条文・判例です。この基本的な条文・判例を徹底的に学習します。

過去に出題された条文・判例というのは、出題者側が、行政書士試験に合格するためには「これぐらいは知っておいてほしい」と考えている条文や判例です。だからこそ、試験で出題しているわけです。

「これぐらいは知っておいてほしい」と考えている条文や判例は、毎年コロコロ変わるわけではありません。去年、「これぐらいは知っておいてほしい」と考えた条文や判例は、今年もやっぱり「これぐらいは知っておいてほしい」条文や判例です。

また、出題形式によって、「これぐらいは知っておいてほしい」条文や判例が変わるわけでもありません。記述式問題だから難しい条文や判例を出すとか、5肢択一式だから簡単な条文や判例を出すということではありません。

出題者がみたいのは、行政書士試験全体を通じて、受験者が基本的な条文・判例をマスターしているかどうかです。これを探るために、基本的な条文や基本的な判例をさまざまな出題形式で出題しているだけです。ですから、どの形式で出題するにしても、問題のベースとなる「ぜひとも知っておいてほしい」条文や判例は同じということになるわけです。

記述式問題だからといって、難しい条文や判例の知識が問われるわけではないということを、しっかり肝に銘じておいてください。

以上を踏まえると、**記述式問題に答えるためのベースとなる知識は、5肢択一式問題や多肢選択式問題の過去問を徹底的に勉強することで獲得できること**になります。

しつこいようですが、重要なのでもう一度、念を押しておきますね。

もっとも重要なことは、記述式問題で要求される知識は、5肢択一式問題や多肢選択式問題で要求される知識と同じということです。記述式対策といって細かい知識を増やそうとすることは、記述式問題対策にならないのみならず、

些末な知識が増えることによって、5肢択一式問題・多肢選択式問題に対応するための知識の正確性をも下げることになってしまいます。気をつけましょう。

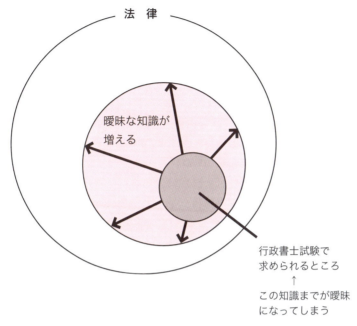

⑤ 基本的な条文・判例の記憶法

学習すべき基本的な条文・判例の見極めができたら、それを正確な知識として記憶していきます。その方法として最良なのは、基本的な条文・判例を**丹念に読む**ことです。ポイントとしては、**条文**であれば**《要件》**と**《効果》**、**判例**であれば**《理由づけ》**と**《結論部分》**が解答の際のキーワードとなりますので、そこを意識して読むようにすることです。

記述式問題対策として、「条文や判例を書き写せ」などと言われたりしますが、私はそのやり方には反対です。ただ単にひたすら書き写していると、書いている途中に、意味のある「条文」を書き写すことから、意味のない「文字」を書き写す作業に変わってしまい、時間がかかる割には頭に残りません。ところが、条文や判例を書いたノートなどは残るので、自分ではすごく勉強した気になってしまいます。

それよりも、同じ時間を費やすのであれば、条文・判例の意味を理解しながら、何度も何度も読み込むことの方が、条文判例を書き写すことの何倍も繰り返すことができますし、何倍も記憶に残ります。

もし、書く作業をするとすれば、条文や判例の漢字の部分、つまり「キーワード」のみをピックアップして、誤字脱字をしないように書いて練習する、という程度で十分です。

★★★超重要★★★

「そもそも何が問われているの？」
～記憶喚起すべき知識にたどりつく方法

　解法手順3では、解答に必要な知識を記憶喚起するわけですが、記述式問題で悩ましいのが、その問題で問われているテーマを発見することです。そもそも、何を記憶喚起すればよいか分からない、という悩みです。
　しかし、心配するなかれ！　実は、問われているテーマにたどりつくためにも論理的な手順があります。つまり、「記憶喚起すべき知識が何かを発見する手順」があるのです。
　「ああでもない」「こうでもない」と、頭の中の引き出しをランダムにいろいろ開けてみて、「あ、もしかしたらこれかも？」と考えるのは、限られた時間の中で解答しなければならない行政書士試験においては効率的ではありません。また、問われていない知識を記憶喚起することになる可能性も高くなりますので、以下の方法を実戦して、問題で解答を要求されている知識をピンポイントで記憶喚起してください。

① 　行政法で使えるテーマ発見法（おすすめ度：★★★）
　　――「問いの形」から求められている論点・テーマを発見する
　行政法の場合、何が問われているのかは、「問いの形」から分かります。「行政手続法によれば」と書いてあれば、行政手続法のことが問われていることが分かります。また、「訴訟」という言葉があれば、「行政事件訴訟法」のことが問われていることになります。さらに、「行政法学上」とくれば、「行政法の一般的な法理論」からの問題であることが分かります。
　このように、「問いの形」から、どの分野の問題かが比較的簡単に分かりますので、「問いの形」から、求められている論点・テーマにたどりつくようにしてください。

② 民法で使えるテーマ発見法①（おすすめ度：★★）
──「答えの形」から求められている論点・テーマを発見する

　問いの形から作った「答えの形」から推測する方法です。

　たとえば、「問い」が「XはYに対してどのような権利に基づき、どのような請求ができるか。」であれば、「答えの形」は、「○○権に基づき」「△△請求ができる」となります。この「答えの形」から、「権利」や「請求」にはどのようなものがあったか、記憶の中を探っていきます。

　「権利」なら「所有権」「占有権」「解除権」「取消権」「債権者代位権」「売買代金債権」などなど、「請求」なら「損害賠償請求」「売買代金請求」「所有物返還請求」などなどが思い浮かんでくるでしょう。

　それらの**「答えの形」に入る「権利」「請求」の候補から、答えとして適切なものを選択**することによって、問題が要求している答えに近づくという方法です。

③ 民法で使えるテーマ発見法②（おすすめ度：★★★）
──法体系から絞り込みをかけて論点・テーマにたどりつく

　民法で使えるテーマ発見法①の場合、候補として思い浮かべた中に正解となるものがないと、正しい記憶喚起ができません。そこで、頭の中にある**法体系から、求められている論点・テーマに向かって絞り込みをかけていく方法**があります。この方法の方がより確実に、問題で問われているテーマと自分の知識の記憶を結び付けることができ、求められている論点・テーマに確実にたどりつくことができます。

　例えば、上記の例と同じく、「問い」が「XはYに対してどのような権利に基づき、どのような請求ができるか。」だった場合で考えてみましょう。

　この場合、XはYに対して何らかの権利に基づいて請求をしていくわけですが、権利の発生原因としては、まず大きく分けて、物権関係か債権関係に分かれます。もし、Xが何か物に関する権利を持っているのであれば、物権関係である可能性が高いことになります。物権関係なら、どのような物権が問題となっているのかを考えます。所有権なのか、占有権なのか、地上権なのか。それとも、担保物権なのか。所有権なら所有権に基づく返還請求、妨害排除請求なのか。占有権であれば、即時取得や占有訴権、回復請求のどれが問題となっているのか。担保物権であれば、当該担保物権

第1章　記述式問題・解法マニュアル

27

と被担保債権との関係を考えなければなりません。

　物権関係でなければ債権関係になります。債権関係であれば、「X」「Y」という人の間にどのような関係があるか考えます。債権の発生原因としては、契約に基づくものと、契約に基づかないものがあります。契約に基づくものであれば、どのような契約があるのか。売買契約なのか、賃貸借契約なのか、請負契約なのか。売買契約であれば、売主買主の権利義務の話なのか、契約不適合責任の話なのかなど。賃貸借契約であれば、貸主の権利、借主の権利など。それぞれの契約に基づいて、XはYに何が主張できるのかを考えます。問われていることが、個別の契約の特性ということではなく、債権共通のことが問われているのであれば、債権総論の知識を記憶喚起します。損害賠償、解除、弁済、相殺などなど。

　契約関係がない場合には、事務管理、不当利得、不法行為となります。それぞれの要件に当てはめてみて、いずれが成立するかどうかを考えます。

　それから、XY間に契約関係がなく、事務管理、不当利得、不法行為も成立しない場合が考えられます。その場合には、X自身の権利を行使するのではなく、Yに対して、X以外の第三者が権利を持っており、それをXが行使することができないかを考えます。これが、債権者代位権、詐害行為取消権ということになります。

【1歩1歩ゴール（答え）に近づくイメージ】

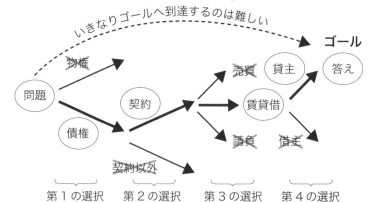

体系を踏まえながら、1歩1歩近づくと、正しくゴールへ到達することができる

【ゴールへの道筋の詳細】

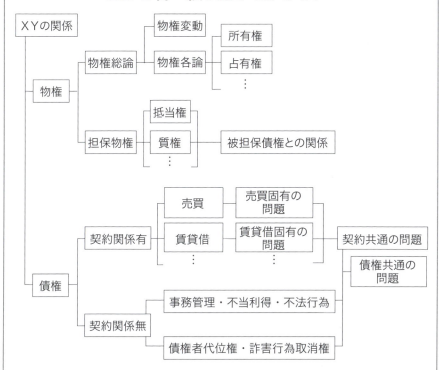

　体系の樹形図を頭に叩き込んでおいて、この樹形図を左から右へたどりながら、大きいテーマから出発して、小さいところへ、切り込んでいきます。
　そうすることで、広い範囲の中から、問いに答える知識、出題テーマに向かって、的確にたどりつくことができます。

（4）解法手順4　「問い」に呼応する「答え」をつくる

〜「○○」に、喚起した知識をはめ込んで解答を作成し、推敲作業へ

①　解答手順2でつくった「答えの形」のなかの「○○」「△△」を穴埋め

　「問い」を正確に把握し（解法手順1）、「問いの形」に合わせて「答えの形」をつくり（解法手順2）、「問い」に答えられる基本的な条文・判例知識を思い出せれば（解法手順3）、あとは、実際に「答えの形」のなかの「○○」「△△」を埋める作業をして、「問い」に呼応する「答え」を仕上げる作業を行います。

②　40字程度に推敲する

　解答の作成は「○○」「△△」に穴埋めするだけの作業なので簡単！

　なのですが、最後にもう一つ、どうしてもクリアしなければならない関門があります。それは、記述式問題の解答には字数制限があるということです。

　作成した解答はトータルで40字程度、解答欄は45マスですから、多くても最大45字で抑えなければなりません。

　「○○」や「△△」に穴埋めをして完成させた解答が、45字をオーバーしているようなら、**指示語を使って同じ言葉を省略**したり、**意味を変えずに短い言葉で置き換え**たりして、解答が40字程度になるように推敲作業を行います。

③　推敲作業から解答が正しいかどうかをさぐる（文字数からの確認作業）

　記述式問題は部分点方式が採用されています。

　解答しなければならない「キーワード」がいくつか設定され、その「キーワード」に配点されている可能性が高いといえます。

　このことから、解答に必要のないワードや無駄なワードは書かずに、解答として設定されていると思われる「キーワード」を使って解答を作成する必要があります。

　また、記述式問題は「40字程度で記述しなさい」という形式で出題されていますから、想定される「キーワード」を漏らさずに書くと「40字程度」の答えになるようにつくられているはずです。

　そうすると、たとえば、解答を作成して、その**解答が20字程度にしかならない場合には、キーワードを落としている可能性が高い**という推測が働くことになります。逆に、その**解答が60字になってしまったら、必要のないワード**

30

を書いている可能性が高いという推測が働くことになります。

このように、自己の解答を文字数から確認することで、より出題者の要求レベルに近い解答をつくることができることになります。

④　誤字脱字がないかを確認

キーワードは、条文・判例に則して正確に記述しましょう。

行政書士試験研究センターは解答例のみ発表しています。そのため、条文・判例と異なる表現を使った場合に、その解答に配点されるのか、また、減点されるのかという細かい採点基準はわかりません。しかし、本試験で、わざわざ条文・判例と異なる表現を使って解答するのはリスクが大きいので、キーワードはできる限り条文・判例の文言に沿って正確に記述する必要があります。

予備校で実施する模試や答練が終わると、「このような解答ではだめですか?」「こう書いたのだけれども何点ぐらい得点できますか?」という質問を受けることがよくあります。このような質問は、本試験が終了した後に、自分がどのぐらい得点できているかという不安を解消するためにご質問するのであれば、その気持ちは理解できます。しかし、試験前の模試や答練で条文や判例と異なる表現を使った場合に、その表現をリスク承知で本試験で使うわけではありませんから、自分が書けなかった条文・判例を本試験までに書けるようにしておくことが先決で、条文・判例と異なる表現の評価を気にすることは、あまり意味のあることだとは思いません。本試験に向けて条文や判例の表現を使えるように、自分の知識を徹底的に修正していくようにしましょう。

⑤　「問い」に呼応しているかどうかを確認

「答え」を完成させた後は、自分のつくった「答え」が「問い」に呼応しているかを「必ず」確認してください。

最後に、完成した「答え」を、誤字脱字に注意しながら解答用紙に転記して、問題の解答が終わることになります。

【解法手順4の作業工程】

① 「答えの形」のなかの「○○」「△△」の穴埋め作業

② 40字程度に推敲作業

③ 文字数からの確認作業

④ 誤字脱字がないかの確認作業

⑤ 「答え」が「問い」に呼応しているかどうかの確認作業

（5）記述式問題対策として訓練しなければならないこと

　以上が、記述式問題の解法マニュアルです。

　先に述べたように、記述式問題が不得意だという場合、解法手順の1～4のどこかが欠けています。記述式問題の対策は、解法手順1～4のなかで、あなたに欠けているところを補うことです。

　ただし、解法手順3は、5肢択一式問題、多肢選択式問題と共通しますので、記述式問題対策として特別にすることはありません。5肢択一式問題、多肢選択式対策問題を一生懸命解くことで、自然に身に付きます。

　記述式問題対策として特に準備しておく必要があるのは解法手順1・2・4です。この手順については、5肢択一式問題、多肢選択式問題を何度解いても身につくものではありません。したがって、この解法手順は記述式問題を使って何度も何度も繰り返し訓練しなければなりません。

　「問い」に「答える」ために必要な条文・判例知識がなくても、解法手順1・2・4の訓練のため、条文・判例を横に置いてどんどん問題を解きましょう。

記述式問題対策として特別にやるべきは、解法手順1・2・4の訓練です。

　それでは、本試験の全過去問の分析を通じて、記述式問題の解法マニュアルをマスターしていきましょう。

第 2 章

問題類型別
解法テクニック
～過去問を素材に～

第2章では、過去問を素材として、第1章で述べたマニュアルを実践していきます。

実践に移る前に、過去の問題を、内容面、形式面から類型化します。文章のみで出題される問題文を、類型的に把握することで、出題者が何を求め、私たちがどのようにその問題に答えなければならないかを、的確にとらえやすくなるからです。

過去問をひもといてみると、内容からの類型化、形式からの類型化ができます。

1 内容面からの類型化

まず、内容面から類型化していきます。記述式問題も法律問題です。法律は、法律要件と法律効果からできています。したがって、**記述式問題の出題も、法律要件を問う問題、法律効果を問う問題**、あるいは、**法律要件、法律効果いずれも問う問題**が**中心**をなします。

その仕組みをもう少し詳しく見ておきましょう。

一般的に条文は、
　　「○○の場合には、△△となる。」
　　「○○のときは、△△しなければならない。」
というように規定されます。
「○○」の部分が法律要件、「△△」の部分が法律効果です。
少し抽象的ですので、具体例でお話しましょう。
たとえば、行政事件訴訟法33条2項は、

> 「申請を却下し若しくは棄却した処分又は審査請求を却下し若しくは棄却した裁決が判決により取り消されたときは、その処分又は裁決をした行政庁は、判決の趣旨に従い、改めて申請に対する処分又は審査請求に対する裁決をしなければならない。」

と規定されています。

34

⎰ 前半の「申請を〜取り消されたときは、」が法律要件
　　⎱ 後半の「その処分〜しなければならない。」が法律効果
です。
　「法律要件」「法律効果」というと何か難しい感じがしますが、簡単にいうと、ある「法的な条件」（法律要件）が整うと、ある「法的な結果」（法律効果）が生じる、という関係です。
　「申請を〜取り消されたときは、」という部分で法的な条件が示され、それが整った場合に発生する結果が「その処分を〜しなければならない。」という部分で示されます。
　法律的にいえば、「法律要件」とは、ある法的な権利義務を発生させる条件・事象といえます。「法律効果」とは、法律要件によって生じた権利義務関係自体といえます。

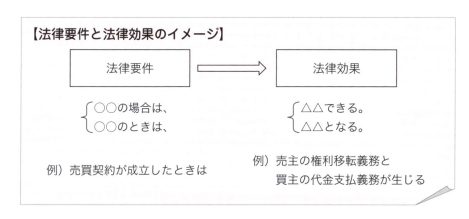

　記述式問題は法律に関して出題されます。法律が法律要件と法律効果から成り立っている以上、法律の問題も、**法律要件と法律効果を理解できていれば、的確に「答え」られることがほとんど**です。
　この法律の構造を押さえて、「問い」が法律要件や法律効果を問うているということを念頭に置いておけば、さらに「問い」を把握しやすくなります。
　法律要件・法律効果という観点から考えられる出題内容・出題パターンとしては、
　　⎧ ①　法律要件が問われる問題
　　⎨ ②　法律効果が問われる問題
　　⎩ ③　法律要件・法律効果がいずれも問われる問題

ということになるでしょう。

　実際にも、過去問を法律要件と法律効果という観点で分析してみると、記述式問題の類型として、法律要件を問う「要件型」、法律効果を問う「効果型」、法律要件・法律効果のいずれも問う「要件効果型」を中心として出題されていることがわかります。

① 「要件型」― ある効果が問題文で示されていて、その法律効果が発生するための要件が問われる問題形式。

② 「効果型」― ある要件が問題文で示されていて、そこから生じる法律効果が問われる問題形式。

③ 「要件・効果型」― ある事例が示されていて、そこから考えられる法律要件と法律効果のいずれもが問われる問題形式。

　それ以外には、法的な問題をはらんだ事例を把握させるもの、条文の趣旨を問うもの、法律用語の定義や名称を問う問題も出題され、出題バリエーションが増えてきていますが、まだ少数です。

④ 「事例把握型」― 生の事実（事実関係）が示されて、それが具体的にどのような法律関係にあるのかを把握・整理させる問題形式です。平成21年度に登場しました。

⑤ 「基本概念定義型」― 端的に基本的な法律用語を問う問題形式です。平成22年度に登場し、以後、他の形式と組み合わせながら、継続的に出題されています。行政法でのみ出題されていましたが、令和元年度、初めて民法でも出題されました。

⑥ 「条文趣旨型」― 条文の趣旨について問う問題形式です。平成22年度に登場しました。

　これらの過去問を、類型ごとに整理してみると以下の図になります。

36

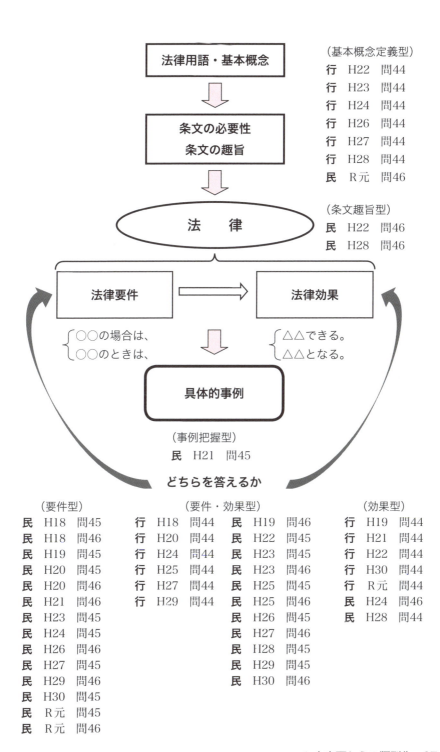

1 内容面からの類型化　37

以上のように、要件型、効果型に分類できない問題もありますが、法律要件・法律効果が問われる問題がほとんどです。

　さらに、特筆すべき傾向として、**民法では法律要件、行政法では法律効果**を中心に問われていることです。このことから、民法では法律要件を、行政法では法律効果を意識して学習を進めると、記述式対策として絶大な学習効果を発揮します。

　上記のどの形式にあてはまる問題なのかを意識することは、「問い」を正確に把握する一助となりますし、問われていることに的確に答えるコツにもなるのです。

> **「問い」を正確に把握するためには、法律要件型の問題か、法律効果型の問題か、それ以外の型の問題かを意識する。**

　それでは、具体的に類型別に問題をみていきましょう。

（1）要件型（民法に多い）

　民法の問題によく見られる、法律要件を問う問題です。この問題のパターンとしては、端的に「**どのような要件**」「**どのような場合**」「**どのようなとき**」と問われることも多いです。したがって、要件を答える問題であることが分かります。その他には以下のような形があります。条文の法律要件を正確に頭に入れていきましょう。

「どのような理由か。」（行政法・平成18年度問題44）

「訴訟要件にどのような影響を与えるか。」（行政法・平成25年度問題44）

「どのような形式で決定されるか。」（行政法・平成26年度問題44）

「誰を被告とすべきか」（行政法・平成20・24・27年度問題44）

「いかなる機関により科されるか」（行政法・平成28年度問題44）

「どのような要件のもとであれば」（民法・平成18年度問題45・46、平成25年度問題45）

「どのような要件を満たす必要があるか。」（民法・平成19年度問題45）

「どのような場合か。」（民法・平成20・27年度問題45）

「その理由について」（民法・平成20年度問題46）

「○○をいうものと解されている」（民法・平成21年度問題46）

「どのような手続を経たか」（民法・平成22年度問題45）

「抵当権が消滅する場合を二つ」（民法・平成23年度問題45）

「どのような根拠に基づくか」（民法・平成23年度問題46）

「どのようなことを証明すれば弁済できるか」（民法・平成24年度問題45）

「要件に言及して」（民法・平成25年度問題46）

「解除にあたって、どのようなことをすればよいか」（民法・平成26年度問題46）

「誰を相手として」（民法・平成26年度問題45、平成27年度問題46）

「いつまでに」（民法・平成27年度問題46）

「どのようになったときに」（民法・平成28年度問題45）

「いつの時点から何年間行使しないときに消滅するか」（民法・平成29年度問題46）

「誰に対し、どのような催告をし、どのような結果を得る必要があるか」（民法・平成30年度問題45）

「どのような理由で」（民法・平成30年度問題46）

「どのようなことが必要か。」（民法・令和元年度問題45）

「誰が誰に対してどのようなことをする必要があるか。」（民法・令和元年度問題46）

それでは、具体的にみてみましょう。素材は平成30年度の問題45です。

1 内容面からの類型化　39

平成30年度 問題45 ｜ 制限行為能力者の相手方の保護

> **問　題**
>
> 　画家Aは、BからAの絵画（以下「本件絵画」といい、評価額は500万円〜600万円であるとする。）を購入したい旨の申込みがあったため、500万円で売却することにした。ところが、A・B間で同売買契約（本問では、「本件契約」とする。）を締結したときに、Bは、成年被後見人であったことが判明したため（成年後見人はCであり、その状況は現在も変わらない。）、Aは、本件契約が維持されるか否かについて懸念していたところ、Dから本件絵画を気に入っているため600万円ですぐにでも購入したい旨の申込みがあった。Aは、本件契約が維持されない場合には、本件絵画をDに売却したいと思っている。Aが本件絵画をDに売却する前提として、Aは、<u>誰に対し</u>、1か月以上の期間を定めて<u>どのような催告をし</u>、その期間内に<u>どのような結果を得る</u>必要があるか。なお、AおよびDは、制限行為能力者ではない。
> 　「Aは、」に続け、下線部分につき40字程度で記述しなさい。記述に当たっては、「本件契約」を入れることとし、他方、「1か月以上の期間を定めて」および「その期間内に」の記述は省略すること。

【法律関係図】

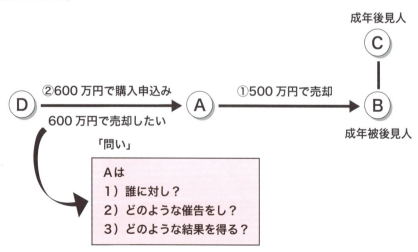

問 題 文 は こ う 読 む ！

基本型

①画家Ａは、Ｂから<u>Ａの絵画（以下「本件絵画」といい、評価額は500万円 ～600万円であるとする。）を購入したい旨の申込みがあったため、500万 円で売却することにした。</u>ところが、Ａ・Ｂ間で同売買契約（本問では、「本 件契約」とする。）を締結したときに、②<u>Ｂは、成年被後見人であったことが 判明したため（成年後見人はＣであり、その状況は現在も変わらない。）、Ａ は、本件契約が維持されるか否かについて懸念していたところ、</u>③<u>Ｄから本件 絵画を気に入っているため600万円ですぐにでも購入したい旨の申込みがあ った。</u>④<u>Ａは、本件契約が維持されない場合には、本件絵画をＤに売却したい と思っている。</u>Ａが本件絵画をＤに売却する前提として、<u>Ａは、誰に対し、 1か月以上の期間を定めてどのような催告をし、その期間内にどのような結 果を得る必要があるか。</u>なお、ＡおよびＤは、制限行為能力者ではない。

「Ａは、」に続け、下線部分につき40字程度で記述しなさい。記述に当た っては、「本件契約」を入れることとし、他方、「1か月以上の期間を定めて」 および「その期間内に」の記述は省略すること。

> 事　例

> 問いの核心

第2章

問題類型別解法テクニック～過去問を素材に～

解法手順1 ▶ 「問い」を正確に把握する

　本問は「要件型」です。また、本問の問題文の構造は、「事例部分＋問いの 核心」の基本型です。

┌─ 問いの核心（要件型）─────────────────
│
│　本問は、**「Ａは、<u>誰に対し、1か月以上の期間を定めてどのような催告</u>** **<u>をし、その期間内にどのような結果を得る</u>必要があるか。」**が、問いの核
│心部分です。下線が引かれているので、わかりやすくなっています。Ａが
│Ｄに売却するための要件を問う問題ですので、要件を問う問題といえます。

「問い」を解くために与えられた事案の分析

　ＡがＤに絵画を売却するために何をすべきか、Ａがどのような状況にあるの

1 内容面からの類型化　41

かを把握する必要があります。そこで、どのような状況なのかを把握します。

まず、問題文下線部①より、ＡＢ間で、絵画の売買契約が締結されています。

次に、問題文下線部②より、買主Ｂが成年被後見人ということです。

さらに、問題文下線部③より、Ｄから600万円で買いたいという申し込みを受けています。

さらに、問題文下線部④より、ＡはＤに600万円で売りたいと思っています。

「ＡはＢに500万円で売却するのをやめて、Ｄに600万円で売却したいと思っている状況」ということになります。

解法手順2　「問いの形」に合わせて「答えの形」をつくる

―問いの形―
Ａは、誰に対し、1か月以上の期間を定めてどのような催告をし、その期間内にどのような結果を得る必要があるか。

―答えの形―
Ａは、「○○」に対し、1か月以上の期間を定めて「□□」の催告をし、その期間内に「△△」を得る。

| 解法手順3 | 「答え」を完成させる知識を記憶喚起する |

　AがDに絵画を売却するためには、Bとの売買契約の効力を失わせる必要があります。ここで、Aの方には取消原因がありませんので、Aが一方的にAB間の売買契約を破棄してしまうと、債務不履行として損害賠償請求の対象にもなりかねません。

　そこで、Bの側に、売買契約を取り消す事情がないかを考えると、本問では、Bが成年被後見人であることが明らかとなっています。

〔知識〕成年被後見人の行為

> **民法9条本文（成年被後見人の法律行為）**
> 　成年被後見人の法律行為は、取り消すことができる。

　Bが「取り消す」といってくれなければ、AB間の売買契約は有効に存続することになります。

　しかし、Bが取り消すかどうかはっきりしないままの状態がつづくと、AはBがいつ取り消してくるかもしれないという状況で、契約を維持しなければならないことになります。
　そこで、民法では、当該契約を取り消すのか、取り消さないのか、はっきりしてもらう制度として、成年被後見人の相手方に催告権を与えています。相手方から成年後見人に催告があり、成年後見人が追認すれば、売買契約は有効に確定し、追認拒絶をすれば、売買契約は取消しの効果が生じます。

> **民法20条（制限行為能力者の相手方の催告権）**
> 1項　制限行為能力者の相手方は、その制限行為能力者が行為能力者（行為能力の制限を受けない者をいう。以下同じ。）となった後、その者に対し、**一箇月以上の期間を定めて、その期間内にその取り消すことができる行為を追認するかどうかを確答すべき旨の催告をすることができる。この場合において、その者がその期間内に確答を発しないときは、その行為を追認したものとみなす。**
> 2項　制限行為能力者の相手方が、制限行為能力者が行為能力者とならない間に、その**法定代理人、保佐人又は補助人に対し、その権限内の行為について前項に規定する催告をした場合において、これらの者が同項の期間内に確答を発しないときも、同項後段と同様とする。**

　本問で、本件売買契約を追認して欲しくないわけですが、Cに対し、一箇月以上の期間を定めて、その期間内に本件契約について、追認するかどうかを確答すべき旨の催告をすることができます（20条1項・2項）。この催告の結果、追認拒絶の確答が得られれば、A・B間の売買契約は取り消されることになります。

　なお、Bはいまだ成年被後見人のままの状況です。Bに対してこの催告をする場合には、Bが行為能力者になっていなければならないため、Bにこの催告をすることはできません（20条1項）。

〔知識のまとめ〕

　Aが成年被後見人Bとの売買契約の効力を失わせるためには、成年後見人Cに対して、1か月以上の期間を定めて、本件売買契約を追認するかどうかを確答すべき旨の催告をし、Cから、本件契約の追認を拒絶するという確答を得ることが必要となります。そうすることで、Aは絵画をDに売却することが可能となります。

　これが、AがDに本件絵画を売却する前提となる知識ということになります。

解答はこう書く！

解法手順4 「問い」に呼応する「答え」をつくる

「問いの形」から導き出した「答えの形」は、
「Aは、『○○』に対し、１か月以上の期間を定めて『□□』の催告をし、その期間内に『△△』を得る。」でした。この「○○」「□□」「△△」に、解法手順３で喚起した知識で穴埋めします。

「○○」には、「Ｃ」
「□□」には、「本件売買契約を追認するかどうかを確答すべき旨」
「△△」には、「追認を拒絶するという確答」

 具体的には

「Aは、Ｃに対し、１か月以上の期間を定めて本件売買契約を追認するかどうかを確答すべき旨の催告をし、その期間内に追認拒絶の確答を得る。」となり、これが完全な形の解答となります。

―記述式解法・ここが推敲のポイント！―――――――――――
　本問は、問題文に、解答作成の形式が指示されていますので、その指示通りにこの解答を作成し直すことになります。指示は以下の通り。
　・「Aは、」に続けること。
　・記述に当たって、「本件契約」を入れること。
　・「１か月以上の期間を定めて」および「その期間内に」の記述は省略すること。

≪解答を推敲しよう！≫

Aは、Cに対し、1か月以上の期間を定めて本件売買契約を追認するかどうかを確答すべき旨の催告をし、その期間内に追認拒絶の確答を得る。(65字)

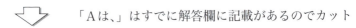「Aは、」はすでに解答欄に記載があるのでカット

~~Aは、~~Cに対し、1か月以上の期間を定めて本件売買契約を追認するかどうかを確答すべき旨の催告をし、その期間内に追認拒絶の確答を得る。(62字)

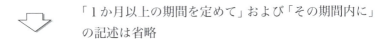「本件契約」という言葉を使用するので「本件売買契約」の売買をカット

Cに対し、1か月以上の期間を定めて本件契約を追認するかどうかを確答すべき旨の催告をし、その期間内に追認拒絶の確答を得る。(60字)

「1か月以上の期間を定めて」および「その期間内に」の記述は省略

Cに対し、~~1か月以上の期間を定めて~~本件契約を追認するかどうかを確答すべき旨の催告をし、~~その期間内に~~追認拒絶の確答を得る。(60字)

　これで45字以内となります。

以上より

Cに対し、本件契約を追認するかどうかを確答すべき旨の催告をし、追認拒絶の確答を得る。(42字)

<解答例> 42字

C	に	対	し	、	本	件	契	約	を	追	認	す	る	か
ど	う	か	を	確	答	す	べ	き	旨	の	催	告	を	し
、	追	認	拒	絶	の	確	答	を	得	る	。			

（2）効果型（行政法に多い）

　行政法の問題によく見られる、法律効果を問う問題です。この問題のパターンとしては、「**〜の場合、どのような〇〇ができるか。**」と問われることが多いといえます。「〜の場合」で要件が示され、その要件があると、結果として、どうするのか、何ができるのか、つまり効果が問われていることがわかります。条文を読む際にも、法律効果をしっかり押さえておくようにしましょう。

　その他には、以下の形があります。

「どのような判決をすることとなるか。」（行政法・平成18・25年度問題44）
「どのような選択が認められているか。」（行政法・平成19年度問題44）
「いかなる訴訟を提起すべきか。」（行政法・平成20・24年度問題44）
「どのような効力が生ずるか。」（行政法・平成21年度問題44）
「どのような対応を義務付けられるか。」（行政法・平成21年度問題44）
「どのような内容の主文となるか。」（行政法・平成22年度問題44）
「法的効果がどのようなものか。」（行政法・平成25年度問題44）
「どのような者が、どのような行動をとることができるか。」（行政法・令和元年度問題44）
「どのような請求ができるか。」（民法・平成21年度問題45、平成25年度問題45）
「どのような権利を行使できるか。」（民法・平成22年度問題45）
「いかなる請求をすればよいか」（民法・平成23年度問題46）
「どのような請求によって、何について」（民法・平成24年度問題46）
「どのような権利に基づき」（民法・平成26年度問題45）
「どのような対応をとればよいか」（民法・平成26年度問題45）
「どのような手続をとるべきか。」（民法・平成27年度問題46）
「どのような主張をすることができるか」（民法・平成28年度問題45）
「いかなる被告に対し、どのような訴訟を提起すべきか」（行政法・平成30年度問題44）
「どのような法的主張をすべきか」（民法・平成30年度問題46）

　それでは、具体的にみてみましょう。素材は令和元年度の問題44です。

1　内容面からの類型化　47

令和元年度 問題44　処分等の求め

> **問　題**
>
> 　A所有の雑居ビルは、消防法上の防火対象物であるが、非常口が設けられていないなど、消防法等の法令で定められた防火施設に不備があり、危険な状態にある。しかし、その地域を管轄する消防署の署長Yは、Aに対して改善するよう行政指導を繰り返すのみで、消防法5条1項所定の必要な措置をなすべき旨の命令（「命」という。）をすることなく、放置している。こうした場合、行政手続法によれば、Yに対して、どのような者が、どのような行動をとることができるか。また、これに対して、Yは、どのような対応をとるべきこととされているか。40字程度で記述しなさい。
>
> （参照条文）
> 消防法
> 第5条第1項　消防長又は消防署長は、防火対象物の位置、構造、設備又は管理の状況について、火災の予防に危険であると認める場合、消火、避難その他の消防の活動に支障になると認める場合、火災が発生したならば人命に危険であると認める場合その他火災の予防上必要があると認める場合には、権限を有する関係者（略）に対し、当該防火対象物の改修、移転、除去、工事の停止又は中止その他の必要な措置をなすべきことを命ずることができる。（以下略）

【法律関係図】

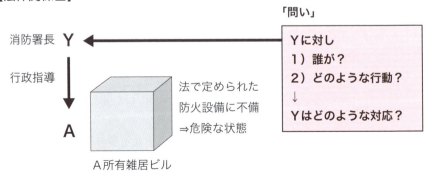

問題文はこう読む！

基本型

　A所有の雑居ビルは、消防法上の防火対象物であるが、非常口が設けられ
①
ていないなど、消防法等の法令で定められた防火施設に不備があり、危険な
状態にある。しかし、その地域を管轄する消防署の署長Yは、Aに対して改
　　　　　　　　　　②
善するよう行政指導を繰り返すのみで、消防法5条1項所定の必要な措置を
なすべき旨の命令（「命令」という。）をすることなく、放置している。**こう
した場合、行政手続法によれば、Yに対して、どのような者が、どのような
行動をとることができるか。また、これに対して、Yは、どのような対応を
とるべきこととされているか。40字程度で記述しなさい。**

｜事例
｜問いの核心

解法手順1　「問い」を正確に把握する

　本問は「効果型」。です。また、本問の問題文の構造は、「事例部分＋問いの核心」の基本型です。

──「問い」の核心（効果型）──
　本問は、**「行政手続法によれば、Yに対して、①どのような者が、②どのような行動をとることができるか。また、これに対して、Yは、③どのような対応をとるべきこととされているか。」**が、問いの核心部分です。「問い」が3つあることに注意です。

「問い」を解くために与えられた事案の分析

　「問いの核心」部分の前には、「こうした場合」とあります。これがどのような場合なのかを分析します。

　まず、下線部①より、A所有の雑居ビルは、法令で定められた防火設備に不備があり、危険な状態であることがわかります。

次に、下線部②より、この雑居ビルに対して、消防署長Yは、Aに改善をするよう行政指導を繰り返すだけで、必要な措置をすべき旨の命令を出そうとしていない状況です。

「消防法上、危険な状況があるのに、消防署長Yは必要な措置をすべき命令をしていない状況」ということになります。

解法手順2　「問いの形」に合わせて「答えの形」をつくる

┌問いの形──────────────────────────
　行政手続法によれば、Yに対して、①どのような者が、②どのような行動をとることができるか。また、これに対して、Yは、③どのような対応をとるべきこととされているか。
└────────────────────────────────

┌答えの形──────────────────────────
　行政手続法によれば、Yに対して、『〇〇』が、『□□』という行動をとることができ、Yは、『△△』という対応をとるべきこととされている。
└────────────────────────────────

解法手順3　「答え」を完成させる知識を記憶喚起する

〔知識〕処分等の求め

　本問のような状況があった場合については、行政手続法36条の3第1項が規定しています。

┌**行政手続法36条の3（処分等の求め）**────────────────
1項　何人も、法令に違反する事実がある場合において、その是正のためにされるべき処分又は行政指導（その根拠となる規定が法律に置かれているものに限る。）がされていないと思料するときは、当該処分をする権限を有する行政庁又は当該行政指導をする権限を有する行政機関に対し、その旨を申し出て、当該処分又は行政指導をすることを求めることができる。
└────────────────────────────────

この条文に従えば、本問においては、消防法等の法令で定められた防火施設に不備があり、危険な状態にあること、という法令に違反する事実があります。しかし、これを是正するためにされるべき、消防法5条1項所定の命令がなされていない状況があります。そこで、この命令をすることを求めることができることになります。
　そして、これができるのは「何人も」できることになります。

　したがって、①については「何人も」、②については「命令をすることを求めることができる」という点を解答します。

　このような求めがあった場合の対応については、行政手続法36条の3第3項が規定しています。

> **行政手続法36条の3（処分等の求め）**
> **3項**　当該行政庁又は行政機関は、第1項の規定による申出があったときは、必要な調査を行い、その結果に基づき必要があると認めるときは、当該処分又は行政指導をしなければならない。

　③のYがとるべき対応については、「必要な調査を行うこと」、そして、問題文より、本問においては消防法5条1項の要件を満たし、命令をする必要があると認められることから「命令をしなければならない」点を解答します。
　以上を40字程度にまとめて記述することになります。

解答はこう書く！

解法手順4　「問い」に呼応する「答え」をつくる

　「問いの形」から導き出した「答えの形」は、
　「行政手続法によれば、Yに対して、『〇〇』が、『□□』という行動をとることができ、Yは、『△△』という対応をとるべきこととされている。」 でした。

この「○○」「□□」「△△」に、解法手順3で喚起した知識で穴埋めします。

「○○」には、「何人も」
「□□」には、「命令をすることを求めることができる」
「△△」には、「必要な調査を行い、必要があると認められたときは命令をしなければならない」

 具体的には

「行政手続法によれば、Yに対して、何人もが、命令をすることを求めるという行動をとるということができ、Yは、必要な調査を行い、必要があると認められたときは命令をしなければならない、という対応をとるべきこととされている。」となり、これが完全な形の解答となります。

記述式解法・ここが推敲のポイント！

　本問は、**行政手続法によって解答することが求められていることが前提ですから、「行政手続法によれば」は省略します。**
　また、「どのような行動」、「どのような対応」についても、具体的な「行動」や「対応」を書けば、それが求められている「行動」「対応」だということがわかります。したがって、□□「という行動」、△△「という対応」は書く必要はありません。

≪解答を推敲しよう！≫
行政手続法によれば、Yに対して、何人もが、命令をすることを求めるという行動をとるということができ、Yは、必要な調査を行い、必要があると認められたときは命令をしなければならない、という対応をとるべきこととされている。(107字)

　「行政手続法によれば」は解答の前提、「という行動をとるという」「という対応をとるべきこととされている」は意味の重複になるのでカット

~~行政手続法によれば、~~Yに対して、何人もが、命令をすることを求める~~という~~

行動をとるということができ、Yは、必要な調査を行い、必要があると認められたときは命令をしなければならない。~~という対応をとるべきこととされてい~~る。(67字)

 前半の問いは、「Yに対して」が解答の前提ですのでカット

~~Yに対して、~~何人もが、命令をすることを求めることができ、Yは、必要な調査を行い、必要があると認められたときは命令をしなければならない。(61字)

 意味を変えずに、言葉や文字を省略していきます。

何人もが、命令をすることを求めることができ、Yは、必要な調査を行い、必要があると認められたときは命令をしなければならない→すべきである。(44字)

これで45字以内となります。

 以上より

何人も命令を求めることができ、Yは必要な調査を行い必要と認めたときは命令をすべきである。(44字)

<解答例>　44字

何	人	も	命	令	を	求	め	る	こ	と	が	で	き	、
Y	は	必	要	な	調	査	を	行	い	必	要	と	認	め
た	と	き	は	命	令	を	す	べ	き	で	あ	る	。	

(3) 要件・効果型 (民法に多い)

　1．要件型と、2．効果型を組み合わせた形になります。「**いかなる場合に（要件）、いかなることができるか（効果）。**」という形になります。

　それでは、具体的にみてみましょう。素材は平成25年度の問題45です。

平成25年度 問題45改題 ｜ 無権代理人に対する責任追及

問題

　Aは、Bに対し、Cの代理人であると偽り、Bとの間でCを売主とする売買契約（以下、「本件契約」という。）を締結した。ところが、CはAの存在を知らなかったが、このたびBがA・B間で締結された本件契約に基づいてCに対して履行を求めてきたので、Cは、Bからその経緯を聞き、はじめてAの存在を知るに至った。他方、Bは、本件契約の締結時に、AをCの代理人であると信じ、また、そのように信じたことについて過失はなかった。Bは、本件契約を取り消さずに、本件契約に基づいて、Aに対して何らかの請求をしようと考えている。このような状況で、AがCの代理人であることを証明することができないときに、Bは、Aに対して、<u>どのような要件の下で（どのようなことがあったときを除いて、どのようなことがなかったとき）、どのような請求をすることができるか</u>。「Bは、Aに対して、」に続けて、下線部について、40字程度で記述しなさい（「Bは、Aに対して、」は、40字程度の字数には入らない）。

【法律関係図】

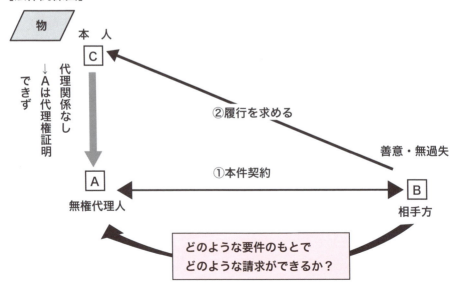

問 題 文 は こ う 読 む ！

基本型

①Aは、Bに対し、Cの代理人であると偽り、Bとの間でCを売主とする売買契約（以下、「本件契約」という。）を締結した。ところが、CはAの存在を知らなかったが、このたび②BがA・B間で締結された本件契約に基づいてCに対して履行を求めてきたので、Cは、Bからその経緯を聞き、はじめてAの存在を知るに至った。他方、③Bは、本件契約の締結時に、AをCの代理人であると信じ、また、そのように信じたことについて過失はなかった。④Bは、本件契約を取り消さずに、本件契約に基づいて、Aに対して何らかの請求をしようと考えている。このような状況で、⑤AがCの代理人であることを証明することができないときに、**Bは、Aに対して、**どのような要件の下で（どのようなことがあったときを除いて、どのようなことがなかったとき）、どのような請求をすることができるか。「Bは、Aに対して、」に続けて、下線部について、40字程度で記述しなさい（「Bは、Aに対して、」は、40字程度の字数には入らない）。

> **事 例**
>
> **問いの核心**

（右側縦書き）第2章　問題類型別解法テクニック〜過去問を素材に〜

解法手順 1　「問い」を正確に把握する

　本問は「要件＋効果型」です。本問の問題文の構造は、「事例部分＋問いの核心」という記述式問題の基本型です。

問いの核心（要件・効果型）

　本問は、**「Bは、Aに対して、①どのような要件の下で（どのようなことがあったときを除いて、どのようなことがなかったとき）、②どのような請求をすることができるか。」**が「問いの核心」部分です。①が要件、②が効果と問うています。「問い」が2つであることに注意です。

「問い」を解くために与えられた事例の分析

　「問い」の前に、「このような状況で、AがCの代理人であることを証明することができないときに」とありますが、「このような状況」がどのような場合

1 内容面からの類型化　55

なのかがわからなければ、この問題に答えることはできません。そこで、「このような状況」がどのような状況なのかを分析します。

まず、問題文下線①より、Aの無権代理行為によって、BC間の売買契約が締結されていることが分かります。

その後、問題文下線②より、Bが本件契約に基づいて本人Cに履行を求めています。この時点で、CがABの存在を知るに至っています。

さらに、問題文下線③より、契約締結時点で、Bは善意無過失であるといえます。

この場合に、問題文下線④より、Bは、本件契約を取り消さずに、本件契約に基づいて、Aに対して何らかの請求をしようと考えているということになります。

 以上より、「このような状況」とは、

「Aが無権代理行為を行い、それについて相手方Bが善意無過失であった場合に、BがCに履行請求し、さらに、本件契約を取り消さずに、Aに何らかの請求をしようとしている状況」です。そして、さらに、この状況で、問題文下線⑤にあるように、「AはCの代理人であることを証明できなかった」という事情が付加されます。

解法手順2　「問いの形」に合わせて「答えの形」をつくる

―問いの形―
Bは、Aに対して、①どのような要件の下で（どのようなことがあったときを除いて、どのようなことがなかったとき）、②どのような請求をすることができるか。

―答えの形―
Bは、Aに対して、①「〇〇」という要件の下で（どのようなことがあったときを除いて、どのようなことがなかったとき）、②「△△」請求をすることができる。

| 解法手順3 | 「答え」を完成させる知識を記憶喚起する |

[知識] 無権代理人の責任

　無権代理人の責任については、117条が規定していますので、本問において、この条文が適用されるかどうかを検討します。

> **民法117条（無権代理人の責任）**
> **1項** 他人の代理人として契約をした者は、自己の代理権を証明したとき、又は本人の追認を得たときを除き、相手方の選択に従い、相手方に対して履行又は損害賠償の責任を負う。

　本問では、無権代理人Aは、自己の代理権を証明することができていません。これは問いの前提です。また、BがCに対して、履行の請求をしていますが、それに対するCの反応については記載がありません。

　したがって、本問の状況の下で、無権代理人の責任を追及できるといえるためには、「本人の追認を得たときを除いて」という要件が必要になります。

　そうすると、原則として、無権代理人Aは、相手方Bに対して、契約の履行または損害賠償の責任を負います。BがAに対してどちらの責任を追及するかはBが選択できます。

　ただし、Bはどのような場合でもこの請求ができるわけではありません。Bが請求できない場合について規定しているのが117条2項です。

> **2項** 前項の規定は、次に掲げる場合には、適用しない。
> **1号** 他人の代理人として契約をした者が代理権を有しないことを相手方が知っていたとき。
> **2号** 他人の代理人として契約をした者が代理権を有しないことを相手方が過失によって知らなかったとき。ただし、他人の代理人として契約をした者が自己に代理権がないことを知っていたときは、この限りでない。
> **3号** 他人の代理人として契約をした者が行為能力の制限を受けていたとき。

無権代理人Aが代理権を有しないことを、Bが知っていたとき、もしくは過失によって知らなかったとき（Aが自己に代理権がないことを知っていたときはこの限りでない）は、無権代理人の責任を追及できません。
　また、無権代理人Aが行為能力の制限を受けていたときにも、無権代理人の責任を追及することはできません。

　本問では、BはAが無権代理人であることにつき、善意無過失であることが本問の前提事実です。しかし、Aが行為能力の制限を受けていたかどうかは分かりませんから、Aが行為能力の制限を受けていたときは、117条1項が適用されない、つまり、無権代理人の責任追及はできないことになります。

[知識のまとめ]
　BがAの責任を追及できる要件は、①無権代理人Aが自己の代理権を証明できたとき、②本人Cの追認を得られたときを除いて、③相手方BがAは無権代理人であるということついて善意・無過失だったとき、④無権代理人が行為能力の制限を受けていなかったとき、となり、①③は、問題の事案の前提ですから、②④の要件を示すことになります。これらの要件は全て満たしている必要があります。
　また、請求の内容は、「履行の請求又は損害賠償の請求」ということになります。

解答はこう書く！

解法手順4　「問い」に呼応する「答え」をつくる

　「問いの形」から導き出された「答えの形」は、
　「Bは、Aに対して、①『○○』という要件の下で（どのようなことがあったときを除いて、どのようなことがなかったとき）、②『△△』請求をすることができる。」でした。この「○○」「△△」に、解法手順3で喚起した知識で穴埋めすることになります。ただし、この「問い」では、かっこ書にあるように、「どのようなことがあったときを除いて、どのようなことがなかった

とき」という形が示されていますので、記憶喚起した要件を、「〜ということがあったときを除いて、〜があったとき」という形に変えて書く必要があります。

「○○」には、「本人Cの追認を得られたときを除いて」と、「無権代理人Aが行為能力の制限を受けていなかったとき」という無権代理人の責任追及のための要件を挿入します。

「△△」には、「履行の請求又は損害賠償の請求」という請求の内容を挿入します。

 具体的には、

「Bは、Aに対して、本人Cの追認を得られたときを除いて、無権代理人Aが行為能力の制限を受けていなかったとき、という要件の下で、履行の請求又は損害賠償の請求をすることができる。」となり、これが完全な形の解答となります。

―記述式解法・ここが推敲のポイント！――――

「問い」の前提となる事案部分は、解答に書く必要はありません。本問で言えば、①無権代理人Aが自己の代理権を証明できたときでないとき、③相手方BがAは無権代理人であるということについて善意・無過失だったとき、という要件は、既に問題文で示されています。これらの要件が満たされている状況が、「このような状況」として、本問の事例として設定されているわけですから、これは前提として解答に書く必要はありません。

本問では、２つの「問い」があります。「問い」が複数存在する場合には、「○○」「△△」の解答要素が、どの「問い」に対する解答であるかが採点者に分かるように、解答には、「問いの形」に合わせて、「〜あったときを除いて」「〜の請求ができる」の部分は省略せずに書くことになります。

≪解答を推敲しよう！≫

Bは、Aに対して、本人Cの追認を得られたときを除いて、無権代理人Aが行為能力の制限を受けていなかったとき、という要件のもとで、履行の請求又は損害賠償の請求をすることができる。(87字)

「問い」の指示で、書く必要のない主語をカット。
　　　　ＡＢＣの属性を示す部分は本問の前提なのでカット。

~~Bは、Aに対して、~~本人Cの追認を得られたときを除いて、~~無権代理人~~Aが行為能力の制限を受けていなかったとき、という要件のもとで、履行の請求又は損害賠償の請求をすることができる。(71字)

　　　繰り返しを避け、意味を変えずに微調整。

Cの追認を得られたときを除い~~て~~→き、Aが行為能力の制限を受けていなかったとき~~、という要件のもとで~~→は、履行の請求又は損害賠償の請求をすることができる。(53字)

　　　さらに、意味を変えずに微調整。

Cの追認を得られたときを除き、Aが→の行為能力の→に制限を受けていなかった→がないときは、履行又は損害賠償の→トル請求が→トルできる。(45字)

　　　以上より、

Cの追認を得られたときを除き、Aの行為能力に制限がないときは、履行又は損害賠償請求できる。(45字)

＜解答例＞　45字

Bは、Aに対して、

									10						15
C	の	追	認	を	得	ら	れ	た	と	き	を	除	き	、	
A	の	行	為	能	力	に	制	限	が	な	い	と	き	は	
、	履	行	又	は	損	害	賠	償	請	求	で	き	る	。	

（4）事例把握型（民法）

　複雑な事例を素材として、**ただ単に登場人物間の法律関係を正確に捉えることができるかどうかを問う問題**です。答える内容は難しいものではありませんが、事案が複雑で、誰が誰に対して、どのような権利を持っているのかを正確に整理するのが困難な問題です。一文一文を丁寧に読み解き、図を描きながら時間を正確に把握するようにしましょう。

　それでは、具体的にみてみましょう。素材は平成21年度の問題45です。

第2章

問題類型別解法テクニック〜過去問を素材に〜

1 内容面からの類型化　61

平成21年度 問題45改題 | 保証債務（求償権）

問 題

次の【事例】において、Xは、Yに対して、どのような権利について、どのような契約に基づき、どのような請求をすることができるか。40字程度で記述しなさい。

【事例】

A（会社）は、B（銀行）より消費貸借契約に基づき金銭を借り受け、その際に、X（信用保証協会）との間でBに対する信用保証委託契約を締結し、Xは、同契約に基づき、AのBに対する債務につき信用保証をした。Xは、それと同時に、Aの代表取締役であるYとの間で、Aが信用保証委託契約に基づきXに対して負担する求償債務についてYが連帯保証する旨の連帯保証契約を締結した。AがBに対する上記借入債務の弁済を怠り、期限の利益を失ったので、Xは、Bに対して代位弁済をした。

【法律関係図】

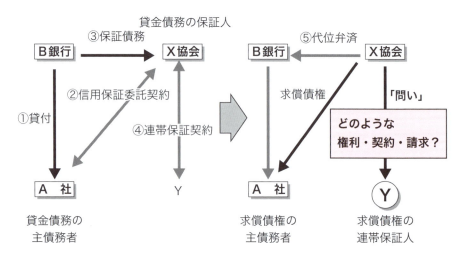

問 題 文 は こ う 読 む ！

> ## 応用型　その1
>
> 　次の【事例】において、Xは、Yに対して、どのような権利について、どのような契約に基づき、どのような請求をすることができるか。40字程度で記述しなさい。　｜問いの核心
>
> 【事例】
>
> 　①A（会社）は、B（銀行）より消費貸借契約に基づき金銭を借り受け、その際に、X（信用保証協会）との間で②Bに対する信用保証委託契約を締結し、Xは、同契約に基づき、AのBに対する債務につき③信用保証をした。Xは、それと同時に、Aの代表取締役であるYとの間で、Aが信用保証委託契約に基づきXに対して負担する求償債務についてYが連帯保証する旨の連帯保証契約を締結した。AがBに対する上記借入債務の弁済を怠り、期限の利益を失ったので、Xは、④Bに対して代位弁済をした。　｜事例

解法手順1　「問い」を正確に把握する

　本問は、新しい出題形式にみえます。たしかに、平成20年度までは、「〜の場合に、〜か？」という形で、「問い」を解くために与えられた事例がまず提示され、その事例を前提として「問いの核心」が示されるという問題構造が中心でした。

　これに対し、本問では、「問いの核心」がまず提示され、その「問い」に答えるための事例が用意されているため、新しいように感じるかもしれません。

　しかし、これまで「問い」を分析してきたように、問題の基本構造が、「問いの核心」部分とその「問い」に答えるための事例部分から成り立っているということに変わりはありません。反対に、「問いの核心」部分と、与えられた事例部分が明確に記載されているわけですから、「問いの核心」と、「それに答えるために与えられた事例」という問題文の構造は把握しやすいといえます。

　本問の問題文の構造は、**基本型の前後を入れ替えた「問いの核心＋事例部分」という逆転パターン（応用型）**です。

1 内容面からの類型化　63

― 問いの核心（事案把握型）―
　本問は、「次の【事例】において、Ｘは、Ｙに対して、①どのような権利について、②どのような契約に基づき、③どのような請求をすることができるか。」が「問いの核心」部分です。「問い」が3つあることに注意です。

「問い」を解くために与えられた事案の分析（事案把握型のキモ）

　「問い」を解くためには、「次の【事例】」がどのような事例なのかを把握する必要があります。そこで、本問の【事例】を分析します。ここが不十分・不正確だと正解を導き出すことができません。一文一文を丁寧に拾って事案を読み解いていく必要があります。

　まず、問題文下線①より、**ＡＢ間でＡを債務者とする消費貸借契約が締結**されていることがわかります。

　次に、問題文下線②より、**ＡＸ間でＡを主たる債務者とする信用保証委託契約が締結**し、ＸＢ間で信用保証がなされていることがわかります（＝Ｘは委託を受けている保証人）。

　さらに、問題文下線③より、**ＸＹ間には連帯保証契約が締結**されていることがわかります。

　加えて、問題文下線④より、**ＡＢ間の消費貸借契約は弁済により消滅**します。それと同時に、ＡＸ間の信用保証委託契約に基づいて、**ＸはＡに対して求償債権を取得**します。
　ＸがＡに対して求償債権を取得した場合には、ＸＹ間の連帯保証契約に基づいて、**ＸはＹに対して保証債権を取得**することになります。

解法手順2　「問いの形」に合わせて「答えの形」をつくる

― 問いの形 ―
　次の【事例】において、Ｘは、Ｙに対して、①どのような権利について、②どのような契約に基づき、③どのような請求をすることができるか。

──答えの形──────────────────────────
この【事例】において、Xは、Yに対して、「○○」という権利について、「△△」という契約に基づき、「××」という請求をすることができる。
─────────────────────────────────

解法手順3　「答え」を完成させる知識を記憶喚起する

[知識1]　ＸＹ間の法律関係（連帯保証関係）

本問では、ＸＹ間の法律関係が問われていますから、まずは、**ＸＹ間にどのような法律関係があるのか**を検討しなければなりません。

本問では、ＡがＸに対して負担する求償債務について、ＹがＡと連帯保証する契約がＸＹ間で締結されています。したがって、ＸがＹに請求する法律上の根拠は、**連帯保証契約**です。

では、**連帯保証契約が締結されると、ＹはＸに対してどのような責任を負担するのでしょうか**。

まず、保証契約が締結された場合の保証人の責任は、446条1項が規定しています。保証人の責任は、主たる債務者が債務を履行しないときに、その債務を履行することです。これを保証債務といいます。

本問では、保証人Ｙは、主たる債務者Ａが求償債務を履行しないときには、その債務を債権者Ｘに対して履行しなければならないという保証債務を負うことになります。Ｘの立場からすれば、**Ａが求償債務を履行しない場合には、Ｙに対してその履行を請求するという保証債務の履行を請求することができる**ことになります。

なお、ここで注意しておかなければならないのは、この保証債務は、「主たる債務者がその債務を履行しないとき」の責任だということです。主たる債務

者が債務を履行しない場合にはじめて、保証人は債務を履行しなければならないという責任を負うということです。この保証債務の性質を補充性といいます。

この補充性から、保証人は債権者からの請求に対して催告の抗弁（民法452条）、検索の抗弁（民法453条）をすることができます。

そうすると、XがYに保証債務の履行を請求しても、Yから催告の抗弁、検索の抗弁をされてしまい、請求できないのではないかとも思われます。

 しかし、

連帯保証の場合には以下の特則があります。

> **民法454条（連帯保証の場合の特則）**
> 保証人は、主たる債務者と連帯して債務を負担したときは、前二条の権利を有しない。

本問では、ＸＹ間で締結されたのは連帯保証契約ですから、ＹはＸに対して催告の抗弁、検索の抗弁を主張ができません。したがって、Ｘは、Ｙから抗弁を主張されることなく、Ｙに対して保証債務の履行を請求することができることになります。

[知識２]　補足　～　ＡＸ間の法律関係（求償関係）

ＢＸ間には、ＡのＢに対する貸金債務を被担保債権とする保証契約が締結されています。したがって、Ａが貸金債務を履行できなかった場合には、Ｘがその履行をしなければなりません（民法446条１項）。

保証人が主債務者に代わって履行した場合には、保証人は主たる債務者に対して求償権を取得します（民法459条１項）。

本問は、保証人Ｘが、主たる債務者Ａに代わって弁済をした場合ですから、ＡのＢに対する貸金債務は消滅し、**ＸはＡに対して求償権を取得**することになります。

なお、本問のような信用保証は、事業のために負担した貸金等債務を主たる債務とする保証契約ですが、ＹはＡ社の代表取締役のため、公正証書の作成は不要となります（465条の９第１号、465条の８第１項前段参照）。したがって、

本問では公正証書のことを考慮する必要はありません。

解答はこう書く！

解法手順4　「問い」に呼応する「答え」をつくる

「問いの形」から導き出した「答えの形」は、

「この【事例】において、Xは、Yに対して、『○○』という権利について、『△△』という契約に基づき、『××』という請求をすることができる。」でした。この「○○」「△△」「××」に、解法手順3で喚起した知識で穴埋めをします。

「○○」には、「Aに対する求償債権」というXY間の保証債務の被担保債権を挿入します。**[手順3・知識2]**
「△△」には、「連帯保証契約」というXY間の請求の根拠を挿入します。**[手順3・知識1]**
「××」には、「保証債務の履行」というXのYに対する請求を挿入します。**[手順3・知識1]**

　具体的には、

「この【事例】において、Xは、Yに対して、Aに対する求償債権という権利について、連帯保証契約という契約に基づき、保証債務の履行の請求をすることができる。」となり、これが完全な形の解答となります。

―記述式解法・ここが推敲のポイント！――――――――――
　本問では、**「この【事例】において」**の部分は解答の前提ですから省略します。また、**「Xは、Yに対して」**という部分も、解答の前提ですから**省略**します。
　本問は、「①どのような権利について」「②どのような契約に基づき」「③どのような請求をすることができるか。」という「問い」が3つある問題です。したがって、「Aに対する求償債権」や「連帯保証契約」や「保証債務の履行の請求」が、①②③いずれについて答えているのかが採点者に

わかるように、「〜という権利について」「〜という契約に基づき」「〜の請求をすることができる」という部分は省略しないのが原則です。

しかし、「求償債『権』」には「権利」という意味が含まれていますから、**「求償債権について」と書けばよく**、「求償債権という権利について」と書く必要はありません。

また、「連帯保証契約」だけで「契約」であることはわかりますから、**「連帯保証契約に基づき」と書けばよく**、「連帯保証契約という契約に基づき」と書く必要はありません。

本問の【事例】は、事案自体も複雑ですが、そのなかには直接解答に必要ない事実が多く含まれており、そのなかから解答に必要な事実だけを抽出して答えることが求められています。その意味では、高度な事案整理能力・事案分析能力が求められているといえます。

≪解答を推敲しよう！≫

この【事例】において、Xは、Yに対して、Aに対する求償債権という権利について、連帯保証契約という契約に基づき、保証債務の履行の請求をすることができる。(75字)

　「問い」の前提となる部分をカット。

~~この【事例】において、Xは、Yに対して、~~Aに対する求償債権という権利について、連帯保証契約という契約に基づき、保証債務の履行の請求をすることができる。(55字)

　内容を変えずに表現を修正。

Aに対する求償債権~~という権利~~について、連帯保証契約~~という契約~~に基づき、保証債務の履行を請求することができる。(44字)

　以上より、

Aに対する求償債権について、連帯保証契約に基づき、保証債務の履行を請求することができる。(44字)

＜解答例①＞　44字

A	に	対	す	る	求	償	債	権	に	つ	い	て	、	連
帯	保	証	契	約	に	基	づ	き	、	保	証	債	務	の
履	行	を	請	求	す	る	こ	と	が	で	き	る	。	

＜解答例②＞　43字

A	に	対	す	る	求	償	権	に	つ	い	て	、	連	帯
保	証	契	約	に	基	づ	き	、	求	償	債	務	の	弁
済	を	請	求	す	る	こ	と	が	で	き	る	。		

（5）基本概念定義型（行政法に多い）

　法律の学習においては、言葉の定義が重要となります。特に、行政法では、法律用語の理解は必須となります。これをそのまま記述式でも問われています。**言葉の意味**と、**その内容**について、正確に押さえておかなければならない問題です。具体的には、以下のような形をとります。

　「○○を何と呼ぶか。」（行政法・平成22・24・26・27・28年度問題44）
　「どのような名称で呼ばれるか。」（行政法・平成23年度問題44）
　「どのような内容のものと説明されているか。」（行政法・平成23年度問題44）
　「Ａ・Ｂ間の契約を何といい」（民法・令和元年度問題46）

　それでは、具体的にみてみましょう。素材は平成26年度の問題44です。

1　内容面からの類型化　69

平成26年度 問題44 公の施設

問 題

A市は、同市内に市民会館を設置しているが、その運営は民間事業者である株式会社Bに委ねられており、利用者の申請に対する利用の許可なども、Bによってなされている。住民の福利を増進するためその利用に供するために設置される市民会館などを地方自治法は何と呼び、また、その設置などに関する事項は、特別の定めがなければ、どの機関によりどのような形式で決定されるか。さらに、同法によれば、その運営に当たるBのような団体は、何と呼ばれるか。40字程度で記述しなさい。

【法律関係図】

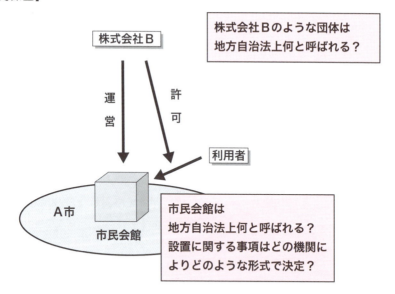

問題文はこう読む！

基本型

　A市は、同市内に市民会館を設置しているが、その運営は民間事業者である株式会社Bに委ねられており、利用者の申請に対する利用の許可なども、Bによってなされている。住民の福祉を増進するためその利用に供するために設置される市民会館などを地方自治法は何と呼び、また、その設置などに関する事項は、特別の定めがなければ、どの機関によりどのような形式で決定されるか。さらに、同法によれば、その運営に当たるBのような団体は、何と呼ばれるか。40字程度で記述しなさい。

（右側注釈：事例／問いの核心）

解法手順1　「問い」を正確に把握する

　本問の問題文の構造は、「事例部分＋問いの核心」という記述式問題の基本型です。

問いの核心（要件型＋基本概念定義型）

　本問は、「①住民の福祉を増進するためその利用に供するために設置される市民会館などを地方自治法は何と呼び、また、②その設置などに関する事項は、特別の定めがなければ、ⓐどの機関によりⓑどのような形式で決定されるか。さらに、③同法によれば、その運営に当たるBのような団体は、何と呼ばれるか。」が「問いの核心」部分です。「問い」が3つあることに注意です。
　①③は基本概念を答えさせるものです。法律用語が正確に書けるかどうかが勝負となります。

「問い」を解くために与えられた事例の分析

　「問いの核心」部分に答えるための事例として、本問では、どのような事例が与えられているのでしょうか。「問いの核心」の前の部分を分析します。

1　内容面からの類型化　71

まず、「A市は、同市内に市民会館を設置している」とあります。市民会館はA市のものということになります。

　つぎに、「その運営は民間事業者である株式会社Bに委ねられており、利用者の申請に対する利用の許可なども、Bによってなされている。」とあります。したがって、A市の市民会館の運営は私人である株式会社Bによってなされているということになります。

 　　　以上より、本問事例は

「A市の市民会館を、私人Bが運営している場合」ということになります。これを前提に、「問いの核心」に答えることになります。

解法手順2　「問いの形」に合わせて「答えの形」をつくる

―問いの形―
①住民の福利を増進するためその利用に供するために設置される市民会館などを地方自治法は何と呼び、また、②その設置などに関する事項は、特別の定めがなければ、ⓐどの機関によりⓑどのような形式で決定されるか。さらに、③同法によれば、その運営に当たるBのような団体は、何と呼ばれるか。

―答えの形―
住民の福利を増進するためその利用に供するために設置される市民会館などを地方自治法は「〇〇」と呼び、また、その設置などに関する事項は、特別の定めがなければ、「□□」により「△△」の形式で決定される。さらに、同法によれば、その運営に当たるBのような団体は、「××」と呼ばれる。

解法手順3　「答え」を完成させる知識を記憶喚起する

[知識1]　公の施設

　地方自治法では、その244条1項において、
　「普通地方公共団体は、住民の福祉を増進する目的をもってその利用に供するための施設（これを公の施設という。）を設けるものとする。」と規定してい

ます。

したがって、このような施設を地方自治法は、**公の施設**と呼んでいるということになります。

［知識２］　公の施設の設置・管理

地方自治法では、その244条の２第１項において、

「普通地方公共団体は、法律又はこれに基づく政令に特別の定めがあるものを除くほか、公の施設の設置及びその管理に関する事項は、条例でこれを定めなければならない。」と規定しています。

したがって、公の施設の設置などに関する事項は、**条例**で決定されることになります。

条例は、地方公共団体の**議会**の議決によって制定されます（96条１項１号）。したがって、条例は議会という機関によることになります。本問では、具体的にＡ市議会ということになります。

［知識３］　指定管理者

地方自治法は、その244条の２第３項において、

「普通地方公共団体は、公の施設の設置の目的を効果的に達成するため必要があると認めるときは、条例の定めるところにより、法人その他の団体であつて当該普通地方公共団体が指定するもの（以下本条及び第244条の４において「指定管理者」という。）に、当該公の施設の管理を行わせることができる。」と規定しています。

公の施設である市民会館の運営を委ねられているＢは、株式会社であり法人です。したがって、本条に規定する団体に該当します。したがって、地方自治法上、Ｂのような団体は、**指定管理者**と呼ばれることになります。

解答はこう書く！

解法手順4　「問い」に呼応する「答え」をつくる

「問いの形」から導き出した「答えの形」は、

「住民の福利を増進するためその利用に供するために設置される市民会館な

1 内容面からの類型化　73

どを地方自治法は「○○」と呼び、また、その設置などに関する事項は、特別の定めがなければ、「□□」により「△△」の形式で決定される。さらに、同法によれば、その運営に当たるBのような団体は、「××」と呼ばれる。」
でした。この『○○』『□□』『△△』『××』に、解法手順3で喚起した知識で穴埋めをします。

『○○』には、「公の施設」を挿入します。**[知識1]**
『□□』には、「議会」という機関を挿入します。**[知識2]**
『△△』には、「条例」を挿入します。**[知識2]**
『××』には、「指定管理者」を挿入します。**[知識3]**
　これで「問い」に呼応する「答え」が完成です。

 具体的には、

「住民の福利を増進するためその利用に供するために設置される市民会館などを地方自治法は公の施設と呼び、また、その設置などに関する事項は、特別の定めがなければ、議会により条例の形式で決定される。さらに、同法によれば、その運営に当たるBのような団体は、指定管理者と呼ばれる。」

―記述式解法・ここが推敲のポイント！――――――――――――――
　「問い」の前提となっている**事案部分は、解答に書く必要はありません**。また、「問い」が「地方自治法」についてきいているわけですから、あなたが書く答えも**「地方自治法」上のことであることは当然の前提**となります。したがって、**「地方自治法」は省略**します。
　次に、本問では、①「市民会館などを何と呼ぶか。」、また、③「Bのような団体は、何と呼ばれるか。」というように、「何と呼ばれるか。」について、2つの「問い」が存在しています。「～と呼ばれる。」のが、①③の**どちらの「問い」について解答している部分なのかが採点者に分かるようにしなければなりません**。したがって、解答には「市民会館は、」「Bは、」という部分は省略せずに書くことになります。ただし、センター発表の正解例にもあるように、問題文の順序の通りに書く、もしくは、どちらかのみ主語を書く、ということで、どちらの呼び方かを特定できますので、そのような形でもよいでしょう。

≪解答を推敲しよう！≫

住民の福利を増進するためその利用に供するために設置される市民会館などを地方自治法は公の施設と呼び、また、その設置などに関する事項は、特別の定めがなければ、議会により条例の形式で決定される。さらに、同法によれば、その運営に当たるBのような団体は、指定管理者と呼ばれる。(133字)

 「問い」の前提となる部分をカット。

住民の福利を増進するためその利用に供するために設置される市民会館などを地方自治法は公の施設と呼び、また、その設置などに関する事項は、特別の定めがなければ、議会により条例の形式で決定される。さらに、同法によれば、その運営に当たるBのような団体は、指定管理者と呼ばれる。(57字)

 意味を変えずに微調整

市民会館などを公の施設と呼び、設置など→等は議会により条例の形式で決定される。→、Bのような団体は→を指定管理者と呼ばれる→ぶ。(45字)

 以上より

公の施設と呼び、設置等は議会により条例の形式で決定され、Bのような団体を指定管理者と呼ぶ。(45字)

＜解答例＞　45字

公	の	施	設	と	呼	び	、	設	置	等	は	議	会	に
よ	り	条	例	の	形	式	で	決	定	さ	れ	、	B	の
よ	う	な	団	体	を	指	定	管	理	者	と	呼	ぶ	。

＜(財団法人)行政書士試験研究センターから発表された正解例＞　38字

公	の	施	設	と	呼	び	、	設	置	等	は	議	会	が
条	例	で	決	し	、	管	理	す	る	団	体	を	指	定
管	理	団	体	と	呼	ぶ	。							

本書では、問題文の形式に合わせて解答例を作成しています。

※　正解例「議会が条例で決し」について

　問題文が「どの機関によりどのような形式で決定されるか」となっています。そこで、本書では問題文の形式に合わせて「議会により条例の形式で決定され」という表現にしています。

※　正解例「管理する団体」について

　問題文で「その運営に当たるBのような団体は、何と呼ばれるか。」となっています。そこで、本書では問題文の形式に合わせて「Bのような団体は○○と呼ばれる。」という表現をベースに解答例を作成しています。

※　正解例「指定管理団体」について

　問題文で「同法（地方自治法）によれば、……何と呼ばれるか。」となっています。しかし、地方自治法上、「指定管理団体」という呼び方はなく、「指定管理者」という名称になっています。そこで本書では、地上自治法上の呼び方となる「指定管理者」という名称を使用しています。

（6）条文趣旨型（民法）

　条文に明文では現れない趣旨や機能を問う問題です。ただし、学説ではなく、判例が述べている文言が問われます。条文を読む際には、判例に触れる機会があれば、条文解釈をしている部分をチェックしておきましょう。

　「その趣旨は、○○ことにある」（平成22年度問題46）
　「○○の目的ないし機能」（平成28年度問題46）

　それでは、具体的にみてみましょう。素材は平成22年度の問題46です。

第2章

問題類型別解法テクニック〜過去問を素材に〜

1 内容面からの類型化　77

平成22年度 問題46改題 | 不法行為債権が相殺できない趣旨

問題

以下の【相談】に対して、〔　　〕の中に適切な文章を40字程度で記述して補い、最高裁判所の判例を踏まえた【回答】を完成させなさい。

【相談】

私は、X氏から200万円を借りていますが、先日自宅でその返済に関してX氏と話し合いをしているうちに口論になり、激昂したX氏が投げた灰皿が、居間にあったシャンデリア（時価150万円相当）に当たり、シャンデリアが全損してしまいました。X氏はこの件については謝罪し、きちんと弁償するとはいっていますが、貸したお金についてはいますぐにでも現金で返してくれないと困るといっています。私としては、損害賠償額を差し引いて50万円のみ払えばよいと思っているのですが、このようなことはできるでしょうか。

【回答】

民法509条1号は悪意による不法行為に基づく損害賠償の債務の債務者は、相殺をもって債権者に対抗することができない、としています。その趣旨は、判例によれば〔　　　　　　　　　〕ことにあるとされています。ですから今回の場合のように、不法行為の被害者であるあなた自身が自ら不法行為にもとづく損害賠償債権を自働債権として、不法行為による損害賠償債権以外の債権を受働債権として相殺をすることは、禁止されていません。

【法律関係図】

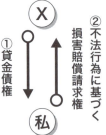

「問い」

不法行為によって生じた債権については、債務者（X）は相殺をもって債権者（私）に対抗できないという509条1号の趣旨は？

問 題 文 は こ う 読 む ！

応用型　その2

以下の【相談】に対して、〔　　　〕の中に適切な文章を40字程度で記述して補い、最高裁判所の判例を踏まえた【回答】を完成させなさい。

【問いの柱書】

【相談】

①私は、X氏から200万円を借りていますが、先日自宅でその返済に関してX氏と話し合いをしているうちに口論になり、②激昂したX氏が投げた灰皿が、居間にあったシャンデリア（時価150万円相当）に当たり、シャンデリアが全損してしまいました。X氏はこの件については謝罪し、きちんと弁償するとはいっていますが、貸したお金についてはいますぐにでも現金で返してく③れないと困るといっています。**私としては、損害賠償額を差し引いて50万円のみ払えばよいと思っているのですが、このようなことはできるでしょうか。**

【事　例】

【問いの核心】

【回答】

民法509条1号は悪意による不法行為に基づく損害賠償の債務の債務者は、相殺をもって債権者に対抗することができない、としています。その趣旨は、判例によれば〔　　　　　　　　〕ことにあるとされています。ですから今回の場合のように、不法行為の被害者であるあなた自身が自ら不法行為にもとづく損害賠償債権を自働債権として、不法行為による損害賠償債権以外の債権を受働債権として相殺をすることは、禁止されていません。

【回　答】

第2章　問題類型別解法テクニック～過去問を素材に～

解法手順1　「問い」を正確に把握する

本問は、平成21年度問題46と同じ形式です。【設問】が【相談】という形で用意されています。この部分が「問い」の部分です。本問では、この「問い」を正確に把握することが大前提です。

この「問い」に対する「答え」は、【回答】という形で既に用意されています。

1 内容面からの類型化　79

その【回答】は、前段が「問い」に呼応する形の回答、後段はその趣旨です。あなたが答えるべきは、その趣旨の一部分です。

「問い」に呼応する「答え」を自分で考える必要はなく、【回答】の欠落部分を補うことで解答完了です。

―問いの核心（条文趣旨型）――――――――――――――
　本問は、「私としては、損害賠償額を差し引いて50万円のみ払えばよいと思っているのですが、このようなことはできるでしょうか。」が「問いの核心」部分です。
――――――――――――――――――――――――――

「問い」を解くために与えられた事例の分析
　本問では、私が損害賠償額の差し引きができないかと問うていますが、具体的にどのような事例かわからなければ、この「問い」に答えることはできません。そこで、本問がどのような事例なのかを分析します。

　まず、問題文下線①から、私は灰皿を投げたX氏から200万円を借りていることがわかります。
　また、問題文下線②から、Xは私のシャンデリアを壊したため、Xは私に150万円の損害賠償債務を負担したことがわかります（悪意による不法行為に基づく損害賠償債務）。

　次に、問題文下線③から、Xは貸したお金を返してほしいといい、私は、Xに対する損害賠償額を差し引いて50万円だけ払おうとしています。
　このような私の主張が認められるのか、というのが私の相談内容です。

　悪意による不法行為に基づく損害賠償債務と、貸金債務を相殺できるか、というのが私の相談ということです。

| 解法手順2 | 「問いの形」に合わせて「答えの形」をつくる |

─ 問いの形 ─
私としては、損害賠償額を差し引いて50万円のみ払えばよいと思っているのですが、このようなことはできるでしょうか。

─ 答えの形 ─
このようなことは「できる」or「できない」。

| 解法手順3 | 「答え」を完成させる知識を記憶喚起する |

　2人が互いに同種の目的を有する債務を負担する場合において、双方の債務が弁済期にあるときは、各債務者は、その対当額について相殺によってその債務を免れることができるのが原則です（民法505条1項本文）。

　もっとも、債務が悪意による不法行為によって生じたときは、その債務者は、相殺をもって債権者に対抗することができません（民法509条1号）。すなわち、悪意による不法行為により生じた債権を受働債権とする相殺は禁止されています。なお、悪意による不法行為により生じた債権は、損害賠償請求権ということになります（民法709条）。

　この債権を受働債権とする相殺が禁止される趣旨については、以下の判例があります。

> **最判昭42.11.30**
> 　民法509条は、不法行為の被害者をして現実の弁済により損害の填補をうけしめるとともに、不法行為の誘発を防止することを目的とするものであるから、不法行為に基づく損害賠償債権を自働債権とし不法行為による損害賠償債権以外の債権を受働債権として相殺をすることまでも禁止する趣旨ではないと解するのを相当とする。

つまり、判例は、民法509条1号の趣旨（目的）について、

- ① 不法行為の被害者をして現実の弁済により損害の塡補をうけしめること
- ② 不法行為の誘発を防止すること

の2つであると考えています。改正法では、この相殺ができない不法行為が、「悪意」と「人の生命又は身体の侵害」の場合に限定されましたが、いずれも損害賠償の支払いにより被害者を現実に救済することが相殺によって決済の公平を図ることよりも優先されるべきと考えられ、また不法行為の誘発を防止するためであるという趣旨は変更ないと解されています。

解答はこう書く！

解法手順4 「問い」に呼応する「答え」をつくる

「答えの形」は、**「このようなことは『できる』or『できない』。」**ですが、これに対する【回答】はほぼ完成しています。あとはこの【回答】を読んで、そのなかの〔　　〕を埋めればよいわけです。

【回答】1行目には、民法509条1号「悪意による不法行為に基づく損害賠償の債務の債務者は、相殺をもって債権者に対抗することができない。」が挙げられています。その後、「その趣旨は〜」と続いていますから、民法509条1号の趣旨が続くはずです。

「判例によれば〔　　　〕ことにあるとされています。」とされており、判例がこの民法509条1号の趣旨について述べているといえ、それが〔　　　〕に入ります。

その後、「ですから」と続きますので、この趣旨を前提とした場合の結果が来るはずです。

「被害者であるあなた自身が悪意による不法行為に基づく損害賠償債権を自働債権として、悪意による不法行為による損害賠償債権以外の債権を受働債権として相殺をすることは、禁止されていません。」とあります。これは【相談】に対する【回答】といえます。

82

その前の〔　　　〕には、判例が述べた趣旨、「不法行為の被害者をして現実の弁済により損害の塡補をうけしめること、不法行為の誘発を防止すること」の２つを挿入します。具体的には、**「判例によれば、〔不法行為の被害者をして現実の弁済により損害の塡補をうけしめるとともに、不法行為の誘発を防止する〕ことにあるとされています。」**となり、この〔　　　〕の部分が解答になります。ただし、解答の方法は、あくまで〔　　　〕に該当する部分のみを解答欄に書くことになります。

　なお、文章のなかの〔　　　〕部分を抜き出すわけですから、最後に「。」を打ってはいけません。

＜解答例＞　45字

不	法	行	為	の	被	害	者	に	現	実	の	弁	済	に
よ	り	損	害	の	塡	補	を	受	け	さ	せ	る	と	と
も	に	、	不	法	行	為	の	誘	発	を	防	止	す	る

2　形式面からの類型化

　次に、形式面からの類型化ですが、事例を前提とせず、端的に条文知識を問う問題、判例知識を問う問題があります。これを１行問題といいます。また、空欄を埋める形式の問題があります。さらに、解答欄が分割されている問題があります。

（1）一行問題型（民法・行政法いずれも）

　端的に、条文知識を問う問題です。事例を必ずしも前提とせず出題されます。**一問一答形式的な問題**です。基本概念定義型を形式でみると、一行問題になっているといえます。

　それでは、具体的にみてみましょう。素材は平成23年度の問題44と平成29年度の問題46です。

2 形式面からの類型化　83

平成23年度 問題44 | 即時強制

問題

以下に引用する消防法29条1項による消防吏員・消防団員の活動（「破壊消防」と呼ばれることがある）は、行政法学上のある行為形式（行為類型）に属するものと解されている。その行為形式は、どのような名称で呼ばれ、どのような内容のものと説明されているか。40字程度で記述しなさい。

消防法29条1項
消防吏員又は消防団員は、消火若しくは延焼の防止又は人命の救助のために必要があるときは、火災が発生せんとし、又は発生した消防対象物及びこれらのものの在る土地を使用し、処分し又はその使用を制限することができる。

【法律関係図】

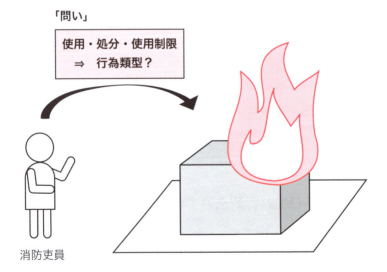

問題文はこう読む！

基本型（やや変形）

①以下に引用する消防法29条1項による消防吏員・消防団員の活動（「破壊消防」と呼ばれることがある）は、行政法学上のある行為形式（行為類型）に属するものと解されている。**その行為形式は、どのような名称で呼ばれ、どのような内容のものと説明されているか。** 40字程度で記述しなさい。 ← ある行為類型の具体例／問いの核心

消防法29条1項
②消防吏員又は消防団員は、消火若しくは延焼の防止又は人命の救助のために必要があるときは、火災が発生せんとし、又は発生した消防対象物及びこれらのものの在る土地を使用し、処分し又はその使用を制限することができる。 ← 具体例の補足

解法手順1　「問い」を正確に把握する

　本問の問題文の構造は、「ある行為類型の具体例＋問いの核心」の基本型です。具体例について参照条文が付されている点でやや変形型です。

問いの核心（基本概念定義型）

　本問は、**「その行為形式は、①どのような名称で呼ばれ、②どのような内容のものと説明されているか。」** が「問いの核心」部分です。「問い」が2つあることに注意です。形式としては、一行問題です。

「問い」を解くために与えられた事例の分析

　「問い」の核心部分には、「その行為類型」とあります。「その」がどのようなことなのかがわからなければ、この問題に答えることはできません。つまり、「その」の部分が、本問で与えられた事例になります。この事例がどのような場合なのかを分析します。

問題文下線①より、「消防法29条1項に基づく消防吏員・消防団員の活動」＝「行政法学上のある行為類型」ということになります。

具体的には、問題文下線②をさします。

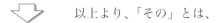 以上より、「その」とは、

「消防法29条1項に基づく消防吏員・消防団員の活動が該当すると解されている行政法学上の行為類型」ということになります。

解法手順2　「問いの形」に合わせて「答えの形」をつくる

―問いの形―
その行為形式は、①どのような名称で呼ばれ、②どのような内容のものと説明されているか。

―答えの形―
その行為形式は、「〇〇」という名称で呼ばれ、「△△」という内容のものと説明されている。

解法手順3　「答え」を完成させる知識を記憶喚起する

［知識1］　行政法学上の行為類型

行政法学上、行為類型といえば、まずは行政行為に関する分類としての「法律行為的行政行為（下命・禁止・許可・免除・特許・認可・代理）」と「準法律行為的行政行為（確認・公証・通知・受理）」が思い浮かびます。

しかし、消防法29条1項に基づく消防吏員・消防団員の活動は、何らかの法律効果の発生を直接の目的としているわけではなく、また、判断・認識の作用というわけでもありません。

したがって、いわゆる**行政行為としての類型を問うているわけではない**ことがわかります。

［知識２］　行政上必要な状態を実現する作用

　消防法29条１項で認められた行為は、「消火若しくは延焼の防止又は人命の救助のために必要があるとき」に「火災が発生せんとし、又は発生した消防対象物及びこれらのものの在る土地の使用、処分、使用制限できる。」という事実行為です。

　つまり、「消火・延焼防止・人命救助」という、行政上必要な状態を将来にわたり実現するために、「これらの土地などの使用・処分・使用制限する作用」です。

　このような、行政上必要な状態を実現する作用を行政強制といいます。

　行政強制は、通常、相手方に義務を課し、その義務が履行されなかった場合に実行に移されます。

　ところが、消防法29条１項の行為は、「消火・延焼防止・人命救助」という緊急性が高いために、相手方に義務を命ずることなく、土地などの使用・処分・使用制限ができるとされているものです。

　このように、**緊急性を要する場合に、義務を命ずることなく、財産に直接行為する作用は、「即時強制」**と呼ばれます。

［知識３］　即時強制の意義について

　「即時強制」という言葉は、行政法学上の行為類型を示す言葉であって、条文や判例に根拠がある言葉ではありません。

　したがって、「即時強制」がどのような内容をもつかについてはあくまで解釈論ということになります。そのため、「即時強制」の内容は、解釈する者によって若干異なります。

　しかし、この内容については、過去問で頻繁に問われていますので、過去問で出題された表現を使って答えるのがリスクの少ない方法といえます。

2 形式面からの類型化　87

解答はこう書く！

解法手順4　「問い」に呼応する「答え」をつくる

「問いの形」から導き出した「答えの形」は、
「その行為形式は、『〇〇』という名称で呼ばれ、『△△』という内容のものと説明されている。」 でした。この「〇〇」「△△」に、解法手順3で喚起した知識で穴埋めをします。

「〇〇」には、「即時強制」という行為形式を挿入します。[手順3・知識2]
「△△」には、「目前急迫の障害を除く必要上義務を命ずるいとまのない場合に、直接に人民の身体又は財産に実力を加え、行政上必要な状態を実現する」という即時強制の内容を挿入します。[手順3・知識2]

　具体的には、

「その行為形式は、即時強制という名称で呼ばれ、目前急迫の障害を除く必要上義務を命ずるいとまのない場合に、直接に人民の身体又は財産に実力を加え、行政上必要な状態を実現するという内容のものと説明されている。」 となります。

―*記述式解法・ここが推敲のポイント！*―――――――――

行政法学上の行為形式について問われていることは解答の前提ですから、**「その行為形式は、」は省略**します。

次に、本問では、「①どのような名称で呼ばれ」「②どのような内容のものと説明されているか。」という2つの「問い」が存在しています。

このように、「問い」が複数存在する場合には、「即時強制」という解答要素と、「目前急迫の障害を除く必要上義務を命ずるいとまのない場合に、直接に人民の身体又は財産に実力を加え、行政上必要な状態を実現する」という即時強制の内容という解答要素が、①②のどちらの「問い」について解答しているのかが採点者にわかるようにしなければなりません。したがって、解答には **「～という名称で呼ばれ」**、**「～という内容のものと説明**

> されている。」という部分は省略せずに書くことになります。

≪解答を推敲しよう！≫
その行為形式は、即時強制という名称で呼ばれ、目前急迫の障害を除く必要上義務を命ずるいとまのない場合に、直接に人民の身体若しくは財産に実力を加え、行政上必要な状態を実現するという内容のものと説明されている。(102字)

　「問い」の前提となる部分をカット。

~~その行為形式は、~~即時強制という名称で呼ばれ、目前急迫の障害を除く必要上義務を命ずるいとまのない場合に、直接に人民の身体若しくは財産に実力を加え、行政上必要な状態を実現するという内容のものと説明されている。(94字)

　意味を変えずに微調整。

即時強制と~~いう~~~~名称~~で呼ばれ、目前急迫の障害を除く必要上義務を命ずるいとまのない場合に、直接に人民の身体若しくは財産に実力を加え、行政上必要な状態を実現する~~という内容の~~ものと説明されている。(83字)

　前半で、「～と呼ばれ」とあり、後半部分は、その説明であることが意味的にわかります。したがって、ここは省略します。

即時強制と呼ばれ、目前急迫の障害を除く必要上義務を命ずるいとまのない場合に、直接人民の身体若しくは財産に実力を加え、行政上必要な状態を実現する~~ものと説明されている~~。(72字)

　内容で最重要な要素は、義務を課さずにこのような実力行使ができるということですので、そこを残し、参照条文にある「必要性」の部分は省略します。

即時強制と呼ばれ、~~目前急迫の障害を除く~~~~必要上~~義務を命ずるいとまのない場合に、直接人民の身体若しくは財産に実力を加え、行政上必要な状態を実現する。(59字)

　行政上必要な状態を実現することも、具体的に参照条文に記載されていますので、ここも省略します。

即時強制と呼ばれ、義務を命ずるいとまのない場合に、直接人民の身体若しくは財産に実力を加え、行政上必要な状態を実現する。(46字)

 「命ずるいとま」という言葉がやや古い表現なので言い換える。また、身体は「人民」のものであることは当然なので、省略します。

即時強制と呼ばれ、義務を命ずるいとまのない→命じる余裕がない場合に、直接人民の身体若しくは財産に実力を加える。(42字)

 以上より、

即時強制と呼ばれ、義務を命じる余裕がない場合に、直接身体若しくは財産に実力を加える。(42字)

 なお、「実力を加える」は、行政書士試験研究センター発表の解答例に従い、「有形力を行使する。」でも同じ意味となるのでそれでもよいでしょう。

即時強制と呼ばれ、義務を命じる余裕がない場合に、直接身体若しくは財産に有形力を行使する。(44字)

<解答例> 44字

即	時	強	制	と	呼	ば	れ	、	義	務	を	命	じ	る
余	裕	が	な	い	場	合	に	、	直	接	身	体	若	し
く	は	財	産	に	有	形	力	を	行	使	す	る	。	

❖MEMO❖

第2章

問題類型別解法テクニック〜過去問を素材に〜

2 形式面からの類型化　91

平成29年度 問題46改題 | 不法行為に基づく損害賠償請求権の消滅時効

問題

不法行為（人の生命または身体を害するものではないこととする。）による損害賠償請求権は、被害者またはその法定代理人が、いつの時点から何年間行使しないときに消滅するかについて、民法が規定する2つの場合を、40字程度で記述しなさい。

【法律関係図】

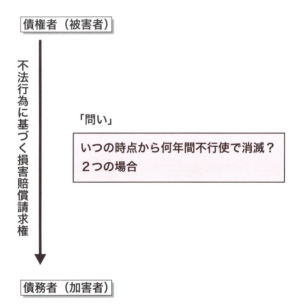

問題文はこう読む！

一行問題型

不法行為（人の生命または身体を害するものではないこととする。）による損害賠償請求権は、被害者またはその法定代理人が、**いつの時点から何年間行使しないときに消滅するか**について、民法が規定する**2つの場合**を、40字程度で記述しなさい。

〔問いの核心〕

解法手順1　「問い」を正確に把握する

　本問の問題文の構造は、事例問題ではないため、「事例」の部分がありません。その意味で、「事例部分＋問いの核心」という基本型とはいえません。

　いうなれば、「問いの核心」に対して、端的に答えるという「一問一答形式」の問題です。

「問い」の核心（要件型）

　本問は、問題文全体が「問いの核心」部分です。事例を前提としない一問一答形式の「一行問題型」といえます。

　「不法行為（人の生命または身体を害するものではないこととする。）による損害賠償請求権は、被害者またはその法定代理人が、いつの時点から何年間行使しないときに消滅するかについて、民法が規定する2つの場合」について端的に答えることになります。

第2章

問題類型別解法テクニック〜過去問を素材に〜

2 形式面からの類型化　93

| 解法手順2 | 「問いの形」に合わせて「答えの形」をつくる |

- 問いの形 -
不法行為（人の生命または身体を害するものではないこととする。）による損害賠償請求権は、被害者またはその法定代理人が、いつの時点から何年間行使しないときに消滅するかについて、民法が規定する2つの場合

- 答えの形 -
「〇〇」から「□□」年間行使しないときと、「△△」から「××」年間行使しないときに消滅する。

| 解法手順3 | 「答え」を完成させる知識を記憶喚起する |

［知識］ 不法行為による損害賠償請求権の消滅時効

民法724条（不法行為による損害賠償請求権の消滅時効）
　不法行為による損害賠償の請求権は、次に掲げる場合には、時効によって消滅する。
　1号　被害者又はその法定代理人が損害及び加害者を知った時から3年間行使しないとき。
　2号　不法行為の時から20年間行使しないとき。

　この条文が、まさに、本問の答えとなります。
　なお、不法行為が、人の生命又は身体を害する不法行為による損害賠償請求権の場合には、消滅時効期間が異なります。
　不法行為の時から20年は同じですが、被害者又はその法定代理人が損害及び加害者を知った時からは「5年間」行使しないときに、時効消滅することになります（724条の2）。
　本問における不法行為は、この「人の生命または身体を害するものではないこととする。」とされていますので、この点については考慮する必要はありま

せん。

解答はこう書く！

解法手順4　「問い」に呼応する「答え」をつくる

「問いの形」から導き出した「答えの形」は、
「『○○』から『□□』年間行使しないときと、『△△』から『××』年間行使しないときに消滅する。」でした。この「○○」「□□」「△△」「××」に、解法手順3で喚起した知識で穴埋めします。

「○○」には、「損害及び加害者を知った時」
「□□」には、「3」
「△△」には、「不法行為の時」
「××には、「20」

　具体的には

「損害及び加害者を知った時から3年間行使しないときと、不法行為の時から20年間行使しないときに消滅する。」となり、これが完全な形の解答となります。

記述式解法・ここが推敲のポイント！

　本問は、端的に、不法行為に基づく損害賠償請求権が、いつの時点から何年間行使しないときに消滅するかについて、民法が規定する2つの場合を書けばよい問題です。条文を覚えているかどうか、また、形式的に45字以内で収められるかどうかが勝負です。

≪解答を推敲しよう！≫
損害及び加害者を知った時から3年間行使しないときと、不法行為の時から20年間行使しないときに消滅する。(51字)

「行使しないとき」が重複していますのでカット

損害及び加害者を知った時から3年間行使しないときと、不法行為の時から20年間行使しないときに消滅する。(43字)

　　　これで45字以内となります。以上より

損害及び加害者を知った時から3年間、不法行為の時から20年間行使しないときに消滅する。(43字)

＜解答例＞　43字

損	害	及	び	加	害	者	を	知	っ	た	時	か	ら	3
年	間	、	不	法	行	為	の	時	か	ら	2	0	年	間
行	使	し	な	い	と	き	に	消	滅	す	る	。		

（2）空欄補充型（民法）

　この空欄補充型は、穴埋め形式なだけに、空欄にあてはまる言葉を入れればそれで完成です。回答の形式で悩むことはありません。逆に、答案に幅がないので、**挿入する語句を正確に挿入**することが要求されます。

　それでは、具体的にみてみましょう。素材は平成24年度の問題46です。

第2章

問題類型別解法テクニック〜過去問を素材に〜

2 形式面からの類型化　97

平成24年度 問題46改題 | 遺留分

> 問 題

次の文章は遺言に関する相談者と回答者の会話である。〔　　　〕の中に、どのような請求ができるかを40字程度で記述しなさい。

相談者　「今日は遺言の相談に参りました。私は夫に先立たれて独りで生活しています。亡くなった夫との間には息子が一人おりますが、随分前に家を出て一切交流もありません。私には、少々の預金と夫が遺してくれた土地建物がありますが、少しでも世の中のお役に立てるよう、私が死んだらこれらの財産一切を慈善団体Aに寄付したいと思っております。このような遺言をすることはできますか。」

回答者　「もちろん、そのような遺言をすることはできます。ただ「財産一切を慈善団体Aに寄付する」という内容が、必ずしもそのとおりになるとは限りません。というのも、相続人である息子さんは、〔　　　　　〕からです。そのようにできるのは、被相続人の財産処分の自由を保障しつつも、相続人の生活の安定及び財産の公平分配をはかるためです。」

【法律関係図】

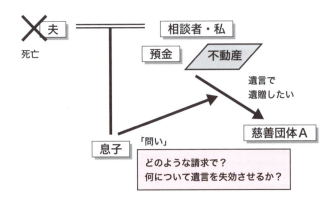

問 題 文 は こ う 読 む ！

応用型　その2

次の文章は遺言に関する相談者と回答者の会話である。〔　　　　　〕
の中に、**どのような請求ができるか**を40字程度で記述しなさい。

> 問いの柱書
> ＋
> 回答の内容

相談者　「今日は遺言の相談に参りました。私は夫に先立たれて独りで生
　　　　活しています。亡くなった夫との間には息子が一人おりますが、随
　　　　分前に家を出て一切交流もありません。私には、少々の預金と夫が
　　　　遺してくれた土地建物がありますが、少しでも世の中のお役に立て
　　　　るよう、私が死んだらこれらの財産一切を慈善団体Aに寄付したい
　　　　と思っております。**このような遺言をすることはできますか。**」

> 事　例
> ＋
> 問いの核心

回答者　「もちろん、そのような遺言をすることはできます。ただ「財産
　　　　一切を慈善団体Aに寄付する」という内容が、必ずしもそのとおり
　　　　になるとは限りません。というのも、相続人である息子さんは、〔
　　　　　　　〕からです。そのようにできるのは、被相続人の財産処
　　　　分の自由を保障しつつも、相続人の生活の安定及び財産の公平分配
　　　　をはかるためです。」

> 回　答

解法手順1　「問い」を正確に把握する

　本問は、平成21年度問題46、平成22年度問題46と同じ形式です。設問が、
相談者の話として用意されています。この部分が「問い」です。さらに、問い
の柱書の中には、〔　　　〕に書くべき内容について、より具体的な内容が掲
げてあります。

┌─**問いの核心（効果型）**─────────────────────
│
│　本問は、**「このような遺言をすることはできますか。」**が「問いの核心」
│　部分です。
│
└────────────────────────────────────

2 形式面からの類型化　99

「問い」を解くために与えられた事案の分析

本問では、相談者である私が「このような遺言ができますか。」と問うていますが、具体的に「このような遺言」がどのような内容か分からなければ、この「問い」に答えることはできません。そこで、**「このような遺言」**の内容を分析します。

相談者の発言の1～4行目より、私には交流のない息子が一人おり、また、死亡した夫が残した財産があることが分かります。

相談者の発言の4～5行目より、私は、その財産をAに寄付したいと考えていることが分かります。

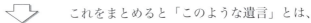

これをまとめると「このような遺言」とは、

「一人息子がいる私が、財産全てをAに寄付するという内容の遺言」 ということになります。

| 解法手順2 | 「問いの形」に合わせて「答えの形」をつくる |

─問いの形──────────────────────────
　このような遺言をすることができますか。
──────────────────────────────

─答えの形──────────────────────────
　このような遺言をすることが「できる」or「できない」。
──────────────────────────────

| 解法手順3 | 「答え」を完成させる知識を記憶喚起する |

［知識1］遺言について

　遺言とは、死後の法律関係を定めるための最終意思の表示をいいます。遺言がある場合には、原則として遺言に表示された意思通りの財産関係が形成されることになります。

[知識２] 遺留分について

　ただし、本問にも記載されている通り、被相続人の財産処分の自由を保障しつつも、相続人の生活の安定及び財産の公平分配をはかるために、遺留分という制度が認められています。

　遺留分とは、兄弟姉妹以外の相続人であれば、遺言によって被相続人の財産を相続できない場合であっても、一定の割合で相当の額を受けることができる制度です（民法1042条１項）。一定の割合とは、直系尊属のみが相続人の場合には遺留分を算定するための財産の３分の１（同１号）、それ以外の場合には、遺留分を算定するための財産の２分の１（同２号）になります。

[知識３] 遺留分侵害額に相当する金銭の支払の請求権について

　遺留分は、遺留分権利者が当然に受けることができるわけではありません。遺留分権利者から遺留分侵害額に相当する金銭の支払の請求を行う必要があります（同法1046条１項）。

　本問は、法定相続人が息子一人の場合ですから、このような場合、息子さんの相続財産は被相続人である私の全財産ということになります。したがって、息子さんが遺留分侵害額に相当する金銭の支払の請求権を行使することにより、相続財産の２分の１については金銭の支払を受けることが可能になります。

解答はこう書く！

| 解法手順４ | 「問い」に呼応する「答え」をつくる |

　空欄補充型はこの段階がキモとなります。

　「答えの形」は、「このような遺言は『できる』or『できない』。」ですが、これに対する回答者の発言は、ほぼ完成しています。あとは、この回答者の発言を読んで、その中の〔　　　〕を埋めればよいわけです。

　回答者の発言の１〜３行目から、そのような遺言はできるが、財産一切をＡに寄付するという内容は、必ずしも実現できない、というのが結論です。そのあと、「というのも、〜」と続きますから、そのような結論をとった理由が続

くはずです。

　その後に続く文章を見ると、「〜からである。」となっていますので、やはり、この部分には回答者の結論の理由付けが入るということになります。

　遺言の内容がその通りにならない場合として、遺留分と遺留分侵害額に相当する金銭の支払の請求権があることを想起します。[手順3　知識2・3]

　ここで、問題文柱書には、「〔　　〕の中に、どのような請求ができるか」を記述しなさいという、〔　　〕の中に入れる内容について指示があります。この指示を踏まえて、〔　　〕の中に入れる文章の形を考えると、「『○○』という請求ができる」という記述が入ることになります。

　つまり、〔　　〕を含むこの文章全体の形は、
「相続人である息子さんは、〔『○○』という請求ができる〕からです。」
となります。

　『○○』には、『遺留分侵害額に相当する金銭の支払の請求』を挿入します。
　さらに、本問の具体的事例にあわせて「被相続人の財産の2分の1」を挿入します。

「相続人である息子さんは、〔被相続人の財産の2分の1については遺留分侵害額に相当する金銭の支払の請求ができる〕からです。」となり、これが完全な形の解答となります。

───記述式解法・ここがポイント！（空欄補充型のポイント）───
　本問では作成した解答のうち、〔　　〕の中の部分を抜き出して書くわけですから、解答の方法として〔　　〕に該当する部分のみを解答欄に書くことになりますが、〔　　〕は一つの文章の一部ですから、解答の最後に「。」を打ってはいけません。

なお、本問では、相談者の発言が「問いの核心」、回答者の発言がそれに対する「答え」となりますが、問題文の柱書での指示が、〔　　　〕の中に入れるべき内容を具体的に指示しています。そこで、この部分を「問いの核心」として捉え、この指示の形から、〔　　　〕の中に入れるべき「答えの形」をつくることも可能です。

≪解答を推敲しよう！≫
相続人である息子さんは、〔被相続人の財産の2分の1については遺留分侵害額に相当する金銭の支払の請求ができる〕からです。（57字）

　〔　　　〕の中以外のところを省略。

~~相続人である息子さんは、~~〔被相続人の財産の2分の1については遺留分侵害額に相当する金銭の支払の請求ができる〕~~からです。~~（40字）

　以上より、

被相続人の財産の2分の1については遺留分侵害額に相当する金銭の支払の請求ができる（40字）

＜解答例＞　40字

被	相	続	人	の	財	産	の	2	分	の	1	に	つ	い
て	は	遺	留	分	侵	害	額	に	相	当	す	る	金	銭
の	支	払	の	請	求	が	で	き	る					

（3）解答欄分割型（民法）

　その他にも、**解答欄が分割されている方式**があります。問題文の指示に従って、解答を書いていけばよいことになります。分割されていますが、**前半と後半できっちり分けられている**ので、文字数の多い少ないで、**要求されている解答に絞り込みをかけていくことができます**。

　平成26年度問題46で一度だけ出題されたことがあります。解答欄の形だけを見ておきましょう。

＜平成26年度・問題46の解答欄＞

Ｙが悪意のときは、

Ｙが善意のときは、それに加えて、

104

第 3 章

〈実戦編〉
行 政 法

1 行政法出題履歴一覧表

　ここからは解法マニュアルを使って行政法の記述式問題を解いていきますが、その前に、行政法の傾向と対策を考えてみましょう（出題傾向を探ることは、効率的な学習のためには絶対やっておかなければならないことです）。

	出題科目	出題テーマ （問題形式）	択一・多肢 出題履歴
平成18年度 問題44	行政事件訴訟法	原告適格 （要件・効果型）	原告適格につき H10-38-1、H11-36-5 H12-11-5、H21-17-5 H22-42、H24-17 H26-17-ア
平成19年度 問題44	行政手続法	申請に対する処分 （効果型）	H7-49-2、H9-50-1 H11-50-1、H24-11-5 H28-13-1
平成20年度 問題44	行政事件訴訟法	義務付け訴訟 （効果型）	被告適格につき H8-33-5、H10-38-2 H11-37-3、H21-16-ア 併合請求につき H19-17-3、H25-16-5 R元-19-5
平成21年度 問題44	行政事件訴訟法	判決の効力 （効果型）	H19-43-エ、H22-18-イ
平成22年度 問題44	行政事件訴訟法	事情判決の法理 （効果型）	H9-36-5、H11-37-5 H19-43-イ、H20-18-1 H20-18-3、H27-16-1
平成23年度 問題44	行政法の 一般的な法理論	即時強制の意味 （基本概念定義型）	H元-41-5、H3-36-4 H7-36-2、H8-36-4 H12-9-5、H16-10-オ H18-43-ウ、H21-10-2 R元-8-1
平成24年度 問題44	行政事件訴訟法	形式的当事者訴訟 （効果型+基本概念定義型）	H19-19-ア、H22-16-イ H23-16-1・3
平成25年度 問題44	行政事件訴訟法	訴えの利益 （要件・効果型）	H11-36-1、H20-17-1 H18-44、H26-18

平成26年度 問題44	地方自治法	公の施設 （基本概念定義型）	H7-42-3、H12-19-1・2・3 H17-19-ア・エ H22-21-2・4、H23-23-5 H28-22-4
平成27年度 問題44	行政事件訴訟法	原処分主義 （効果型+基本概念定義型）	H10-38-3、H11-37-1 H18-17-2、H26-14-2
平成28年度 問題44	行政法の 一般的な法理論	秩序罰 （効果型+基本概念定義型）	H元-42-4、H5-34-3 H21-42-エ、H25-42-エ
平成29年度 問題44	行政法の 一般的な法理論	法律上の争訟 （要件・効果型）	H27-8-1
平成30年度 問題44	行政事件訴訟法	訴訟の選択 （効果型）	H20-16-2、H23-43 H26-16-2、H27-18-ウ H28-17-エ
令和元年度 問題44	行政手続法	処分等の求め （効果型）	H28-11-4

2 〈行政法〉過去問の分析による傾向と対策

（1）出題形式から探る出題傾向①（効果型が中心となる理由）

　先に述べたように、法律とは「『○○』の場合、『△△』となる。」というように法律要件（『○○』の部分）と法律効果（『△△』の部分）から成り立っています。そのため、記述式問題では、法律要件や法律効果が問われることが中心で、行政法では特に法律効果が問われることが多いということでした。

　実は、行政法の特性を考えれば、なぜ行政法では法律効果が問われる問題が多く出題されるのかがわかります。

　行政法は、一言でいうと、「ある事件」が生じたときに、行政としてどのように行動・処理しなければならないのかを定める法です。

　つまり、「○○」（法律要件）があった場合には、行政は「△△」（法律効果）という行動・処理しなければならない。これを定めているのが行政法なのです。

　それでは、行政法では「○○」が問われることが多いのでしょうか、それとも「△△」が問われることが多いのでしょうか。この行政法の特性から考えてみてください。

出題履歴一覧表・傾向と対策　107

まず、「行政が『△△』という行動・処理を求められる場合というのはどのような場合が考えられますか。」という問題を想定してみましょう。

　この場合、「行政が『△△』という行動・処理を求められるのは『○○』の場合です。」と答えることになります。しかし、この「○○」に入り得るケースというのはケースバイケースですから、いろいろ考えられます。

　このように、行政法で「○○」の部分、つまり、法律要件を問おうとすると、「問い」に対する答えが1つではないということになってしまいます。これでは、40字程度の文字数で答えることが要求される記述式問題としては不適当ですので、行政法の特性上、そのような出題は難しいということになります。

　では次に、「『○○』ということがあった場合に、行政はどのような行動・処理をしなければならないですか。」という問題だったらどうでしょうか？

　この場合、「『○○』ということがあった場合には、行政は『△△』という行動・処理をしなければならない。」と答えることになります。「○○」に当てはまる事案は様々考えられますが、そのなかの1つを具体的な事例として、問題文の中に示せば、あとは、行政がとるべき行動・処理（法律効果）である「△△」は決定できることになります。

　このように、行政法の特性から考えると、法律効果が問われることが圧倒的に多くなるのは当然のなりゆきといえます。

（2）出題形式から探る出題傾向②（事例問題が中心となる理由）

　行政法の記述式問題においては、ほとんどが事例問題で出題されています。

　では、行政法で事例問題が出題されるのはなぜでしょうか。

　行政法の問題は法律効果を問うものがほとんどです。法律効果を問うためには、法律要件となる「○○」のところを、解答の前提として具体的な事例で示しておく必要があります。そのため、法律効果を問う行政法の記述式問題の出題形式が必然的に事例問題の形をとることになるわけです。

　このことから考えれば、行政法の出題は今後も事例問題で出題される可能性が非常に高いといえます。

　事例問題では、事例をよく読んで、そこで示された事案部分を正確に把握することが必須です。実力があるのに、事案の読み間違えで失点することは絶対に避けなければなりません。気をつけましょう。

（3）過去問から読み解く出題傾向（択一式過去問で出題されたところ）

　まず、出題科目ですが、行政事件訴訟法からの出題が14問中8問を占めています。行政救済法分野でメインとなる法律ですから、当然といえば当然ですね。

　次に、出題内容ですが、平成23年度の問題を除いて、**記述式で出題される以前に択一式（多肢も含む）で問われたことのある条文・判例でした**。「基本的」な条文から出題されたということです。ちなみに、平成30年度の出題は、平成23年度の多肢で出題された内容を事案にあてはめると解答できるものでした。

　ここで、平成23年度の行政法の記述式問題においては基本概念の定義を問う問題が出題されており、条文問題ではありませんでした。しかし、この問題も、過去に択一式で何度も問われた知識でした。また平成26年度も地方自治法における基本概念の定義を問う問題が出題されましたが、これも過去複数回問われている条文問題でした。実に、平成28年度では、秩序罰の科罰手続についての問題でしたが、過去平成21年度、25年度に多肢で出題されている問題でした。いずれも知識的にはやはり「基本的」ということになります。

　さらに、平成24年度の問題は、事例も含めて平成23年度の択一式問題で出題された内容でした。また、平成29年度の問題も、その答えがそのまま平成27年度の択一問題で出題されています。令和元年度の問題は、平成28年度の択一で出題された内容を覚えていれば解答できるものでした。直近に択一式問題で出題されているところも要注意です。加えて、平成25年度の問題では、平成18年度に出題された、訴訟要件・却下判決というテーマが再び出題されました。また、平成30年度に出題された訴訟類型選択というテーマは、平成20年度の記述で出題されています。いずれも義務づけ訴訟を併合提起する事案でした。**記述式で過去問われているテーマも、もう一度確認**しておくことが必要です。

　このことから、**過去行政書士試験で問われたことがある知識、特に、新試験制度となった平成18年度以降の択一式問題をメインに学習**しましょう。

（4）〈行政法〉記述式問題の対策

　以上のように過去問を分析してみると、行政法の問題の傾向として顕著なのは、ある事例が与えられて、その事例がどのように処理されるか、その法律効果が問われていることです。また、基本的な知識が問われていることです。そ

第3章

〈実戦編〉行政法

傾向と対策　109

のため**基本的な条文・判例が正確にインプットされていれば、それをそのまま答案に書けばよく、解答の作成自体は比較的容易なのも特徴**といえます。

　このことから、私たちが行政法の記述式問題対策としてやっておかなければならないことは、

【行政法の記述式問題対策】

① 過去問で出題された基本的な知識をインプットする。
② 法律効果を中心に学習を進める。
　⇒ ある法律要件が整ったときの、「行政の対応」（法律効果）を覚える。
③ 具体的事案に数多くあたることで、さまざまな事案に対する行政の対応を指摘できるようにする。

ということになります。

110

❖MEMO❖

問題 1　行政法の一般的な法理論（権限の委任）

　地方税法においては、地方団体の長は、地方税法で定める権限の一部を、当該地方団体の条例の定めるところによって、地方自治法の規定によって設ける支庁、地方事務所、市の区の事務所、市の総合区の事務所の長、または地方自治法の規定によって条例で設ける税務に関する事務所の長に委任することができるとされている。この規定に基づいて、地方団体の長（以下、「委任庁」という。）が権限の一部を委任した場合、委任庁は権限の一部を失うかどうか、委任を受けた機関（「受任庁」という。）は誰の名で権限を行使し、責任は誰が負うこととなるのか。40字程度で記述しなさい。

（内容）要件・効果型　（形式）一行問題型

手順1	「問い」を正確に把握する

　権限の委任が行われた場合の委任庁の権限の効果と、受任庁の権限の行使の方法とその責任の所在。

手順2	「問いの形」に合わせて「答えの形」をつくる

（問いの形）委任庁は権限の一部を失うかどうか、受任庁は誰の名で権限を行使し、責任は誰が負うこととなるのか。

（答えの形）委任庁は権限の一部を「失う or 失わない」、また、受任庁は「○○」の名で権限を行使し、責任は「□□」が負うこととなる。

手順3	「答え」を完成させる知識を記憶喚起する

　権限の委任とは、行政庁が、その権限の一部を下級行政庁やその他の行政機関に委譲して、その行政機関の権限として行わせることをいいます。

　権限については、委任行政庁（本問の地方団体の長）はその権限を失い、受任機関（市の区の事務所の長など）が、委任された権限を自己の権限として、自己の名と責任において行使することになります。

手順4	「問い」に呼応する「答え」をつくる

委任庁は権限の一部を失い、受任庁は自己の名で権限を行使し、責任は受任庁が負うこととなる。

（44字）

採点基準

委任庁は権限の一部を失い………………………………………… 8点

受任庁は自己の名で権限を行使し………………………………… 6点

責任は受任庁が負う………………………………………………… 6点

第3章

〈実戦編〉行政法

行政法の一般的な法理論　113

問題2 | **行政法の一般的な法理論（許可）**

　Aは、普通自動車の運転免許を受けた。自動車の運転免許は、講学上、いかなる行政行為とされているか。また、一般にどのような行為と説明されているか。40字程度で記述しなさい。

（内容）基本概念定義型　（形式）一行問題型

手順1　「問い」を正確に把握する

自動車運転免許の講学上の分類と、その内容。

手順2　「問いの形」に合わせて「答えの形」をつくる

（問いの形）いかなる行政行為か。また一般的にどのような行為と説明されて
いるか。

（答えの形）「○○」であり、「□□」という行為である。

手順3　「答え」を完成させる知識を記憶喚起する

自動車の運転免許は、行政法学上、「許可」に分類されている。また、許可は、一般に、既に法令または行政行為によって課されている一般的禁止を特定の場合に解除する行為とされている。

手順4　「問い」に呼応する「答え」をつくる

許	可	で	あ	り	、	既	に	法	令	又	は	行	政	行
為	に	よ	り	課	さ	れ	て	い	る	一	般	的	禁	止
を	特	定	の	場	合	に	解	除	す	る	行	為	。	

（44字）

採点基準

許可 ……………………………………………………………… 6点

既に法令又は行政行為により課されている一般的禁止 ……… 8点

特定の場合に解除する行為 …………………………………… 6点

第3章　〈実戦編〉行政法

行政法の一般的な法理論　115

問題 3 | **行政法の一般的な法理論（公定力）**

　XはYとの紛争に対して行政庁Aが下した処分に不服があったため、行政庁Bに対して当該処分についての審査請求を行った。行政庁Bは、この請求を棄却する裁決をした。ところが行政庁Bはその後、再審議し、前の請求棄却裁決を取り消し、Xの請求を認容する裁決を下した。この場合、後の認容裁決は適法に取り消されない限り有効であるが、これは講学上、行政行為のいかなる効力によるものか。また、例外的に無効とされるのはどのような場合か。40字程度で記述しなさい。

（内容）基本概念定義型

手順1　「問い」を正確に把握する

　前の裁決を覆す裁決が有効とされる行政行為の効力と、例外的に無効とされる要件。

手順2　「問いの形」に合わせて「答えの形」をつくる

（問いの形）行政行為のいかなる効力によるものとされるか。また、例外的に無効とされるのはどのような場合か。

（答えの形）「○○」という効力によるものとされ、また、例外的に「○○」の場合に無効とされる。

手順3　「答え」を完成させる知識を記憶喚起する

　審査請求に対して裁決を下した審査庁が、一度下した裁決を後に変更する行為は、不可変更力に反し違法となりますが、この変更後の違法な裁決がいかなる効力を持つかについて、判例（最判昭30.12.26）は、「行政処分は、たとえ違法であつても、その違法が重大かつ明白で当該処分を当然無効ならしめるものと認むべき場合を除いては、適法に取り消されない限り完全にその効力を有するものと解すべき」としています。

　「適法に取り消されない限り完全にその効力を有する」とする効力を、講学上、公定力といいます。また、この判決より、違法が重大かつ明白な場合には無効となります。

手順4　「問い」に呼応する「答え」をつくる

公	定	力	に	よ	る	も	の	と	さ	れ	、	例	外	的
に	認	容	裁	決	の	違	法	が	重	大	か	つ	明	白
の	場	合	に	無	効	と	さ	れ	る	。				

（41字）

採点基準

公定力によるものとされ……………………………………………… 8点

違法が重大かつ明白の場合…………………………………………… 12点

行政法の一般的な法理論　117

問題4 行政法の一般的な法理論（行政代執行）

重要度 ★★★

次の【事例】に対して、【代執行の要件と手続】に関する文章がある。この文章の中の、2か所の〔　　　〕に入る適切な文章を、行政代執行法の規定を踏まえて、それぞれ15字〜20字程度で記述しなさい。

【事例】
　Aが違法建築物を建築したが、その建物には倒壊の危険があり、周辺住民の安全に問題があった。そこで行政庁BはAに対して、建築基準法に基づく違法建築物の除却命令を発した。ところが、Aが、当該命令を履行しない。

【代執行の要件と手続】
　Bが、行政代執行法に基づく代執行手続を執りうる要件は、その不履行を放置することが著しく公益に反し、かつ、〔　　　〕というときである。
　また、行政代執行の手続は、Bは、相当の期間を定め、その期間までに履行がなされないときは、代執行をなすべき旨を、あらかじめ文書で戒告しなければならず、さらに、Aが、その戒告を受けて、指定の期限までにその義務を履行しないときは、Bは、Aに対して、代執行令書をもって、代執行を為すべき時期、代執行のために派遣する執行責任者の氏名および〔　　　〕を通知し、代執行をすることとなる。

（内容）要件型　（形式）空欄補充型・解答欄分割型

| 手順1 | 「問い」を正確に把握する |

代執行の要件。

| 手順2 | 「問いの形」に合わせて「答えの形」をつくる |

（答えの形）本問の場合は、空欄穴埋め問題ですから、答えの形が既に用意されていますから、この形に従って空欄を埋めて、それが回答となります。

→前段空欄……要件は〜、かつ、〔　　　　　〕というときである。

後段空欄……代執行の手続としては〜および〔　　　　　〕を通知

| 手順3 | 「答え」を完成させる知識を記憶喚起する |

行政代執行の要件については、行政代執行法2条が規定しています。

そのよう要件は以下の二つです。

- ・他の手段によってその履行を確保することが困難
- ・その不履行を放置することが著しく公益に反する

| 手順4 | 「問い」に呼応する「答え」をつくる |

|他|の|手|段|に|よ|っ|て|そ|の|履|行|を|確|保|
|す|る|こ|と|が|困|難|||

というときである。

（22字）

|代|執|行|に|要|す|る|費|用|の|概|算|に|よ|る|
|見|積|額|||

を通知し、代執行をすることとなる。　（18字）

採点基準

他の手段によってその履行を確保することが困難……………………10点

代執行に要する費用の概算による見積額…………………………10点

第3章

《実戦編》行政法

行政法の一般的な法理論　119

問題5 | **行政手続法（申請に対する処分）** 重要度 ★★★

　Xはゴミ処理施設の建設を計画し、行政庁Yに対して、当該施設の建設許可を求める申請書を提出した。Yは許可処分を行おうと考えていたが、上級行政庁Zから、公聴会の開催その他の適当な方法により、申請者X以外の者の意見を聴く機会を設けるよう努めなければならない旨の指摘を受けた。Yが申請に対する処分をするに際して公聴会の開催等の努力義務が課されるのは、どのような処分を行う場合か、行政手続法10条に基づいて、40字程度で記述しなさい。

（内容）要件型

| 手順1 | 「問い」を正確に把握する |

　行政庁が申請に対する許可処分をしようとしている場合に、公聴会の開催等の努力義務が課されるのはどのような処分を行う場合か。

| 手順2 | 「問いの形」に合わせて「答えの形」をつくる |

（問いの形）どのような処分を行う場合か。

↓

（答えの形）「○○」という処分を行う場合。

| 手順3 | 「答え」を完成させる知識を記憶喚起する |

　行政手続法10条では、公聴会の開催等の努力義務について以下のように定めています。

　行政庁は、申請に対する処分であって、申請者以外の者の利害を考慮すべきことが当該法令において許認可等の要件とされているものを行う場合には、必要に応じ、公聴会の開催その他の適当な方法により当該申請者以外の者の意見を聴く機会を設けるよう努めなければならない。

| 手順4 | 「問い」に呼応する「答え」をつくる |

申請者以外の者の利害を考慮すべきことが当該法令において許認可等の要件とされている処分。

（43字）

採点基準

申請者以外の者の……………………………………………… 4点

利害を考慮すべきこと………………………………………… 8点

当該法令において……………………………………………… 2点

許認可等の要件とされている処分…………………………… 6点

問題6 | 行政手続法（処分理由の提示）

重要度 ★★★

　Xは、A県において居酒屋を経営していたが、その居酒屋において販売している魚介類に、病原微生物により汚染されている疑いがあり、それを摂取すると重篤な病気にかかり人の健康を損なうおそれがあるものを提供していることが明らかとなった。そこで、Xに対して飲食店の営業許可を行ったA県知事が、Xの当該営業許可取消処分を行うこととした。このような不利益処分を行う場合、原則として、A県知事はXに対して、不利益処分と同時に処分理由を提示しなければならないが、当該理由を示さないで処分をすべき差し迫った必要がある場合は、不利益処分と同時には処分理由を示さないでよいとされている。ただし、相当の期間内に処分理由を示す必要がある。ここで、ある場合には、相当の期間内に処分理由を示す必要がないとされている。それはどのような場合か。行政手続法14条に基づいて40字程度で記述しなさい。

（内容）要件型

| 手順1 | 「問い」を正確に把握する |

相当の期間内に処分理由を提示する必要がないのはどのような場合か。

| 手順2 | 「問いの形」に合わせて「答えの形」をつくる |

（問いの形）相当の期間内に処分理由を提示する必要がないのはどのような場合か。

（答えの形）○○の場合。

| 手順3 | 「答え」を完成させる知識を記憶喚起する |

　行政手続法14条では、不利益処分の処分理由の提示について以下のように定めています。

　行政庁は、不利益処分をする場合には、その名あて人に対し、同時に、当該不利益処分の理由を示さなければならない。ただし、当該理由を示さないで処分をすべき差し迫った必要がある場合は、この限りでない（14条1項）とし、この場合においては、当該名あて人の所在が判明しなくなったときその他処分後において理由を示すことが困難な事情があるときを除き、処分後相当の期間内に、不利益処分の理由を示さなければならない（14条2項）としています。

| 手順4 | 「問い」に呼応する「答え」をつくる |

X	の	所	在	が	判	明	し	な	く	な	っ	た	と	き
そ	の	他	処	分	後	に	お	い	て	理	由	を	示	す
こ	と	が	困	難	な	事	情	が	あ	る	場	合	。	

（44字）

採点基準

　Xの所在が判明しなくなったとき……………………………………… 10点

　その他処分後において理由を示すことが困難な事情があるとき…… 10点

行政手続法　123

問題7 行政手続法（不利益処分・聴聞①）

重要度 ★★★

　Xは、A県内において宅地建物取引業法に基づく免許を受けて営業していたが、宅地建物取引業に関し不正行為をし、かつ、情状が特に重かった。そのため、A県知事はXの免許取消処分をすることとし、意見聴取のために聴聞手続を行うこととした。Bが主宰者に指名され、聴聞手続の最初の期日に、行政庁の職員とXが出頭した。この場合、主宰者は、行政庁の職員に、予定される不利益処分の内容及び根拠となる法令の条項並びにその原因となる事実を聴聞の期日に出頭した者に対し説明させなければならないが、これに対してXは聴聞期日において何ができるか、行政手続法に基づいて、40字程度で記述しなさい。

（内容）効果型

| 手順1 | 「問い」を正確に把握する |

聴聞期日に不利益処分の名あて人ができること。

| 手順2 | 「問いの形」に合わせて「答えの形」をつくる |

（問いの形）何ができるか。

↓

（答えの形）「○○」ができる。

| 手順3 | 「答え」を完成させる知識を記憶喚起する |

行政手続法20条2項には、次のように規定されている。

聴聞の期日に出頭した当事者Xは、意見を述べ、及び証拠書類等を提出し、並びに主宰者の許可を得て行政庁の職員に対し質問を発することができる。

| 手順4 | 「問い」に呼応する「答え」をつくる |

									10					15
意	見	を	述	べ	、	及	び	証	拠	書	類	等	を	提
出	し	、	並	び	に	主	宰	者	の	許	可	を	得	て
行	政	庁	職	員	に	対	し	質	問	が	で	き	る	。

（45字）

採点基準

意見を述べ……………………………………………………… 6点

証拠書類等を提出し…………………………………………… 6点

主宰者の許可を得て行政庁職員に対し質問ができる………… 8点

行政手続法　125

問題8　行政手続法（不利益処分・聴聞②）

重要度 ★★★

　Xは、A県公安委員会の許可を受け、A県内においてパチンコ屋を営業していた。しかし、Xが不正の手段により当該許可を受けたことが発覚したため、A県公安委員会は、風俗営業適正化法に基づきパチンコ屋の営業許可を取り消す処分をすることとし、聴聞手続をとることとした。Xが聴聞の期日に出頭できない場合、Xは、聴聞の期日への出頭に代えて、誰に対し、いつまでに、何をどうすることができるか。行政手続法21条に基づいて、40字程度で記述しなさい。

（内容）要件・効果型

| 手順1 | 「問い」を正確に把握する |

聴聞期日に不出頭の場合の、当事者の措置。

| 手順2 | 「問いの形」に合わせて「答えの形」をつくる |

（問いの形）誰に対し、いつまでに、何をどうすることができるか。

↓

（答えの形）「○○」に対し、「□□」までに、「△△」することができる。

| 手順3 | 「答え」を完成させる知識を記憶喚起する |

　聴聞手続において、当事者が聴聞期日に出頭できない場合については、行政手続法21条1項が規定しています。

　当事者が聴聞期日に出頭できない場合には、主宰者に対して、聴聞の期日までに陳述書及び証拠書類等を提出することができます。

| 手順4 | 「問い」に呼応する「答え」をつくる |

主	宰	者	に	対	し	、	聴	聞	の	期	日	ま	で	に
、	陳	述	書	及	び	証	拠	書	類	等	を	提	出	す
る	こ	と	が	で	き	る	。							

(38字)

採点基準

主宰者に対し……………………………………………………… 6点

聴聞の期日までに………………………………………………… 6点

陳述書及び証拠書類等を提出することができる………………… 8点

行政手続法　127

問題9 行政不服審査法（審理員の選任方法）

重要度 ★★★

　Xは飲食店を経営しようと思い、行政庁Yに対して飲食店の営業許可申請を行ったが、Yは当該申請に対して拒否処分を行った。この処分に納得がいかないXは、当該拒否処分から1か月後、審査庁Zに対して審査請求を行った。この場合、①審査庁は審理手続を行う者を指名することになるが、この者は何と呼ばれるか。また、この者はいかなる者が指名されるか。さらに、審理員に関して、②審査庁となるべき行政庁による審理員となるべき者の名簿の作成は努力義務なのか法的義務なのか。①②についてそれぞれ10字〜30字程度で記述しなさい。

（内容）要件型・基本概念定義型　（形式）解答分割型

| 手順1 | 「問い」を正確に把握する |

審査庁によって指名される審理手続を行う者の名称と、指名される者の要件。審査庁の審理員名簿作成の義務の性質。

| 手順2 | 「問いの形」に合わせて「答えの形」をつくる |

（問いの形）① 　この者は何と呼ばれるか。また、この者はいかなる者が指名されるか。

　　　　　　② 　名簿の作成は努力義務か、法的義務か。

（答えの形）① 　「○○」と呼ばれ、「△△」が指名される。

　　　　　　② 　「努力義務 or 法的義務」。

| 手順3 | 「答え」を完成させる知識を記憶喚起する |

　行政不服審査法9条柱書において、審査請求がされた場合には、審査庁は、審査庁に所属する職員のうちから審理手続を行う者を指名することとされています。この者を審理員といいます。

　また、行政不服審査法17条において、審査庁となるべき行政庁は、審理員となるべき者の名簿を作成するよう努める（努力義務）こととなります。

| 手順4 | 「問い」に呼応する「答え」をつくる |

審理員と呼ばれ、審査庁に所属する職員のうちから指名される。

（29字）

努力義務である。

（8字）

採点基準

審理員と呼ばれ……………………………………………………… 6点

審査庁に所属する職員のうちから指名される…………………… 8点

努力義務である……………………………………………………… 6点

第3章　〈実戦編〉行政法

行政不服審査法　129

問題 10 | 行政不服審査法（誤った教示）

重要度 ★★★

　行政庁Yは、行政庁Xに対して審査請求できる処分をAに対してするにあたり、誤って審査庁とはならない行政庁Zに審査請求ができる旨を教示した。当該処分を不服とするAは、教示に従って、行政庁Zに対して審査請求書を提出した。この場合、行政庁Zは、当該審査請求をどのようにしなければならないか。審査請求書の取扱いと、審査請求人Aに対する措置を40字程度で記述しなさい。

（内容）効果型

| 手順1 | 「問い」を正確に把握する |

誤った教示に従って審査請求がなされた場合に、誤って審査請求された行政庁が、審査請求人に対してとるべき措置。

| 手順2 | 「問いの形」に合わせて「答えの形」をつくる |

（問いの形）行政庁Zは、当該審査請求をどのようにしなければならないか。審査請求書の取扱いと、審査請求人に対する措置。

（答えの形）行政庁Zは、審査請求書を「○○」し、審査請求人に対して、「△△」しなければならない。

| 手順3 | 「答え」を完成させる知識を記憶喚起する |

審査請求をすることができる処分につき、処分庁が誤って審査請求をすべき行政庁でない行政庁を審査請求をすべき行政庁として教示した場合において、その教示された行政庁に書面で審査請求がされたときの措置については行政不服審査法22条1項が規定しています。

当該行政庁は、速やかに、審査請求書を処分庁または審査庁となるべき行政庁に送付し、かつ、その旨を審査請求人に通知しなければなりません。

したがって、審査請求を受けた行政庁Zは、速やかに、審査請求書を処分庁である行政庁Yまたは審査庁となるべき行政庁Xに送付し、その旨を審査請求人であるAに通知しなければならないということになります。

| 手順4 | 「問い」に呼応する「答え」をつくる |

速	や	か	に	、	審	査	請	求	書	を	Y	ま	た	は
X	に	送	付	し	、	か	つ	、	そ	の	旨	を	A	に
通	知	し	な	け	れ	ば	な	ら	な	い	。			

（42字）

採点基準

速やかに……………………………………………………… 4点

審査請求書を行政庁YまたはXに送付する……………………… 8点

その旨をAに通知しなければならない…………………………… 8点

行政不服審査法　131

問題 11 | **行政不服審査法（執行停止の取消し）**　重要度 ★★★

　農業用道路を建設の事業認定に対して、当該事業に伴う土地収用の対象となっている土地の所有者が審査庁に対して審査請求を行った。それとともに審査庁に対して事業認定に続く収用手続の進行を差し止めるよう執行停止の申立てを行った。申立てを受けた審査庁は、申立てを受けて執行停止を行った。この場合、執行停止をした後、〔　　　　　〕には、審査庁が執行停止を取り消すことができる。この〔　　　　　〕には、執行停止を取り消すことができるときが入るが、それはどのようなときか。〔　　　　　〕に入る文章を、行政不服審査法26条に基づいて40字程度で記述しなさい。

（内容）要件型（形式）空欄補充型

| 手順1 | 「問い」を正確に把握する |

　執行停止後、審査庁が執行停止を取り消すことができるのはどのようなときか。

| 手順2 | 「問いの形」に合わせて「答えの形」をつくる |

（問いの形）執行停止をした後、〔　　　　　〕には、審査庁が執行停止を取り消すことができる。この〔　　　　　〕には、執行停止を取り消すことができるときが入るが、それはどのようなときか。

（答えの形）○○のとき

| 手順3 | 「答え」を完成させる知識を記憶喚起する |

　行政不服審査法26条では、執行停止の取消しについて以下のように定めています。

　執行停止をした後において、執行停止が公共の福祉に重大な影響を及ぼすことが明らかとなったとき、その他事情が変更したときは、審査庁は、その執行停止を取り消すことができる。

| 手順4 | 「問い」に呼応する「答え」をつくる |

執	行	停	止	が	公	共	の	福	祉	に	重	大	な	影
響	を	及	ぼ	す	こ	と	が	明	ら	か	と	な	っ	た
と	き	、	そ	の	他	事	情	が	変	更	し	た	と	き

（45字）

採点基準

執行停止が公共の福祉に重大な影響を及ぼすことが明らかとなったとき

··· 10点

その他事情が変更したとき······································· 10点

第3章　〈実戦編〉行政法

行政不服審査法　133

問題12 | **行政不服審査法（審理手続を経ないでする却下裁決）** 重要度

　Aは、飲食店を経営しようと考え、B庁に飲食店の営業許可申請をした。Aの申請に対し、B庁は不許可処分をした。B庁の不許可処分に不服があるAは、審査庁であるC庁に対して審査請求を行った。C庁はAから審査請求書を受け取ったが、その審査請求書には、行政不服審査法19条で規定されている必要事項の記載の不備が散見された。そこで、C庁はAに対して、相当の期間を定めて、その期間内に不備を補正すべきことを命じた。この場合、Aがこの審査請求を取り下げていなかったとしても、C庁は、審理手続を経ないで、裁決で、当該審査請求を却下することができるときが2つある。それはどのようなときか。行政不服審査法24条に基づき、40字程度で記述しなさい。

（内容）要件型

| 手順1 | 「問い」を正確に把握する |

審査請求書に不備があり、相当の期間を定めて、その補正を命ぜられた場合に、審理手続を経ないで裁決で審査請求を却下できる場合を2つ。

| 手順2 | 「問いの形」に合わせて「答えの形」をつくる |

（問いの形）審査請求を却下することができるときが2つある。それはどのようなときか。

↓

（答えの形）○○のときと、□□のとき。

| 手順3 | 「答え」を完成させる知識を記憶喚起する |

審査請求をする場合には、審査請求書を提出して行います。その場合、審査請求書に記載する事項は、行政不服審査法19条で規定されていますが、審査請求書が19条の規定に違反する場合には、審査庁は、相当の期間を定め、その期間内に不備を補正すべきことを命じなければなりません（23条）。

しかし、この場合においても、以下の①②の場合には、審査庁は、審理手続を経ないで、裁決で、当該審査請求を却下することができます（24条）。

① 審査請求人が相当の期間内に不備を補正しないとき（1項）
② 審査請求が不適法であって補正することができないことが明らかなとき（2項）

| 手順4 | 「問い」に呼応する「答え」をつくる |

相当の期間内に不備を補正しないときと、審査請求が不適法で補正ができないことが明らかなとき。

（45字）

採点基準

期間内に不備を補正しない……………………………………………… 10点
審査請求が不適法で補正できないことが明らか……………………… 10点

第3章

〈実戦編〉 行政法

行政不服審査法　135

問題 13　行政不服審査法（審理員意見書）

重要度 ★★★

　Xは行政庁Aに対して、飲食店の営業許可申請をしたが、行政庁AはXの申請を拒否する処分を行った。当該処分に納得がいかないXは、審査庁であるB行政庁に対して審査請求をしたところ、審理員としてYが指名され、審理手続が開始された。Yは必要な審理を終えたと認めたため、審理手続を終結した。この場合、Yは、いかなる時期に、いかなる書面を作成し、その作成した書面を、いかなる時期に、いかなる書面とともに、どこに提出しなければならないか。40字程度で記述しなさい。

（内容）効果型

手順1	「問い」を正確に把握する

審査手続が終結した場合に、審査庁が作成する書面の名称、作成時期、提出場所。

手順2	「問いの形」に合わせて「答えの形」をつくる

（問いの形） Yは、いかなる時期に、いかなる書面を作成し、その作成した書面を、いかなる時期に、いかなる書面とともに、どこに提出しなければならないか。

（答えの形） Yは、「○○」に、「□□」を作成し、その作成した書面を、「◇◇」に、「△△」とともに、「××」に提出しなければならない。

手順3	「答え」を完成させる知識を記憶喚起する

審理手続を終了した場合に、審理員が作成する書面と、その提出先について、行政不服審査法42条が規定しています。

審理員は、審理手続を終結したときは、遅滞なく、審査庁がすべき裁決に関する意見書（以下「審理員意見書」という。）を作成しなければなりません（42条1項）。

審理員は、審理員意見書を作成したときは、速やかに、これを事件記録とともに、審査庁に提出しなければなりません（42条2項）。

手順4	「問い」に呼応する「答え」をつくる

遅滞なく、審理員意見書を作成し、速やかに、事件記録とともに審査庁に提出しなければならない。

（45字）

採点基準

遅滞なく……………………………………………………………… 2点

審理員意見書を作成し……………………………………………… 6点

速やかに……………………………………………………………… 2点

事件記録とともに…………………………………………………… 4点

審査庁に提出しなければならない………………………………… 6点

行政不服審査法　137

問題 14 | **行政不服審査法（審査請求に対する裁決）**

　Xは、行政庁Yに対して営業許可申請を行った。ところが、申請から相当の期間を経過しているにもかかわらず、YはいっこうにXの申請に対して処分を行おうとしない。そこでXは、Yの上級行政庁である審査庁Zに対してYの不作為に対する審査請求を行った。Zが審査手続を進めたところ、Xの審査請求に理由があるとの結論に至り、一定の処分をすべきものと認めた。この場合、行政庁は、裁決でいかなる旨を宣言し、誰に対して、いかなる旨を命ずるか。40字程度で記述しなさい。

（内容）効果型

手順1　「問い」を正確に把握する

　上級行政庁である審査庁が、審査請求に理由があると認めた場合の、審査庁の裁決の内容。

手順2　「問いの形」に合わせて「答えの形」をつくる

（問いの形）裁決でいかなる旨を宣言し、誰に対して、いかなる旨を命ずるか。
↓
（答えの形）裁決で「○○」を宣言し、「□□」に対して、「△△」を命ずる。

手順3　「答え」を完成させる知識を記憶喚起する

　不作為についての審査請求の裁決については、行政不服審査法49条が規定しています。その3項で、不作為についての審査請求が理由がある場合の裁決について以下のように規定しています。

　審査庁は、裁決で、当該不作為が違法又は不当である旨を宣言します（49条3項柱書）。

　この場合に、不作為庁の上級行政庁である審査庁は、当該申請に対して一定の処分をすべきものと認めるときは、当該不作為庁に対し、当該処分をすべき旨を命じます。

手順4　「問い」に呼応する「答え」をつくる

当該不作為が違法又は不当である旨を宣言し、当該不作為庁に対し、当該処分をすべき旨を命ずる。

（45字）

採点基準

当該不作為が違法又は不当である旨を宣言……………………………… 10点
当該不作為庁に対し……………………………………………………… 4点
当該処分をすべき旨を命ず……………………………………………… 6点

第3章 《実戦編》行政法

行政不服審査法　139

問題 15 | **行政事件訴訟法（処分性）**

　Xは旅館を経営しようと、自己の住んでいる土地に旅館を建てようと考えていた。当初、Xの土地がある地域は、第二種住居地域（旅館を建てることができる地域）という用途地域に指定されていたが、その後、都市計画法の規定に基づき、A県知事により第二種中高層住居専用地域（旅館を建てることができない地域）という用途地域に指定された。この指定によって、旅館を建てることができなくなったXは、このA県知事の用途地域の指定の取消しを求めて、取消訴訟を提起した。この場合、裁判所は、どのような理由で、どのような判決をすることとなるか。40字程度で記述しなさい。

（内容）要件・効果型

| 手順1 | 「問い」を正確に把握する |

　A県知事による用途地域の指定の取消しを求める取消訴訟に対して、裁判所のなす判決とその理由。

| 手順2 | 「問いの形」に合わせて「答えの形」をつくる |

（問いの形）どのような理由で、どのような判決をすることとなるか。

↓

（答えの形）「○○」という理由で、「□□」判決をすることとなる。

| 手順3 | 「答え」を完成させる知識を記憶喚起する |

　用途地域の指定について判例（最判昭57.4.22）は、用途地域の指定は、建築基準法上新たな制約を課するものであることは肯定しています。しかし、この制約は、当該地域内の不特定多数の者に対する一般的抽象的な効果であって、直ちに、地域内の個人に対する具体的な権利侵害を伴う処分があったものとして、抗告訴訟を肯定できないとし、訴訟要件たる処分性を否定しています。

　訴訟要件を欠く場合、不適法な訴訟提起であるとして、裁判所は、却下判決をすることになります。

| 手順4 | 「問い」に呼応する「答え」をつくる |

用途地域の指定は、処分性を欠くという理由で、却下の判決をすることとなる。

（36字）

採点基準

用途地域の指定は処分性を欠くという理由で……………………… 10点

却下の判決をすることとなる……………………………………… 10点

行政事件訴訟法　141

問題 16 | 行政事件訴訟法（裁量行為）

外国人Aは、出入国管理行政の責任者である法務大臣Bに対して、在留期間の更新を求めたところ、Aの在留期間中の政治活動を理由に、在留期間の更新については不許可処分がなされた。これに対して、Aが取消訴訟を提起した。しかし、外国人の在留期間の更新を許可することを適当と認めるに足りる相当の理由があるかどうかの判断は、Bの自由裁量行為であり、Bの政治判断に委ねられるべきであるから、司法審査の対象とならないのが原則である。しかし、例外的に当該処分を取り消す判決がなされる場合がある。それはどのような場合か。40字程度で記述しなさい。

（内容）要件型

| 手順1 | 「問い」を正確に把握する |

自由裁量行為を取り消す判決がなされるための要件。

| 手順2 | 「問いの形」に合わせて「答えの形」をつくる |

（問いの形）どのような場合か。

（答えの形）「○○」の場合である。

| 手順3 | 「答え」を完成させる知識を記憶喚起する |

　在留期間の更新事由（在留期間の更新を適当と認めるに足りる相当の理由）の有無の判断（入管法21条3項）は、出入国管理行政の責任を負う法務大臣の裁量に任されています（マクリーン事件：最大判昭53.10.4）。
　このような行政庁の裁量処分については、行政事件訴訟法30条で、裁量権の範囲を超えまたはその濫用があった場合に限り、裁判所は、その処分を取り消すことができるとされています。

| 手順4 | 「問い」に呼応する「答え」をつくる |

Bのなした在留期間更新の不許可処分が、裁量権の範囲を超えまたはその濫用がある場合である。

（44字）

採点基準

裁量権の範囲を超え（裁量権の逸脱がある） ……………………………… 10点
裁量権の濫用がある……………………………………………………………… 10点

問題 17 | 行政事件訴訟法（訴えの変更）

重要度 ★★★

　A県に住むXは、飲食店を営業しようと考え、A県保健所に対して飲食店営業許可申請を行った。ところが、A県保健所が当該申請に対する処分をしない。そこで、Xは、A県地方裁判所に対して、A県を被告とする不作為の違法確認の訴えを提起した。当該訴訟の係属中に、A県保健所が飲食店営業許可申請に対する許可処分を行った。Xは、当該不作為の違法確認訴訟は訴えの利益を欠くこととなり却下判決がなされると考え、当該訴訟を、A県保健所の違法な不作為に基づく損害の賠償を求める訴えに変更する旨を申し立てた。この場合、A県地方裁判所が訴えの変更を認める決定をするには、あらかじめ、当事者及び損害賠償その他の請求に係る訴えの被告の意見を聴かなければならないが、それ以外にいかなる要件が必要か。また、いつまで訴えの変更を許すことができるか。「、という要件が必要である。」および「に至るまでできる。」に続くように、行政事件訴訟法の規定を踏まえて、それぞれ10字〜30字程度で記述しなさい（「、という要件が必要である。」および「に至るまでできる。」は、記述すべき字数には含まれない）。

（内容）要件型

手順1	「問い」を正確に把握する

不作為の違法確認の訴えを国家賠償請求訴訟へ変更する場合の要件。

手順2	「問いの形」に合わせて「答えの形」をつくる

（問いの形）設問前段：いかなる要件が必要か。

設問後段：いつまで訴えの変更を許すことができるか。

（答えの形）設問前段：「○○」という要件が必要である。

設問後段：「□□」に至るまでできる。

手順3	「答え」を完成させる知識を記憶喚起する

訴えの変更の要件は、以下のとおりです（21条1項・3項）。

① 変更することが相当

② 請求の基礎に変更がない

③ 口頭弁論終結前

④ 原告の申立て

⑤ あらかじめ被告の意見を聴く

本問では、④⑤は問題中に呈示されており、①②③を記述します。

手順4	「問い」に呼応する「答え」をつくる

裁判所が当該請求への変更が相当だと認め、請求の基礎に変更がない限り、という要件が必要である。（33字）

口頭弁論が終結に至るまでできる。（7字）

採点基準

裁判所が当該請求への変更が相当だと認め……………………………… 6点

請求の基礎に変更がない限り……………………………………………… 8点

口頭弁論が終結……………………………………………………………… 6点

行政事件訴訟法　145

問題 18 | 行政事件訴訟法（執行停止）

重要度 ★★★

　Xは、A県においてホテルを営んでいたが、宿泊客に提供した夕食が原因となり、食中毒を起こしてしまった。そのため、A県知事は、営業許可取消処分を行った。これに対してXは、営業停止処分が妥当な処分であるとして、営業許可取消処分の取消しの訴えを提起した。ただし、これだけでは、処分の執行は停止されず、営業許可は取り消されるのが原則である。しかし、裁判所は、あらかじめ、Xの意見を聴いて、申立てにより、決定をもって、A県知事の営業許可取消処分の効力を停止（執行停止）をすることができる場合がある。執行停止ができる場合とはどのような場合か。40字程度で記述しなさい。なお、公共の福祉に重大な影響を及ぼすおそれはなく、本案について理由がないとはみえないものとする。

（内容）要件型　（形式）空欄補充型・解答欄分割型

手順1　「問い」を正確に把握する

処分取消の訴えの提起がある場合に、執行停止をするための要件。

手順2　「問いの形」に合わせて「答えの形」をつくる

（問いの形）どのような場合か。

↓

（答えの形）「○○」の場合である。

手順3　「答え」を完成させる知識を記憶喚起する

処分取消しの訴えが提起されても、処分の執行は停止されないのが原則です（執行不停止の原則・25条1項）。

しかし、処分、処分の執行または手続の続行により生ずる重大な損害を避けるため緊急の必要があるときは、裁判所は、申立てにより、決定をもって、処分の効力、処分の執行または手続の続行の全部または一部の停止（執行停止）をすることができます（2項）。

なお、執行停止は、公共の福祉に重大な影響を及ぼすおそれがあるとき、または本案について理由がないとみえるときは、することができませんし（4項）、また、執行停止の決定をする場合には、あらかじめ、当事者の意見をきかなければなりません（6項）が、4項・6項については、問題文に書かれており、問いの前提ですので書く必要はありません。

したがって、2項の要件のうち必要な部分を書くことになります。

手順4　「問い」に呼応する「答え」をつくる

営	業	許	可	取	消	処	分	に	よ	り	生	ず	る	重
大	な	損	害	を	避	け	る	た	め	緊	急	の	必	要
が	あ	る	場	合	。									

（36字）

採点基準

営業許可取消処分により生ずる重大な損害を避けるため‥‥‥‥‥‥ 10点

緊急の必要がある場合‥‥‥‥‥‥‥‥‥‥‥‥‥‥‥‥‥‥‥‥‥‥ 10点

行政事件訴訟法　147

問題 19 | **行政事件訴訟法（差止め訴訟①）**

　Xは、Y県で行政書士業を営む者であるが、依頼者から預かっていた金銭を横領して事務所経費として使ったという身に覚えのない嫌疑で、行政書士法に基づき、Y県知事の懲戒請求にかけられた。Xは、一度でも懲戒処分を受けると、顧客からの信用を失い、今後の業務に重大な支障をきたすおそれがあると考え、何としても懲戒処分を避けたいと考えている。この場合、Xが懲戒処分の差止め訴訟を提起できるのはいかなるときであるか。40字程度で記述しなさい。

（内容）要件型

手順1	「問い」を正確に把握する

懲戒処分の差止め訴訟を提起するための要件。

手順2	「問いの形」に合わせて「答えの形」をつくる

（問いの形）差止め訴訟を提起できるのはいかなるときか。

↓

（答えの形）「○○」のとき

手順3	「答え」を完成させる知識を記憶喚起する

＜差止め訴訟の訴訟要件＞

　懲戒処分の差止め訴訟を提起しようとする場合、その要件については、37条の4が規定しています。

＜差止め訴訟の要件＞

① 　一定の処分又は裁決がされることにより重大な損害を生ずるおそれがあるとき

② 　その損害を避けるため他に適当な方法がないとき

③ 　法律上の利益を有するとき

ということになります。

　ここで、本問では、なされようとしているのは処分ですから、「又は裁決」の部分は書く必要はありません。また、Xは、懲戒処分の相手方ですから、当該差止めを求めるにつき、法律上の利益を有するといえます。③の要件を記述する必要もありません。

手順4	「問い」に呼応する「答え」をつくる

処分により重大な損害を生ずるおそれがあり、その損害を避けるため他に適当な方法がないとき。

（44字）

採点基準

処分により重大な損害を生ずるおそれがある……………………… 10点

その損害を避けるため他に適当な方法がない……………………… 10点

行政事件訴訟法　149

問題20 | 行政事件訴訟法（差止め訴訟②）

重要度 ★★★

　Xは、干潟で魚介類を獲って生計を立てていたが、当該干潟の干拓を許す処分がされようとしている。そこで、Xは、この干拓工事を阻止するために差止め訴訟を提起し、現在、係争中である。訴訟要件が満たされていることを前提として、次のいずれかが認められれば、裁判所は行政庁がその処分をしてはならない旨を命じる判決をする。

　では、この事例において、請求認容判決がなされる2つの要件のうち、〔　　　　〕に該当する文を、40字程度で記述しなさい。

　その差止めの訴えに係る処分について、①行政庁がその処分をすべきでないことがその処分の根拠となる法令の規定から明らかであると認められるとき、または、②〔　　　　〕ときは、裁判所は、行政庁がその処分をしてはならない旨を命ずる判決をする。

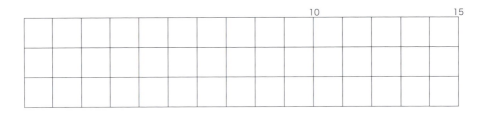

（内容）要件型　（形式）空欄補充型

| 手順1 | 「問い」を正確に把握する |

差止め訴訟において認容判決がなされる場合の要件。

| 手順2 | 「問いの形」に合わせて「答えの形」をつくる |

（答えの形）②〔　　　　　　　　〕とき

| 手順3 | 「答え」を完成させる知識を記憶喚起する |

＜差止め訴訟の訴訟要件＞

① 一定の処分または裁決がされることにより重大な損害を生ずるおそれ

② その損害を避けるため他に適当な方法がない（以上、37条の4第1項）

③ 行政庁が一定の処分または裁決をしてはならない旨を命ずることを求める
につき法律上の利益を有する者であること（37条の4第3項）

となります。問題文から、これらの訴訟要件は満たされているのが前提として、
本案勝訴要件を満たす場合に、請求認容判決がなされることになります。

＜差止め訴訟の本案勝訴要件＞

① 行政庁がその処分もしくは裁決をすべきでないことがその処分もしくは裁
決の根拠となる法令の規定から明らかであると認められるとき

② 行政庁がその処分もしくは裁決をすることがその裁量権の範囲を超えもし
くはその濫用となると認められるとき

です（37条の4第5項）。

　①は本文中に既に記載されていますので、〔　　　　　〕には、②の「行政
庁がその処分をすることがその裁量権の範囲を超えもしくはその濫用となると
認められる」が入るといえます。

| 手順4 | 「問い」に呼応する「答え」をつくる |

									10					15
行	政	庁	が	そ	の	処	分	を	す	る	こ	と	が	そ
の	裁	量	権	の	範	囲	を	超	え	も	し	く	は	そ
の	濫	用	と	な	る	と	認	め	ら	れ	る			

（42字）

採点基準

行政庁がその処分をすることが裁量権の範囲を超える……………… 10点

行政庁がその処分をすることが裁量権の濫用となる………………… 10点

行政事件訴訟法　151

問題 21 　行政事件訴訟法（争点訴訟）

　起業者Aは、B県知事から土地収用についての事業認定を受けた。Aは、B県収用委員会による裁決に基づき公共事業としてX所有の甲地を収用した。しかし、Xは、B県収用委員会の裁決には重大かつ明白な瑕疵があると考えており、甲地の所有権が自己にあることを確認する訴訟を提起することを検討している。この場合、Xは、誰を被告としてこの訴訟を提起し、その審理の中でいかなる点を争点とすべきか。40字程度で記述しなさい。

（内容）要件型

手順1　「問い」を正確に把握する

　土地収用裁決に重大かつ明白な瑕疵があると考えて土地の所有権確認訴訟を提起しようとする場合の被告と争点。

手順2　「問いの形」に合わせて「答えの形」をつくる

（問いの形）誰を被告とし、いかなる点を争点とすべきか。

↓

（答えの形）「○○」を被告とし、「△△」を争点とすべき。

手順3　「答え」を完成させる知識を記憶喚起する

　本問の事案においては、B県収用委員会による裁決に「重大かつ明白な瑕疵」があれば、これは当該収用裁決の無効原因となります。したがって、この処分が無効であることを争点として、起業者AとXを当事者とする甲地所有権確認訴訟という民事訴訟を提起することになります。このような行政行為の効力を争点とする民事訴訟のことを争点訴訟といいます。争点訴訟では、誰を被告とするかですが、現在土地を所有しているのは起業者Aですから、Xが土地所有権が自分にあることの確認の相手方は起業者Aということになります。

手順4　「問い」に呼応する「答え」をつくる

A	を	被	告	と	し	て	こ	の	訴	訟	を	提	起	し
、	そ	の	審	理	の	中	で	収	用	裁	決	が	無	効
で	あ	る	と	い	う	点	を	争	点	と	す	べ	き	。

(45字)

採点基準

　Aを被告として ……………………………………………………… 10点

　収用裁決が無効であるという点を争点とすべき …………………… 10点

行政事件訴訟法　153

問題 22	国家賠償法	重要度
	（1条「職務を行うについて」）	★★★

次の【設問】を読み、【答え】の中の〔　　　　　〕に適切な文章を40字程度で記述して、設問に対する解答を完成させなさい。

【設問】

　Y県警察のA巡査は、非番の日にもっぱら強盗目的で警察官の制服を着用して外出し、職務執行を装って被害者Xに対して不審尋問を行った。その上で、犯罪の証拠物名義でその所持品を預り、しかも連行の途中、これを不法に領得するため所持の拳銃でXを射殺して、その目的をとげた。A巡査の行為は強盗殺人の故意に基づくものであった。Xの遺族がY県に対して損害賠償責任を問うためには、A巡査の行為が故意・過失に基づくものでなければならないことの他、「その職務を行うについて」（国家賠償法1条1項）行われたといえなければならない。本件のA巡査の非番の日の行為が「その職務を行うについて」といえるか。

【答え】

　設問のA巡査の職権濫用行為は、国家賠償法1条1項の「職務を行うについて」行われた行為に該当する。なぜなら、「職務を行うについて」に該当するか否かは、〔　　　　　〕によって判断されるからである。この判断に照らせば、A巡査の行為は非番の日の行為であるから、主観的には権限行使の意思でなした職務執行であるとはいえないが、客観的には警察官の制服を着用し、不審尋問を行っており「職務を行うについて」に該当するといえるからである。

（内容）効果型 （形式）空欄補充型

| 手順1 | 「問い」を正確に把握する |

警察官の非番の日の行為が、国家賠償法1条の「その職務を行うについて」といえるか。

| 手順2 | 「問いの形」に合わせて「答えの形」をつくる |

（問いの形）本件のA巡査の非番の日の行為が「その職務を行うについて」といえるか。

↓

（答えの形）本件のA巡査の非番の日の行為が「その職務を行うについて」といえる or いえない。なぜなら、〔　　　　〕によって判断されるから。

　本問では、用意された【答え】の〔　　　　〕に適切な言葉を埋める空欄補充型です。

| 手順3 | 「答え」を完成させる知識を記憶喚起する |

　「職務を行うについて」といえるかどうかをどのように判断するかについて、判例（最判昭31.11.30）は、公務員の主観的意図にかかわらず、客観的に職務行為の外形を備える行為であるかどうかによって判断するとしています。

| 手順4 | 「問い」に呼応する「答え」をつくる |

A	巡	査	の	主	観	的	意	図	に	か	か	わ	ら	ず
、	客	観	的	に	警	察	官	と	し	て	の	職	務	行
為	の	外	形	を	備	え	る	行	為	か	ど	う	か	

(44字)

採点基準

A巡査の主観的意図にかかわらない……………………………………… 6点
客観的に警察官としての職務行為の外形を備える行為かどうか…… 14点

国家賠償法　155

問題23　国家賠償法（2条）

重要度
★★★

　A市（以下、「A」という。）の市道で長雨を誘因とする落石事故が起こった。当該市道を通行中だった自動車の運転手Xに当該落石が直撃したことにより、Xは即死してしまった。Xの父Yは、Aに対し、国家賠償法2条に基づき、損害賠償請求訴訟を提起した。これに対して、Aは、この事故は天災による不可抗力により生じたものであるから無過失であり、また、財政的な制約もあり、これらは賠償責任の免責事由となるから、Aは賠償責任は負わない旨の主張している。この場合、裁判所は、どのような判断を下すと考えられるか。判例に基づいて、40字程度で記述しなさい。

（内容）要件・効果型

| 手順1 | 「問い」を正確に把握する |

　市道における落石による死亡事故につき、天災および財政的な制約により、いかなる判決がなされるか。

| 手順2 | 「問いの形」に合わせて「答えの形」をつくる |

（問いの形）どのような判断を下すと考えられるか。
　　↓
（答えの形）裁判所は、「○○」という判断を下すと考えられる。

| 手順3 | 「答え」を完成させる知識を記憶喚起する |

　本問の落石事故は、長雨によるものであり、道路の設置または管理に瑕疵があったかどうかについて、以下の判例（最判昭45.8.20：高知落石事件）があり、「営造物の設置または管理の瑕疵とは、営造物が通常有すべき安全性を欠いていること」、そして、この2条の責任は、無過失責任であり、また、防護柵等安全措置を講ずるために多額の費用が生ずるとしても、これによって賠償責任を免れないとしています。そして、この瑕疵があれば、国家賠償法2条の責任を問うことができるといえます。

　本問における、Aの主張に対し、裁判所は、「国家賠償法2条の賠償責任は、Aの過失の存在を必要とせず、予算的制約も免責事由とはならないから、Aは賠償責任を負う」との判断を下すものと考えられます。

| 手順4 | 「問い」に呼応する「答え」をつくる |

国	家	賠	償	法	2	条	の	賠	償	責	任	は	、	A
の	無	過	失	や	予	算	的	制	約	は	免	責	事	由
と	な	ら	ず	、	A	は	賠	償	責	任	を	負	う	。

(45字)

採点基準

国家賠償法2条の賠償責任は無過失責任……………………………… 6点

予算的制約は免責事由とならない……………………………………… 6点

Aは賠償責任を負う……………………………………………………… 8点

国家賠償法　157

問題 24 | **地方自治法（直接請求）**

　A市議会において、議員の政務活動費の不正受給が相次いで発覚したにもかかわらず、A市議会議員の反省が見られないことから、当該A市議会の議員および長の選挙権を有するA市住民は、その総数の半数の者が署名を集め、その代表者Xから、A市の選挙管理委員会に対し、当該普通地方公共団体の議会の解散請求を行った。この場合、選挙管理委員会は直ちに請求の要旨を公表することとなるが、その他、どのような措置がとられ、また、どのようになったときに議会が解散されるのか、40字程度で記述しなさい。

（内容）要件型

手順1	「問い」を正確に把握する

　直接請求として、議会の解散請求がなされた場合の選挙管理委員会のとるべき措置と、解散するための要件。

手順2	「問いの形」に合わせて「答えの形」をつくる

（問いの形）どのような措置がとられ、また、どのようになったときに議会が
　　　　　解散されるのか

↓

（答えの形）「○○」がなされ、「□□」になったときに議会は解散される。

手順3	「答え」を完成させる知識を記憶喚起する

　直接請求としての議会の解散請求がなされた場合について地方自治法76条が規定しています。

　選挙管理委員会は、直ちに請求の要旨を公表しなければならず（2項）、かつ、これを選挙人の投票に付さなければなりません（3項）。この解散の投票で過半数の同意があれば、議会は解散します（78条）。

手順4	「問い」に呼応する「答え」をつくる

選	挙	人	の	投	票	に	付	さ	な	け	れ	ば	な	ら
ず	、	こ	の	解	散	の	投	票	で	過	半	数	の	同
意	が	あ	っ	た	と	き	に	解	散	す	る	。		

（43字）

採点基準

　選挙人の投票に付さなければならない……………………………… 10点
　解散の投票で過半数の同意…………………………………………… 10点

地方自治法　159

問題 25 | 地方自治法（特別的拒否権）

普通地方公共団体の議会の議決・選挙がその権限を超え、または法令・会議規則に違反すると認める場合に、当該普通地方公団体の長が採るべき方法は何か。40字程度で記述しなさい。

（内容）効果型　（形式）一行問題型

| 手順1 | 「問い」を正確に把握する |

違法な議決・選挙に対する長の措置。

| 手順2 | 「問いの形」に合わせて「答えの形」をつくる |

（問いの形）長のとるべき方法はなにか。

↓

（答えの形）「○○」。

| 手順3 | 「答え」を完成させる知識を記憶喚起する |

　普通地方公共団体の議会の議決・選挙がその権限を超え、または法令・会議規則に違反すると認めるときには、当該普通地方公共団体の長は、理由を示して再議の付し、または再選挙を行わせなければなりません（地方自治法176条4項）。

　違法な議決・選挙に関する再議・再選挙の規定です。

| 手順4 | 「問い」に呼応する「答え」をつくる |

理	由	を	示	し	て	、	再	議	に	付	し	、	ま	た
は	、	再	選	挙	を	行	わ	せ	な	け	れ	ば	な	ら
な	い	。												

（33字）

採点基準

　理由を示して……………………………………………… 6点

　再議に付し………………………………………………… 6点

　再選挙を行わせなければならない……………………… 8点

第3章

《実戦編》行政法

地方自治法　161

第4章

〈実戦編〉
民　法

1 民法出題履歴一覧表

次は民法の傾向と対策です。★は、改正によりそのまま使用できない問題です。

		出題分野	出題テーマ （問題形式）	択一・多肢 出題履歴
平成 18 年度	問題 45	債権各論	手 付 （要件型）	H6-30-3、H23-32-2
	問題 46	担保物権	物上代位 （要件型）	H26-30-1
平成 19 年度	問題 45	債権各論	正当防衛 （要件型）	なし（重要度低い条文）
	問題 46 ★	債権総論	金銭債務の特則 （要件・効果型）	なし（ただし重要条文）
平成 20 年度	問題 45	債権各論	賃貸借（信頼関係破壊理論） （要件型）	H10-30-1
	問題 46 ★	債権総論	債権譲渡 （要件型）	なし（ただし重要条文）
平成 21 年度	問題 45 ★	債権総論	保証債務（求償権） （事案把握型）	H26-31-2
	問題 46	物 権	177条の第三者 （要件型）	H4-28-2、H8-28-2 H12-28-オ
平成 22 年度	問題 45 ★	債権総論	弁済による代位 （要件・効果型）	H7-31-5、H11-30-4 H21-29-オ
	問題 46 ★	債権総論	不法行為債権が相殺できない趣旨 （条文趣旨型）	なし（ただし条文は択一 頻出）
平成 23 年度	問題 45	担保物権	抵当権消滅の方法 （要件型）	H2-29-4、 H16-27-3
	問題 46	総則 債権各論	表見代理と使用者責任 （要件・効果型）	使用者責任につき H6-31-2、H9-31-3 H21-34-3
平成 24 年度	問題 45	債権総論	保証人の検索の抗弁の要件 （要件型）	なし（ただし重要条文）
	問題 46 ★	相続	遺留分 （効果型）	H17-29

平成25年度	問題45	総則 ★	無権代理人に対する責任追及 （要件・効果型）	H5-27-4、H19-27-4 H20-28-2
	問題46	物権	盗品の回復請求 （要件・効果型）	H19-29-2・3・4
平成26年度	問題45	債権総論 ★	詐害行為取消権 （効果型）	詐害行為取消権につき H8-30-2・3、H11-29 H12-29、H25-30 H28-32
	問題46	債権各論 ★	他人物売買の売主の解除権 （要件型）	H9-30-3、H19-27-1 H24-31
平成27年度	問題45	物権	占有の性質の変更 （要件型）	なし（重要度低い条文）
	問題46	親族	嫡出否認の訴え （効果型）	H9-32-1、H22-34-4
平成28年度	問題45	債権各論 ★	売買・売主の担保責任 （要件・効果型）	H24-31-5
	問題46	親族	財産分与の目的・機能 （条文趣旨型）	なし（重要度の低い条文・判例）
平成29年度	問題45	債権総論 ★	債権譲渡の有効要件 （要件・効果型）	なし（ただし重要判例）
	問題46	債権各論 ★	不法行為に基づく 損害賠償請求権の消滅時効 （要件型）	S63-37-1、H5-29-4 H9-31-5、H24-34-オ
平成30年度	問題45	総則	成年被後見人の 相手方の催告権 （要件型）	H10-27-ア、H18-27-2
	問題46	債権各論 ★	書面によらない贈与 （要件・効果型）	H17-28-1・2・3、 H27-33-1
令和元年度	問題45	物権	共有物に関する行為の要件 （要件型）	なし（ただし重要条文）
	問題46	債権総論	第三者のためにする契約 （要件型＋基本概念定義型）	なし（重要度低い条文）

第4章 〈実戦編〉民法

出題履歴一覧表　165

2 〈民法〉過去問の分析による傾向と対策

（1）出題形式から探る出題傾向①（要件型が中心となる理由）

　令和元年度の問題45・46の２問をはじめ、**民法では法律要件が問われることが多い**のですが、民法の特性を押さえればその理由がわかります。

　民法で法律効果を「問い」にしてしまうと、答えが短くなってしまうのです。「えっ、そんなこと？」。いや、実際にそうなのです。

　民法は私人間での紛争を解決するためのルールブックです。私人間で紛争が起こる場合というのは、たとえば、契約という名の約束を破ったとか、交通事故でけがをしたというような場合です。このような場合に、怒った当事者は相手に対して、「どうやって責任を取ってくれるんだ！」と言うでしょう。

　その場合に、責任の取り方の中心となるのが「お金で解決」です。私人間での紛争解決方法の中心となる「法律効果」は「損害賠償」ということになります。

　また、「結んだ約束を破られてまで約束を守り続けなければならない道理はない、そもそもその契約をなかったことにする。」これは「解除」ですね。

　もう少し大きくとらえれば、民法の紛争は当事者の権利や義務に関して生じるわけですから、当然そのルールブックに書かれる「**法律効果**」は、「ある権利（たとえば損害賠償請求権や解除権）が発生した」とか、「ある権利が消滅した」という、**権利の発生・変更・消滅に関するもの**ということになります。たとえば、「損害賠償請求できる」とか、「解除できる」とか、「時効消滅する」とか、その**法律効果にはあまりバリエーションがありません**。

　答えのバリエーションが少ないために、民法で「法律効果」のみを問うても、あてずっぽうで正解できてしまうことにもなりますし、また、解答も短くなってしまいます。そのため民法では「法律効果」のみを問う問題は出題しにくいのです。ただし、家族法分野（親族・相続分野）においては、行政法と同じく、あることが生じた場合にどのようにそれを処理するか、その方法（効果）に様々なバリエーションがあるので、問いやすいという面をもっています。

　法律効果に対して、法律要件は、起こり得る紛争の形態を一般化している部分です。つまり、どのような事例であっても対処できるように定めている部分が法律要件です。

　紛争に対しては、どれかの条文を適用すれば解決できるようになっていま

す。その事案を解決するために、どの条文を使うか、それを決定するのが法律要件です。そうすると、民法では、ある紛争をどのように解決するか、解決するためにどの条文を使うのか。この作業ができるか否かを試すことで、民法が本当にわかっているかどうかがわかるわけです。

たとえば、同じ「損害賠償請求」という法律効果が発生する場合であっても、「不法行為に基づく損害賠償請求」もあれば「債務不履行に基づく損害賠償請求」もあり、それぞれの成立要件は異なります。**民法がわかっているかどうかは、その事案が、どの条文の法律要件を満たしているかを問えばよい**のです。

そうだとすれば、具体的な事案を示して、「この事案では損害賠償請求権が発生するけどなぜ？」とか、「この事案では解除できるけどなぜ？」というように、「**この法律効果が生じるための法律要件は何ですか？**」と問うことが、受験者の**民法の理解を測るためには良い問題**ということになります。

ただし、平成25年度では、2問とも法律効果と法律要件両方を問う問題が出題され、要件効果型の重要性が増しています。

また、平成28年度問題45では、まさに効果として「解除」と「損害賠償」という主張と、その要件を書かせる問題が出題されました。

更に、平成21年度では、複雑な事例整理、平成22・28年度では、条文の趣旨と、出題のバリエーションは増えていますので注意が必要です。平成24年度では、はじめて家族法の相続分野から、法律効果を問う問題が出題され、平成27・28年度では、親族分野からも出題されています。

（2）出題形式から探る出題傾向②（事例問題が中心となる理由）

民法の記述式問題においても、事例問題での出題が中心ですが、民法で、事例問題が出題されるのも、民法の特性から考えれば当然です。つまり、さまざまなバリエーションをもつ事案が、どの条文の「法律要件」を満たすかがわかっているかどうかを問う問題をつくるわけですから、さまざまなケースを設定する必要があります。

事例問題は、事例を正確に把握して、事案をいかなる条文・判例で処理するのか、すなわち、**事案を解決するために適用する条文・判例を正しく選択できるようにします。**

また、平成21年度問題45は、かなり複雑な事例を分析する問題でしたが、この形式も、具体的な事案から、どのような法律要件のもと、どのような法律効果が発生するかという問題ですから、要件・効果型の一種です。

第4章

〈実戦編〉民法

傾向と対策　167

（3）過去問から読み解く出題傾向
（択一式過去問で出題されたところ
＋過去問で出題されたところの理解の前提となる条文）

　出題科目は、債権法からの出題が28問中17問を占めています。契約自由の原則からすれば、さまざまなバリエーションをもたせることができる分野ですから、民法の出題が債権法に偏ることも納得です。ただし、ここ数年を見ると、総則から物権・債権・家族法まで万遍なく出題されるようになってきていますので、偏りのある学習は避けましょう。

　出題内容は民法も「基本的」な条文・判例からの出題が中心です。ただし、条文そのものがズバリ択一式で問われたことがないものが半分を占めます。しかし、出題がない条文といっても、民法の理解の出発点となる重要条文が中心です。例えば、平成30年度の出題では、総則分野から、成年被後見人の相手方の保護としての催告について問われ、債権分野からは、書面によらない贈与という、基本中の基本の条文問題であったといえます。また、令和元年度の問題45では、共有物に関する行為の要件という、受験生にはかなりメジャーなテーマからの出題でした。

（4）〈民法〉記述式問題の対策

　過去問から考えると、示された事例を法的に分析して、ある法律効果が発生するための法律要件がどこに潜んでいるのか、登場人物の間に存在する法律関係がわかる力、つまり、事案分析能力が強く求められることになります。

　この力は、事例問題を数多く解くことによって身につけることができます。事例分析能力を高めるための素材としては、いうまでもなく5肢択一式問題です。5肢択一式問題では、事例問題が多数出題されており、非常によい素材です。問題を解くときには必ず図を書いてください。事案分析能力が鍛えられます。

　さらに、民法では、示される事案にさまざまなバリエーションがありますから、その条文の具体的適用場面を強く意識してください。

（5）〈民法〉改正に伴う対策の必要性

　過去問からの分析と対策は以上なのですが、民法においては、もう一つ、意識しておかなければならないことがあります。そうです。ご存知の通り、民法の大改正が令和2年4月1日から施行されます。令和2年度（2020年度）の

行政書士試験は改正民法での出題になりますから、過去問をそのまま使用することができない問題がいくつかあります（前出・民法出題履歴一覧表）。

したがって、民法の記述式過去問の使い方は注意が必要です。まず、民法の記述式過去問は、出題傾向と出題形式を探るのであれば、全問が参考になりますが、**内容的には総則や債権、相続のところで大きな改正があります**ので、問題として成立しないものや、大幅に変更を加えないと改正民法に対応できない問題があります。また、問題はそのまま使用することができても、答えとなる言葉が変更されているものもあります（ex.遺留分減殺請求⇒遺留分侵害額に相当する金銭の支払の請求）。したがって、問題集などを使用するときは、2019年度以前の試験対策用に書かれたものは使用すべきではありません。必ず、**2020年度用に書かれた書籍を使用**してください。

〈今年から受験勉強を開始した方〉

2020年度用に書かれたものを使用して、ひたすら理解と暗記に努めてください。特に、**どこが改正されたかは意識する必要はありません。**ましてや、改正前の知識まで掘り下げることは必要ありません。

〈受験経験がある方〉

旧民法の知識を、改正民法の知識に上書きしていく必要があります。そのためにやるべきことは、2020年度用に作成された**問題集を使用して、徹底的に「択一問題」を解く**ことです。もし、自分の持っている知識と齟齬がある知識に出会ったときには、それが改正点です。その選択肢にマークなどを入れて、**意識的に知識見直し**を行います。さらに**繰り返し問題演習**を行います。そうすることで、改正民法へ知識が上書きされていくはずです。それが実践力を鍛えることにもなりますし一石二鳥です。

このことから、私たちがやるべき民法の記述式問題対策は、

【民法の記述式問題対策】

---

① 択一過去問で出題された基本的な知識をインプットする。
② 法律要件を中心に学習を進める。
　⇒ ある法律効果が生じるためには、具体的にどのような場合なのか、民法に書かれた法律要件の具体的内容をいろいろと想定しておく。
③ 具体的事案に数多くあたることで事案分析能力を高め、実際に条文を適用することで事案を法的にとらえられるようにする。

ということになります。

第4章

〈実戦編〉 民法

傾向と対策　169

問題 1 | 総則（後見開始の審判）

重要度 ★★

　Aは近所のスーパーに行くと言って、一人で買い物にでかけた。Aは1時間ほどして、自宅に帰ってきたが、妻BがAの買い物袋の中を見ると、通常では買わないような高級時計を2つ購入してきていた。Bはなんでこのような時計を買ったのかと問うたところ、Aは「なぜこのような時計を買ったのか覚えていない。」という。時計店に問い合わせたところ、「A様は、時計を見て、いたく気に入られ、購入されて行かれました。」と変わった様子はなかったという。ところが、Aが自分のしたことを覚えていないということが頻繁に起こるようになり、BはAが認知症にでもかかっているのではないかとの疑いをもち、Aに病院で診察させた。その結果、認知症であるとの診察結果となり、BはAの介護を始めた。その後、Bは、Aの財産を守るための制度として、制限行為能力者制度があることを知り、Bが成年後見人となって、Aの財産を守っていきたいと考えている。この場合、Aを成年被後見人とするためには、Aがいかなる状態にあり、また、Bはどこに、どのような請求をしなければならないか。「Aは、」と「Bは、」に続けて、それぞれ25字程度、20字程度で記述しなさい。なお、「Aは、」「Bは、」は文字数には含めない。

Aは、〔　　　　　　　　　　　　　　　　　　　　　　　　　〕、

Bは、〔　　　　　　　　　　　　　　　　　　　　　　　　　〕。

（内容）案件型　（形式）解答欄分割型

手順1 「問い」を正確に把握する

　Bが、Aを成年被後見人とするためには、Aがいかなる状態にあり、Bはどこに、どのような請求をしなければならないか。

手順2 「問いの形」に合わせて「答えの形」をつくる

（問いの形）Aがいかなる状態にあり、Bはどこに、どのような請求をしなければならないか。

（答えの形）Aが○○にあり、Bは□□に○○請求する。

手順3 「答え」を完成させる知識を記憶喚起する

　後見を開始する要件と手続については民法7条が規定しています。

　まず、成年被後見人となる場合には、「精神上の障害により事理を弁識する能力を欠く常況」になければなりません。そして、家庭裁判所は、本人や配偶者などの請求によって、後見開始の審判をすることになります。

　本問では、Aが「精神上の障害により事理を弁識する能力を欠く常況」という状態にあることが必要になります。また、Bは、家庭裁判所に対して、後見開始の審判をすることを請求することになります。

手順4 「問い」に呼応する「答え」をつくる

Aは、

精	神	上	の	障	害	に	よ	り	事	理	弁	識	能	力
を	欠	く	常	況	に	あ	り			、		（23字）		

Bは、

家	庭	裁	判	所	に	後	見	開	始	の	審	判	を	請
求	す	る			。					（18字）				

採点基準

精神上の障害により……………………………………………… 4点

事理弁識能力を欠く常況にあること…………………………… 8点

家庭裁判所に……………………………………………………… 2点

後見開始の審判をすること……………………………………… 6点

問題2　総則（制限行為能力者）

重要度 ★★

成年被後見人Aは、Aが成年被後見人であることを知らないBに対して、A所有の時価30万円のバイクを3万円で売却した。Aは、バイクを3万円で売ってしまったことを、後悔しており、バイクを返してもらいたいと考えている。これを実現するため、Aはバイクの売却の意思表示をどのようにし、それによりAはBに、受け取った金銭をどうしなければならないか。なお、Aは受け取った金銭のうち2万円を競馬で使ってしまい、手元に1万円しか現金は残っていない。40字程度で記述しなさい。なお、Aは意思能力はあるものとする。

（内容）要件・効果型

| 手順1 | 「問い」を正確に把握する |

　成年被後見人Aがバイクの売買契約をしたが当該バイクを返還してほしい場合、Aはどのようにすればよいか。

| 手順2 | 「問いの形」に合わせて「答えの形」をつくる |

（問いの形）Aは売却の意思表示をどのようにし、受け取った金銭をどうしなければならないか。

（答えの形）Aは売却の意思表示を「○○」し、受け取った金銭を「□□」しなければならない。

| 手順3 | 「答え」を完成させる知識を記憶喚起する |

　制限行為能力者の行為は取り消すことができます（9条）。取り消されると、最初に遡って無効とみなされ（121条）、売買契約は最初からなかったこととなります。無効な行為に基づく、債務の履行として給付を受けた者は、相手方を原状に復させる義務を負います（121条の2第1項）。したがって、Aは3万円全額をBに返還すべきとも思われます。しかし、行為の時に制限行為能力者であった場合には、現に利益を受けている限度で返還義務を負います（121条の2第3項）。本問のように、ギャンブルに使ってしまった場合には利益は現存しないと解されています（大判昭7.10.26）。

　具体的には、本問では、Aは競馬に使った2万円は現存利益がありませんので返還する必要はありませんが、1万円は現存利益がありますので、返還する必要があります。Bはバイクがまだ手元にありますので、バイクをそのまま返還する必要があります。

| 手順4 | 「問い」に呼応する「答え」をつくる |

A	は	売	却	の	意	思	表	示	を	取	り	消	し	、
A	は	B	に	、	現	に	利	益	を	受	け	て	い	る
限	度	で	返	還	し	な	け	れ	ば	な	ら	な	い	。

(45字)

採点基準

売却の意思表示を取り消し……………………………………… 10点
現に利益を受けている限度で（1万円を）返還しなければならない … 10点

総則　173

問題 3 | 総則（制限行為能力者の詐術）

　18歳になる未成年者Aが、以前から欲しかった30万円のバイクを購入するため、近所のバイク販売店を訪れた。Aが30万円のバイクを売ってほしいといってきたため、販売店はAにバイクを売却した。その後、Aの親Bがやってきて、「Aはまだ未成年者で、私の同意もなくバイクを買ってしまった。だからバイクの売買契約はなかったことにしてください。このバイクは返すから、購入代金は返してください。」とバイクの売買契約の取り消しを主張してきた。たしかに、親の同意のない未成年者の行為は取り消すことができるが、未成年者が成年者であることを信じさせるため詐術を用いた場合には、その行為は取り消すことはできない。ここで、Aは、バイクの購入に際し、未成年者であることについては特に何も言わなかったが、原則として、それだけでは詐術には該当しない。しかし、Aが未成年者であることを言っていない場合であっても、Aの行為が詐術にあたるものとして契約を取り消すことができなくなる場合がある。それはどのような場合か。「制限行為能力者であることの黙秘が、」に続けて、最高裁判所の判例に基づいて40字程度で記述しなさい。なお、「制限行為能力者であることの黙秘が、」は字数に含めない。

制限行為能力者であることの黙秘が、

(内容)効果型

> 手順1　「問い」を正確に把握する

　Aがバイク販売店から親Bの同意を得ないでバイクを購入した場合、未成年者であることを黙っていたとしても、詐術に該当するとして、未成年者が売買契約を取り消すことができなくなる場合とはどのような場合か。

> 手順2　「問いの形」に合わせて「答えの形」をつくる

（問いの形）どのような場合か。

（答えの形）「〇〇」の場合。

> 手順3　「答え」を完成させる知識を記憶喚起する

　制限行為能力者が行為能力者であることを信じさせるため詐術を用いたときは、その行為を取り消すことができなくなります（民法21条）。

　制限行為能力者であることについて、単に黙秘していた場合には、詐術には該当しませんが、「制限行為能力者の他の言動などと相まって相手方を誤信させ、又は誤信を強めたと認められるとき」には、詐術に該当し、当該行為を取り消すことができなくなります（最判昭44.2.13）。

　本問では、Aは黙っていただけですから、それだけでは詐術には該当しませんが、このようなことが認められる場合には、Aは売買契約を取り消すことができなくなります。

> 手順4　「問い」に呼応する「答え」をつくる

制限行為能力者であることの黙秘が、

制限行為能力者の他の言動などと相まって相手方を誤信させ、又は誤信を強めたと認められるとき。

（45字）

採点基準

制限行為能力者の他の言動などと相まって……………………… 6点
相手方を誤信させ………………………………………………… 6点
又は………………………………………………………………… 2点
誤信を強めたと認められるとき………………………………… 6点

問題4 　総則（心裡留保） 重要度 ★★

　Aは、30万円のスクーターを売却する意思もないのに、友人Bに対して冗談で「このスクーターを1万円で売りますよ。」という意思表示をした。Bは、当該売買契約に基づき、Aに対してこのスクーターの引渡しを請求した。この場合、売買契約は、原則として有効であるから、AはBにスクーターを引き渡さなければならない。しかし、当該売買契約が無効になる場合がある。それはどのような場合か。40字程度で記述しなさい。なお、売買契約時、Aは意思能力に欠けるところはなく、売買契約が公序良俗に反してもいない。

（内容）要件型

手順1　「問い」を正確に把握する

　AがBに対して冗談でスクーターを売却する意思表示をした場合、当該売買契約が無効になる場合はどのような場合か。

手順2　「問いの形」に合わせて「答えの形」をつくる

（問いの形）どのような場合か。

↓

（答えの形）「○○」の場合。

手順3　「答え」を完成させる知識を記憶喚起する

　Aは売却の意思がないのに売却の意思表示をしています。このような意思表示を心裡留保といいますが、心裡留保は原則として有効です（93条1項本文）。しかし、相手方がその意思表示が表意者の真意でないことを知り、または知ることができたときは、その意思表示は、無効となります（93条1項ただし書）。本問では、Aが真意ではなく、冗談でスクーターの売却の意思表示をしたことについて、相手方であるBが知り、または知ることができたときには、無効となります。

手順4　「問い」に呼応する「答え」をつくる

B	が	、	A	の	意	思	表	示	が	A	の	真	意	で
は	な	い	こ	と	を	知	り	、	ま	た	は	知	る	こ
と	が	で	き	た	場	合	。							

（38字）

採点基準

Aの真意でないことについてBが知っている……………………… 10点

Aの真意でないことについてBが知ることができた……………… 10点

総則　177

| 問題 5 | 総則（94条2項の第三者） | 重要度 |

次の【設問】を読み、【答え】の中の〔　　　〕に適切な文章を40字程度を記述して、設問に関する解答を完成させなさい。

【設問】

Aは自己の所有する甲土地をBと通謀してBに売却（仮装売買）し、所有権移転登記を経た。その後、Bは甲土地の登記名義がBになっていることをいいことに、自己の債務を担保するため、Aに無断でCのために抵当権を設定した。この場合、Aは、善意のCに対して、AB間の売買の無効をCに対抗することができるか。

【答え】

AはCに対して、AB間の売買の無効をCに対抗することはできません。民法94条2項では、虚偽表示による意思表示の無効は、「善意の第三者に対抗することができない。」とされています。この「第三者」の意義について判例は、「虚偽の意思表示の当事者または〔　　　〕」とするとしています。本件Cは、表示の目的である甲土地につき、抵当権という「法律上の利害関係」を有していますから、94条2項の「第三者」に該当します。したがって、Aは善意の第三者Cに対して、AB間の売買の無効を対抗することはできません。

（内容）基本概念定義型　（形式）空欄補充型

手順1	「問い」を正確に把握する

　売買契約が虚偽表示により無効である場合に、その無効を善意の第三者に対抗することができるか。

手順2	「問いの形」に合わせて「答えの形」をつくる

（答えの形）「第三者」の意義について判例は、〔　　　　　　　〕とするとしています。

手順3	「答え」を完成させる知識を記憶喚起する

　【答え】がそのまま、本事例の解説になりますが、「第三者」の意義については、判例（最判昭45.7.24）は「虚偽の意思表示の当事者またはその一般承継人以外の者であって、その表示の目的につき法律上利害関係を有するに至った者」としています。本問では、「虚偽の意思表示の当事者または」はすでに書かれていますので、その後の部分を書くことになります。

手順4	「問い」に呼応する「答え」をつくる

その一般承継人以外の者であって、その表示の目的につき法律上利害関係を有するに至った者

（42字）

採点基準

　その一般承継人以外の者……………………………………………… 6点

　その表示の目的につき………………………………………………… 6点

　法律上利害関係を有するに至った者………………………………… 8点

総則　179

問題6 | 総則（錯誤）

重要度
★★★

AはBに対して、時価100万円の自動車を売却しようと考えた。そこで、Bに自動車売却の申込みの手紙を送付した。ところが、自動車の価格を「100万円」と記載すべきところ、誤って「100円」と誤記し送付してしまったが、Aは誤記に気づいていない。その後、Bから100円で買いたいという承諾が来たため、その誤記に気がついた。なお、B自身には錯誤はない。錯誤に基づく申込みは取り消すことができるのが原則であり、例外的に、錯誤がAの重大な過失によるものである場合には取り消すことができなくなる。しかし、その場合でも、Aが取り消すことができる場合があるが、それはどのようなときか。40字程度で記述しなさい。

（内容）要件型

> 手順1　「問い」を正確に把握する

　錯誤に基づく意思表示をした場合、原則取り消すことができ、例外的に表意者に重過失があった場合には取り消すことができない。しかし、その場合でも取り消すことができる場合はどのようなときか。

> 手順2　「問いの形」に合わせて「答えの形」をつくる

（問いの形）Aが取り消すことができる場合はどのようなときか。

（答えの形）○○のとき。

> 手順3　「答え」を完成させる知識を記憶喚起する

　まず、意思表示に対応する意思を欠く錯誤の場合、その錯誤が重要なものであれば取り消すことができます（95条1項柱書・1号）。ただし、錯誤が表意者の重大な過失によるものであった場合には、取り消すことができなくなります（95条3項柱書）。しかし、このような場合でも、①相手方が表意者に錯誤があることを知り、または重大な過失によって知らなかったとき（95条3項1号）と、②相手方が表意者と同一の錯誤に陥っていたとき（95条3項2号）の場合には、表意者は取り消すことができることになります。なお、本問ではB自身には錯誤はないため、②は記述する必要はありません。

> 手順4　「問い」に呼応する「答え」をつくる

　BがAに錯誤があることを知り、または重大な過失によって知らなかったとき。

（36字）

採点基準

　BがAの錯誤について知っているとき……………………………10点
　BがAの錯誤について重大な過失により知らなかったとき…………10点

総則　181

問題 7	総則（強迫）	重要度 ★★★

　X所有の甲土地（以下、「甲」という。）が、XからY、YからZへと売買された。登記は現在Y名義である。ＸＹ間の売買契約について、XがYに強迫されて、安価で売却したものであれば、Xはそれを理由にＸＹ間の売買契約を取り消すことができる。この場合、XがZから甲土地を取り戻すことができるのはどのような場合か。甲土地のYからZへの売却が、Xの取消前の場合と取消後の場合に分けて、「取消前の場合には」に続けて40字程度で記述しなさい。なお、取消前の場合には、Yの強迫についてのZの善意悪意に言及しなさい。また、Zは背信的悪意者でないものとする。また、「取消前の場合には」は字数に算入しない。

（内容）要件型

手順1	「問い」を正確に把握する

　Ｘ⇒Ｙ⇒Ｚと甲の所有権が移転したが、ＸＹ間の売買が強迫により行われた場合、ＸがＺから甲土地を取り戻すことができるのは取消前と取消後でどのような場合か。

手順2	「問いの形」に合わせて「答えの形」をつくる

（問いの形）取消前の場合と取消後の場合で、どのような場合か。

↓

（答えの形）取消前の場合は「○○」、取消後の場合は「□□」のような場合。

手順3	「答え」を完成させる知識を記憶喚起する

　強迫による意思表示をしたＸがＺから甲土地を取り戻せる場合とは、

　Ｚへの譲渡がＸの取消前の場合は、第三者Ｚが強迫につき善意でも悪意でもできます。

　Ｚへの譲渡がＸの取消後の場合は、Ｘが先に甲土地の所有権登記を備えた場合にできます。

手順4	「問い」に呼応する「答え」をつくる

（取消前の場合には）

Ｚ	が	Ｙ	の	強	迫	に	つ	き	善	意	悪	意	問	わ
ず	に	で	き	、	取	消	後	の	場	合	は	Ｘ	が	先
に	甲	の	所	有	権	登	記	を	経	た	場	合	。	

（44字）

採点基準

　ＺがＹの強迫につき善意悪意問わずにでき‥‥‥‥‥‥‥‥‥‥‥‥‥10点

　取消後の場合はＸが先に甲の所有権登記を経た場合‥‥‥‥‥‥‥‥10点

総則　183

| 問題 8 | 総則
（任意代理人による復代理人の選任） | 重要度
★★ |

Xは、自己所有の甲土地を売却したいと思っていたが、不動産の専門知識がなく、土地の相場や、売却相手の探し方、売却が決まった際の契約手続きなどに不安があった。Xは友人Yが、かつて不動産会社で仕事をしていて、不動産売買の経験があり、不動産取引に強いことを思い出した。そこでXは、Yを代理人に選任して、甲土地の売却を手伝ってもらうことにした。YはXの代理人として、土地の相場を調査し、売却相手を探し始めた。ところがYは、他にも不動産売却のお手伝いを請け負っている関係もあり、Xの代理人としての仕事ばかりをすることもできなくなってきた。そこで、Yは復代理人を選任したいと考えている。この場合、Yはどのようなときに復代理人を選任できるか。民法の規定に従い40字程度で記述しなさい。

（内容）要件・効果型

| 手順1 | 「問い」を正確に把握する |

　Xから選任された代理人Yが復代理人を選任したいと考えている場合、Yはどのようなときに復代理人を選任できるか。

| 手順2 | 「問いの形」に合わせて「答えの形」をつくる |

（問いの形）どのようなときに選任できるか。

↓

（答えの形）○○とき選任できる。

| 手順3 | 「答え」を完成させる知識を記憶喚起する |

　まず、YはXから代理人として選任されていますから、Yは任意代理人といえます。任意代理人が復代理人を選任できる場合は、民法104条が規定しています。民法104条では、「本人の許諾を得たとき」または「やむを得ない事由があるとき」に選任することができるとされてます。

| 手順4 | 「問い」に呼応する「答え」をつくる |

本人の許諾を得たとき、またはやむを得ない事由があるときに選任できる。

（34字）

採点基準

　本人の許諾を得たときに選任できる……………………………………… 10点
　やむを得ない事由があるときに選任できる…………………………… 10点

総則　185

問題9	総則（代理権の消滅事由）	重要度 ★★

　XはYの息子であるが、Yが年老いて認知症を患ったため、家庭裁判所の後見開始の審判により、Yは成年被後見人となり、XはYの成年後見人に選任された。この場合、Xの代理権が消滅するのはどのような場合か。民法の規定に従い、40字程度で記述しなさい。

									10					15

（内容）要件型

| 手順1 | 「問い」を正確に把握する |

法定代理人の代理権が消滅するのはどのような場合か。

| 手順2 | 「問いの形」に合わせて「答えの形」をつくる |

（問いの形）どのような場合か。

（答えの形）○○の場合。

| 手順3 | 「答え」を完成させる知識を記憶喚起する |

代理権が消滅する事由については、民法111条が規定しています。それによれば、

① 本人の死亡
② 代理人の死亡
③ 代理人が破産手続開始の決定を受けたこと
④ 代理人が後見開始の審判を受けたこと

委任による代理の場合には、委任の終了によっても消滅します（民法111条2項）が、本件は、成年後見人の代理権、つまり法定代理の問題ですから、2項の適用はありません。

| 手順4 | 「問い」に呼応する「答え」をつくる |

代理人の死亡又は代理人が破産手続開始の決定若しくは後見開始の審判を受けたこと。

(39字)

採点基準

死亡したこと……………………………………………… 8点
破産手続開始の決定を受けたこと……………………… 6点
後見開始の審判を受けたこと…………………………… 6点

問題 10 | 総則（代理権の濫用）

　S社で販売するみかんの缶詰の仕入れと売却をする代理権限を有する主任Aは、みかんの缶詰を転売して自己の利益を図る目的で、S社名義でP社からみかんの缶詰を100万円分購入し、そのみかんの缶詰をR社へ売却し、その売買代金を自分の遊興費に使ってしまった。S社からの売却代金の払い込みがないので、P社が代金の支払いを請求した。この場合、S社は原則として代金を支払わなければならないが、例外的に支払いの責任を負わない場合がある。それはどのような場合か。40字程度で記述しなさい。

（内容）要件型

| 手順1 | 「問い」を正確に把握する |

代理人Ａが自己の代理権の範囲内に該当するみかんの売買行為を、代理人の利益のために行ったときに、本人Ｓ社が支払いを免れる場合。

| 手順2 | 「問いの形」に合わせて「答えの形」をつくる |

（問いの形）どのような場合か。

↓

（答えの形）「△△」の場合。

| 手順3 | 「答え」を完成させる知識を記憶喚起する |

代理人がその代理権の範囲内に該当する行為を自己の利益のために行った場合（代理権の濫用の場合）であっても、代理権の範囲内である以上は、無権代理とはならず、代理人の行った行為の効力は本人に帰属することになります。したがって、本問でも、原則として、Ｓ社はＰ社に売却代金100万円を支払わなければなりません。

しかし、相手方が、代理人の目的を知りまたは知ることができた場合には、その行為は、代理権を有しない者がした行為とみなされます（107条）。したがって、本問では、Ｐ社がＡの目的を知りまたは知ることができた場合には、代金の支払いを免れることになります。

| 手順4 | 「問い」に呼応する「答え」をつくる |

										10					15
Ｐ	社	が	Ａ	の	目	的	を	知	り	、	ま	た	は	知
る	こ	と	が	で	き	、	Ｐ	社	に	そ	の	効	果	が
帰	属	し	な	い	場	合	。								

(38字)

採点基準

Ｐ社がＡの目的を知っていた場合………………………………… 10点

Ｐ社がＡの目的を知ることができた場合……………………… 10点

第4章

〈実戦編〉民法

総則　189

問題 11　総則（無権代理人の責任）

重要度 ★★★

　Aは友人Bから、「こんど転勤になったので、今住んでいる自宅を売りたいんだけれど、この甲土地と乙建物を買ってくれるような人を探しているんだよね。いい人がいたら紹介してくださいね。」と言われていた。それを聞いたAは、前にCから、「いま自宅を探しているんです。」と言っていたのを思い出し、Bの代理人として、B所有の甲土地と乙建物についてCと売買契約を締結した。Aは自己に代理権がないことを知らず、Bから代理権を付与されたと主張している。また、Aには行為能力があり、Cは、Aが代理権を有していないことを知らず、また知らないことに過失もなかった。この場合、Aは、原則として相手方Cの選択にしたがって、甲土地と乙建物の引渡し債務を履行するか、またはCに対して損害賠償する責任を負うが、例外的に、これらの責任を負わない場合がある。それはいかなる要件を満たしたときであるか。40字程度で記述しなさい。

（内容）要件型

| 手順1 | 「問い」を正確に把握する |

無権代理人が履行または損害賠償の責任を負わない場合の要件。

| 手順2 | 「問いの形」に合わせて「答えの形」をつくる |

（問いの形）いかなる要件を満たしたときか。

↓

（答えの形）「○○」を満たしたとき。

| 手順3 | 「答え」を完成させる知識を記憶喚起する |

　他人の代理人として契約した者は、原則として、相手方の選択に従い、相手方に対して履行または損害賠償の責任を負いますが、自己の代理権を証明したとき、または本人の追認を得たときには、その責任を負いません（117条1項）。また、自己の代理権を証明できず、本人の追認を得られない場合でも、①無権代理であることにつき相手方が悪意の場合、②無権代理人自身が無権代理であることにつき悪意でなく、相手方が無権代理であることにつき過失によって知らなかったとき、③代理人が制限行為能力者である場合にも責任を負いません（117条2項）。

　本問では①②③の事情はありませんから、Aは、原則として無権代理人としての責任を負いますが、Aが自己の代理権を証明したとき、または本人の追認を得たときには、これらの責任を負うことになります。

| 手順4 | 「問い」に呼応する「答え」をつくる |

A	が	、	自	己	の	代	理	権	を	証	明	し	た	と
き	、	ま	た	は	B	の	追	認	を	得	た	と	き	。

(30字)

採点基準

Aが自己の代理権を証明したとき……………………………………… 10点

Bの追認を得たとき…………………………………………………… 10点

第4章

〈実戦編〉 民法

総則　191

問題 12 | 総則（期限の利益の喪失）

Aは新しく事業を始める資金を得るため、自己所有の貴金属を300万円で売却することとした。Aが売却先をさがし始めたところ、平成29年8月31日に、すべての貴金属を買いたいとの申し出がBからあり、Aは当該貴金属を300万円でBに売却することとした。AB間の貴金属の売買契約においては、貴金属の引渡しは平成30年4月18日、売買代金300万円の弁済期限は契約成立から1年後の平成30年8月31日とされた。また、Aは、この売買代金債権を担保するため、時価500万円のB所有の甲建物に抵当権を設定した。現在は平成30年4月20日であり、貴金属はAからBに引き渡されている。この場合、Bは、弁済期限の平成30年8月31日が到来するまでは300万円の支払いをしなくてもよいことになるが、民法の規定によれば、弁済期到来前であっても、AがBに対して弁済を求めることができる場合がある。それはBにどのような事情があった場合か。40字程度で記述しなさい。

（内容）要件型

> **手順1** 「問い」を正確に把握する

　弁済期到来前にAがBに弁済を求めることができる場合とはどのような場合か。

> **手順2** 「問いの形」に合わせて「答えの形」をつくる

（問いの形）どのような場合か。

（答えの形）○○の場合。

> **手順3** 「答え」を完成させる知識を記憶喚起する

　通常、契約において弁済期限が定められている場合には、その期限がくるまでは弁済をする必要がありません。これを期限の利益といいます。しかし、債務者側に以下のような事情がある場合には、債務者は期限の利益を主張することができなくなります（137条・期限の利益の喪失）。

　① 債務者が破産手続開始の決定を受けたとき。
　② 債務者が担保を滅失させ、損傷させ、又は減少させたとき。
　③ 債務者が担保を供する義務を負う場合において、これを供しないとき。

　本問では、Bは担保を供していますので、③は問題とはなりません。そうすると、①②があるときには、期限の利益を主張することができなくなります。そのため、弁済期到来前でも、BはAから売買代金を請求されたら弁済しなければならないということになります。

> **手順4** 「問い」に呼応する「答え」をつくる

Bが破産手続開始の決定を受けたとき、Bが担保を滅失、損傷、減少させたとき。

(37字)

採点基準

　B（債務者）が破産手続開始の決定を受けたとき……………10点
　B（債務者）が担保を滅失、損傷、減少させたとき……………10点

| 問題 13 | 総則
（裁判上の請求による時効の完成猶予・更新） | 重要度
★ ★ ★ |

AはBに対して平成26年11月28日を弁済期限として1000万円を貸し付けた。Bが弁済しないまま、弁済期限から4年以上が経過し、令和元年5月13日となった。この時点で、Aは、Bに対して「早く返してください」と手紙を出したが、Bから一向に連絡が来なかったため、Aは令和元年7月20日、Bを相手取って貸金返還請求訴訟を提起した。現在、弁済期から5年経過し、令和元年11月29日となり、訴訟は依然として継続中である。ここで、債権の消滅時効の完成期間は経過しているが、①本件債権の時効は完成しないとされる。それはなぜか。また、その後、Aが訴訟で勝訴し、その判決が確定した場合には、その時から新たに時効の進行が始まるが、②そのことを何というか。さらに、Aが判決が出る前に訴えを取り下げた場合でも、その時からさらに一定期間、時効は完成しないとされるが、③その期間はどのぐらいか。40字程度で記述しなさい。なお、解答する場合には、①②③の各設問についての解答がわかるように、それぞれの解答の頭に①②③の数字をつけて答えなさい。

									10					15

（内容）要件・効果型＋基本概念定義型

手順1　「問い」を正確に把握する

　①裁判上の請求を行った場合、消滅時効期間を経過しても時効完成しないが、それはなぜか。②時効期間が新たに進行することを何というか。③訴えを取り下げた場合に時効完成しない期間はどのぐらいか。「問い」が3つあることに注意が必要です。

手順2　「問いの形」に合わせて「答えの形」をつくる

（問いの形）①それはなぜか。②そのことを何というか。③その期間はどのぐらいか。

（答えの形）①○○だから。②□□という。③△△（←期間が入る）。

手順3　「答え」を完成させる知識を記憶喚起する

　債権の履行を請求する訴訟の提起（裁判上の請求）がある場合、裁判が終了するまでの間は時効は完成せず（147条1項1号）、時効の完成が猶予されます（147条柱書）。これを「時効の完成が猶予される」といいます。そして、確定判決によって権利が確定したときは、時効は裁判が終了したときから新たに時効の進行を始めます（147条2項）。これを「時効の更新」と呼びます（147条柱書）。訴えの取下げなど、権利が確定せずに裁判が終了した場合でも、裁判が終了した時から6か月を経過するまでの間は時効の完成が猶予されます（147条1項かっこ書）。

手順4　「問い」に呼応する「答え」をつくる

①	裁	判	が	終	了	す	る	ま	で	の	間	、	時	効
の	完	成	が	猶	予	さ	れ	る	か	ら	。	②	時	効
の	更	新	と	い	う	。	③	6	か	月	で	あ	る	。

（45字）

採点基準

　裁判が終了するまでの間、時効の完成が猶予されるから……………　8点

　時効の更新という……………………………………………………………　6点

　6か月……………………………………………………………………………　6点

第4章

〈実戦編〉民法

総則　195

問題 14　総則（取得時効の要件）

重要度 ★★★

　Aは、甲建物がBの所有であることを知りつつ、甲建物に居住している。この場合、Aが甲建物を時効取得するためには、どのような要件を満たす必要があるか。40字程度で記述しなさい。

（内容）要件型 （形式）一行問題型

手順1	「問い」を正確に把握する

　AがB所有の甲建物を時効取得するための要件。

手順2	「問いの形」に合わせて「答えの形」をつくる

（問いの形） どのような要件。

↓

（答えの形） 「○○」ということ。

手順3	「答え」を完成させる知識を記憶喚起する

　所有権を時効取得するための要件は162条に規定されています。

　①20年間、②所有の意思をもって、③平穏に、かつ、④公然と、⑤他人の物を占有です。

　なお、占有開始の際に、善意かつ無過失の場合には、要件が緩和され、10年間の占有で時効取得できますが、本問では、AはBの所有であることにつき悪意ですので、20年ということになります。

手順4	「問い」に呼応する「答え」をつくる

A	が	、	2	0	年	間	、	所	有	の	意	思	を	も
っ	て	、	平	穏	に	、	か	つ	、	公	然	と	甲	建
物	を	占	有	す	る	こ	と	。						

（39字）

採点基準

Aが20年間 ………………………………………………………… 8点

所有の意思をもって ……………………………………………… 4点

平穏に、かつ、公然と …………………………………………… 4点

甲建物を占有すること …………………………………………… 4点

第4章　《実戦編》民法

総則　197

問題 15 | 総則（消滅時効）

　AはBに対し、行政書士試験に合格したら弁済してもらうこととし平成31年4月20日に100万円を貸し付けた。令和2年1月29日にBは行政書士試験に合格した。AがBに対して請求等、権利行使をしなかった場合、この100万円の貸金債権が時効によって消滅するのはいつか。40字程度で記述しなさい。

（内容）要件型

> **手順1** 「問い」を正確に把握する

貸金債権が時効消滅するのはいつか。

> **手順2** 「問いの形」に合わせて「答えの形」をつくる

（問いの形）時効によって消滅するのはいつか。

↓

（答えの形）○○（←期間を答える）。

> **手順3** 「答え」を完成させる知識を記憶喚起する

　債権は原則として、権利者が権利を行使することができることを知った時から5年間行使しないときに時効によって消滅します（166条1項1号）。また、権利を行使することができる時から10年間行使しないときにも時効によって消滅します（166条1項2号）。

　したがって、本問では、AがBの行政書士試験合格を知った時から5年後（5年間）、または、Bの行政書士試験合格時から10年後（10年間）で時効によって消滅することになります。

> **手順4** 「問い」に呼応する「答え」をつくる

A	が	B	の	行	政	書	士	試	験	合	格	を	知	っ
た	時	か	ら	5	年	後	、	ま	た	は	B	の	行	政
書	士	試	験	合	格	時	か	ら	1	0	年	後	。	

（44字）

採点基準

　　AがBの行政書士試験合格を知った時から5年後⋯⋯⋯⋯⋯⋯⋯⋯10点

　　Bの行政書士試験合格時から10年後 ⋯⋯⋯⋯⋯⋯⋯⋯⋯⋯⋯⋯⋯10点

第4章　〈実戦編〉 民法

総則　199

	重要度
問題 16 総則（援用権の喪失）	★ ★

次の【Ｘの相談】に対して、【回答】が用意されている。この【回答】中、2か所の〔　　　　〕に入る適切な文章を、最高裁判所の判例に基づいて、それぞれ15字〜20字程度で記述しなさい。なお前半の〔　　　　〕には、Ｙの債務の承認の趣旨を、後半の〔　　　　〕には、回答のような結論をとる根拠を書きなさい。

【Ｘの相談】

　私は、平成18年4月1日、Ｙに対して、利息年1割、弁済期を平成19年5月1日として、100万円を貸し付けました。弁済期到来後、私は、弁済の催告や請求を一切行わなかったのですが、平成29年5月13日になって、Ｙの方から私に対して、「Ｘさんから借りている100万円は、なんとか今年中に返済します。」と言ってきたんです。ですので、私はＹを信用して待っていたのですが、平成30年になっても、Ｙから弁済がなされなかったので、平成30年4月18日に、Ｙに対して貸金の弁済を請求したのです。ところが驚いたことに、Ｙは私からの請求に対して「この債務は既に時効消滅しているから、弁済しません。」と言ってきたのです。この債務は時効消滅しているのでしょうか。そして、私はＹから貸したお金を返してもらえないのでしょうか。

【回答】

　Ｙが、あなたに対する債務について、時効完成後、あなたに対して返済すると言ったわけですが、これを債務の承認といいます。時効完成後に債務の承認をした場合、Ｙが時効完成の事実を知らなかったときでも、その後、当該債務についてその完成した消滅時効の援用をすることは許されません。したがって、あなたは、Ｙから貸金を返してもらうことができます。これは条文には書いていないのですが、判例が述べています。時効の完成後に、Ｙが債務の承認をすることは、時効による債務消滅の主張と相容れない行為です。ですから、あなたにおいても〔　　　　〕であると考えるので、その後においてはＹに時効の援用を認めないものと解するのが、〔　　　　〕からです。

										10					15

| | | | | | | | | であると考えるので、 |

										10					15

| | | | | | からです。 |

200

（内容）条文趣旨型　（形式）解答分割型・空欄補充型

手順1	「問い」を正確に把握する

　時効完成後に債務を承認した場合の、債務の承認の趣旨と、援用権を行使できない根拠。

手順2	「問いの形」に合わせて「答えの形」をつくる

（答えの形） あなたにおいても〔　　　　　〕であると考えるので、その後においてはYに時効の援用を認めないものと解するのが、〔　　　　　〕からである。

手順3	「答え」を完成させる知識を記憶喚起する

　時効完成後に債務の承認がなされた場合、債務者が時効完成の事実を知らなかったとしても、時効を援用することは許されないとするのが判例（最大判昭41.4.20）です（援用権の喪失）。

《時効完成後の債務承認に関する判例（最大判昭41.4.20）》

　「時効の完成後、債務者が債務の承認をすることは、時効による債務消滅の主張と相容れない行為であり、相手方においても債務者はもはや時効の援用をしない趣旨であると考えるであろうから、その後においては債務者に時効の援用を認めないものと解するのが、信義則に照らし、相当であるからである。また、かく解しても、永続した社会秩序の維持を目的とする時効制度の存在理由に反するものでもない。」

手順4	「問い」に呼応する「答え」をつくる

　　　　　　　　　　　　　　　　　　　　　　　　　　10　　　　　　　15

債	務	者	は	も	は	や	時	効	の	援	用	を	し	な
い	趣	旨												

であると考えるので、
（18字）

　　　　　　　　　　　　　　　　　　　　　　　　　　10　　　　　　　15

信	義	則	に	照	ら	し	、	相	当	で	あ	る		

からです。
（13字）

採点基準

　債務者はもはや時効の援用をしない趣旨‥‥‥‥‥‥‥‥‥‥‥10点
　信義則に照らし、相当である‥‥‥‥‥‥‥‥‥‥‥‥‥‥‥‥‥10点

総則　201

問題 17 　物権総論（物権的請求権）

重要度 ★★

　電化製品を販売しているAは、Aの店舗にて、洗濯機を購入した顧客Bから、古い洗濯機・乾燥機を引き取った。Aはかねてから、顧客から引き取った古い電化製品の処分を、廃棄物処理業者Cに委託していた。AはCが適法に、その洗濯機・乾燥機を廃棄処分していると思っていた。ところが、Cは、山林にあるX所有の甲土地にそれを不法投棄していた。Xが甲土地を訪れた際、洗濯機・乾燥機が大量に廃棄されていることを発見したので、だれが廃棄しているのかを調べたところ、CがAから委託を受けた電化製品を廃棄していることが明らかになった。この場合、Xは、Aに対しては、原状回復のため、いかなる権利に基づき、いかなる請求ができるか。また、Cに対しては、投棄した電化製品の収去に代えて、いかなる根拠に基づき、いかなる請求ができるか。40字程度で記述しなさい。

（内容）要件・効果型

手順1 「問い」を正確に把握する

CがAから預かった電気機器を、X所有の甲地に不法投棄していた場合。Xは、Aに、いかなる権利に基づき、いかなる請求ができるか。また、Cに、いかなる根拠に基づき、いかなる請求ができるか。

手順2 「問いの形」に合わせて「答えの形」をつくる

（問いの形）Xは、Aには、いかなる権利に基づき、いかなる請求ができるか。また、Cには、いかなる根拠に基づき、いかなる請求ができるか。

（答えの形）Xは、Aには、「○○」権に基づき、「□□」請求ができ、また、Cには、「△△」に基づき、「××」請求ができる。

手順3 「答え」を完成させる知識を記憶喚起する

所有権者には、所有権に基づいて、妨害排除請求権が当然に認められます。

本問の古い洗濯機・乾燥機は、A所有となっています。したがって、Xは甲地の原状回復のため、Aに対して、所有権に基づいて妨害排除請求ができます。

また、他人の不法行為によって損害が生じた場合には、不法行為者に対して、損害賠償請求ができます（709条）。

本問の、Cの不法投棄により生じた廃棄物の処分に費用は、不法行為に基づく損害ですから、Xは、Cに対して、不法行為に基づく損害賠償請求ができます。

手順4 「問い」に呼応する「答え」をつくる

Aに対し、甲地所有権に基づき妨害排除請求、Cに対し、不法行為に基づき損害賠償請求ができる。

（45字）

採点基準

Aに対し	2点
甲地の所有権に基づき妨害排除請求	8点
Cに対し	2点
不法行為に基づき損害賠償請求	8点

| 問題 18 | 物権総論
（指図による占有移転の要件） | 重要度
★ ★ |

スーパーマーケットを営むAは、経営する店舗で販売するためのカップラーメンを、食品メーカーBから購入した。2週間後に販売するため、Aは、その所有するカップラーメンをBの倉庫に預け、カップラーメンはBが占有していた。その後、セール用に、早急にカップラーメンを必要としていたCが、市価よりも少し割高でカップラーメンを買ってくれるというので、AはCと当該カップラーメンの売買契約をCと締結した。現在、カップラーメンはBの倉庫に預けたままの状態である。この場合、Cは、どのような要件のもとであれば、Bにカップラーメンを預けたままで、カップラーメンの占有権を取得することができるか。40字程度で記述しなさい。

								10					15	

（内容）要件型

| 手順1 | 「問い」を正確に把握する |

　AがBの倉庫に預けているA所有のカップラーメンについて、Cは、どのような要件のもとであれば、Bに預けたままで、その占有権を取得することができるか。

| 手順2 | 「問いの形」に合わせて「答えの形」をつくる |

（問いの形）Cは、どのような要件のもとであれば、Bにカップラーメンを預けたままで、カップラーメンの占有権を取得することができるか。

↓

（答えの形）「○○」という要件。

| 手順3 | 「答え」を完成させる知識を記憶喚起する |

　占有を取得する方法には、①現実の引渡し（182条1項）、②簡易の引渡し（182条2項）、③占有改定（183条）、④指図による占有移転（184条）があります。

　本問は、占有物を他人に預けたまま、占有権を取得する場合ですから、指図による占有移転の場合です。その要件は、

①本人が代理人に対して、以後第三者のためにその物を占有することを命じ
②第三者がこれを承諾したとき

です。

| 手順4 | 「問い」に呼応する「答え」をつくる |

A	が	B	に	対	し	て	、	以	後	C	の	た	め	に
カ	ッ	プ	ラ	ー	メ	ン	を	占	有	す	る	こ	と	を
命	じ	、	C	が	こ	れ	を	承	諾	し	た	と	き	。

（45字）

採点基準

　AがBに対して……………………………………………………… 4点

　以後Cのためにカップラーメンを占有することを命じ……………… 8点

　Cがこれを承諾したとき……………………………………………… 8点

物権総論　205

問題 19 | 物権総論（占有の態様等に関する推定）

重要度 ★★

　Xは甲土地（以下、「甲」という。）をAから購入した。その後、Yも、土地の所有者であると称する登記名義人Aから甲土地を購入し、この土地の上に乙建物（以下、「乙」という。）を建てて平成20年4月28日より居住している。この時点では、XYいずれも甲土地の所有権移転登記を経ていない。平成30年7月18日になり、Xは、甲ではYが乙を建てて居住していることを知った。Xは、急いで甲の登記を確認したところ、いまだ所有権はA名義だったため、Xに所有権移転登記をし、Yに対して、乙収去甲明渡請求訴訟を提起した。

　この訴訟において、Yは、平成20年4月28日より乙に居住し始め、現在も甲を占有していることと、自己に過失がないことを証明し、甲の所有権の時効取得を主張した。Xはこれを否定する反対の証明ができなかったため、裁判所は、Yが主張する甲の時効取得の成立要件を満たすと認め、Xの請求を棄却する判決をした。

　本件において、裁判所がYの上記の主張のみで甲の時効取得の成立要件を満たすと認定した理由について、「なぜならば、民法の規定によれば、設問における事項を証明した占有者Yは、」に続けて、40字程度で記述しなさい。

なぜならば、民法の規定によれば、設問における事項を証明した占有者Yは、

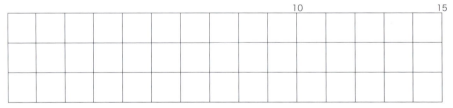

（内容）要件型

手順1　「問い」を正確に把握する

　甲土地がXYに二重譲渡され、Xが先に登記を得たが、Yが平成20年4月28日と現時点での占有と無過失を証明し、Xからの反証がなかったため、裁判所がYの時効取得を認めた事例。裁判所がYの上記の主張のみで甲土地の時効取得の成立要件を満たすと認定した理由。

手順2　「問いの形」に合わせて「答えの形」をつくる

（問いの形）裁判所が甲の時効取得の成立要件を満たすと認定した理由。

（答えの形）「○○」だからである。

手順3　「答え」を完成させる知識を記憶喚起する

　所有権の時効取得の要件は、①20年間、②所有の意思をもって、③平穏、かつ、④公然と、⑤他人の物を占有です。善意でかつ無過失の場合には、①は10年間の占有で時効取得できます（162条）。10年の占有での時効取得が認められるためには、②〜⑤の他、①10年間の占有と、占有開始時の⑥善意、⑦無過失が必要です。

　そして、占有者は、所有の意思をもって、善意で、平穏に、かつ、公然と占有するものと推定されます（186条1項）。

　さらに、占有の前後の両時点での占有の証拠があれば、10年間占有が継続したものと推定されます（186条2項）。

　本問では、Yは、占有開始時点の占有と、現時点での占有、さらには、占有開始時の無過失を証明し、Xからの反証がありませんから、要件はすべて満たされています。

手順4	「問い」に呼応する「答え」をつくる

なぜならば、民法の規定によれば、設問における事項を証明した占有者Yは、

所	有	の	意	思	を	も	っ	て	、	善	意	で	、	平
穏	か	つ	公	然	と	、	1	0	年	間	継	続	し	て
占	有	す	る	と	推	定	さ	れ	る	か	ら	。		

(43字)

採点基準

所有の意思をもって善意で……………………………………… 6点

平穏かつ公然と…………………………………………………… 4点

10年間継続して占有する ……………………………………… 6点

推定されるから…………………………………………………… 4点

❖**MEMO**❖

第4章

〈実戦編〉 民法

物権総論　209

問題 20 | 物権総論（占有保全の訴え）

　Aは念願だったマイホームを敷地の所有権とともに購入した。ある日、地震が来たが、Aの建物は最新の耐震工法で建築されていたため、特に損傷することもなく、また土地も何ら問題はなかった。ところが、B所有の隣地については、Aとの土地の境界線に立っているBの塀が、地震の影響によってAの敷地側に倒壊しそうになっている。塀が倒壊しそうになっていることについて、AはBに対して、民法の明文上、いかなる訴えによって、どのような請求をすることができるか。40字程度で記述しなさい。

（内容）効果型

> 手順1　「問い」を正確に把握する

　B所有土地に建つ塀がA所有土地に倒壊しそうになっている場合、AはBに対して、民法の明文上、いかなる訴えによって、どのような請求をすることができるか。

> 手順2　「問いの形」に合わせて「答えの形」をつくる

（問いの形）いかなる訴えによって、どのような請求をすることができるか。

（答えの形）「〇〇」の訴えによって、「□□」請求することができる。

> 手順3　「答え」を完成させる知識を記憶喚起する

　民法199条によれば、占有者が、その占有を妨害するおそれがあるときは、占有保全の訴えにより、その妨害の予防又は損害賠償の担保を請求することができるとされています。

　本問では、Aの土地の占有が、Bの土地の塀が倒壊することによって妨害されるおそれがあると言えます。したがって、AはBに対して、占有保全の訴えにより、妨害の予防又は損害賠償の担保を請求することができます。なお、民法の明文上、本権に基づく訴えは規定されていませんので、本問の答えとして適切ではありません。

> 手順4　「問い」に呼応する「答え」をつくる

占有保全の訴えにより、A土地の占有の妨害の予防又は損害賠償の担保を請求することができる。

（44字）

採点基準

占有保全の訴えにより……………………………………………… 8点
A土地の占有の妨害の予防の請求………………………………… 6点
損害賠償の担保の請求……………………………………………… 6点

問題 21 — 物権総論（加工）

重要度 ★

次の文章は、ある相談者と回答者の会話である。〔　　　〕の中に入る語句を、40字程度で記述しなさい。前半の〔　　　〕には、犬小屋の所有権が誰に帰属するのかについて、後半の〔　　　〕には、いかなる価格がどのようなときには、その所有権が誰に帰属するのかについて記述しなさい。

相談者　「私は、今、親戚の叔父さんのところに居候しているのですが、先日、日曜大工で本棚を作ろうと、ベニヤ板や釘などの材料を買ってきて、ガレージに置いておいたんです。ところが、それを見つけた叔父さんが、その材料を使って、叔父さんが飼っている犬のために、犬小屋を作ってしまったんです。この材料は私が買ったものなので、犬小屋を解体して、改めて本棚を作ろうと思うのですが、このようなことはできるでしょうか。」

回答者　「叔父さんは、あなたの材料で犬小屋を作っているのですね。このように、材料を使って別の物を作ることを、民法上『加工』といいますが、加工物の所有権については、民法上、原則として、〔　　　〕に帰属するとされています。ご相談の犬小屋はあなたに所有権があります。したがいまして、その犬小屋を自由に処分できますので、あなたは犬小屋を解体して本棚にすることができます。ただし、例えば、叔父さんが、有名な木工職人さんで、〔　　　〕所有権を取得すると民法上規定されていますので、そのような場合には、あなたは犬小屋を解体することはできません。」

〔　　　　　　　　　　〕に帰属する

〔　　　　　　　　　　　　　　　〕所有権を取得する

（内容）要件・効果型　（形式）解答分割型・空欄補充型

手順1	「問い」を正確に把握する

　A所有の材料を使って、Bが犬小屋を工作した場合、原則として、その犬小屋の所有権は誰に帰属するのか、また、例外として、いかなる価格がどのようなときには、その所有権が誰に帰属するのか。

手順2	「問いの形」に合わせて「答えの形」をつくる

（答えの形）（設問前段）原則として、〔　　　　　　　〕に帰属する

　　　　　　（設問後段）〔○○価格が□□ときには△△が〕所有権を取得する

手順3	「答え」を完成させる知識を記憶喚起する

　他人の動産に工作を加えた者があるときは、その加工物の所有権は、原則として、材料の所有者に帰属します（246条1項本文）。本問では、Aが材料の所有者ですから、Bが工作を加えたとしても、その加工物の所有権はAに帰属します。したがって、Aは所有者として、その犬小屋を自由に使用収益処分することができ、犬小屋を解体することも自由にできます。

　しかし、工作によって生じた価格が材料の価格を著しく超えるときは、加工者がその加工物の所有権を取得することになります（246条1項ただし書）。本問のように、Bが作成した犬小屋の価格が、材料の価格を著しく超えるときは、加工者であるBが所有者となり、Aは犬小屋を解体できなくなります。

手順4	「問い」に呼応する「答え」をつくる

材	料	の	所	有	者			に帰属する　　　（6字）

工	作	に	よ	っ	て	生	じ	た	価	格	が	材	料	の
価	格	を	著	し	く	超	え	る	と	き	に	は	、	加
工	者	が		所有権を取得する　　（33字）										

採点基準

　材料の所有者‥‥‥‥‥‥‥‥‥‥‥‥‥‥‥‥‥‥‥‥ 6点

　工作によって生じた価格が（犬小屋の価格が）‥‥‥‥‥ 6点

　材料の価格を著しく超えるとき‥‥‥‥‥‥‥‥‥‥‥‥ 4点

　加工者が‥‥‥‥‥‥‥‥‥‥‥‥‥‥‥‥‥‥‥‥‥‥ 4点

第4章

〈実戦編〉民法

物権総論　213

問題 22 | **物権総論（共有者死亡時の共有持分の帰属）**

重要度 ★

Aが、友人Bと甲土地を共有していた。所有権の持分はそれぞれ2分の1であった。その後、Aは、何ら自己の財産の処分方法について意思表示をすることなく死亡した。Aはこの甲土地の共有持分が唯一の財産であり、遺言もなく、債務も存在しない。この場合、いかなる要件のもとであれば、Aの持分がBに帰属することとなるか。40字程度で記述しなさい。

（内容）要件型

| 手順1 | 「問い」を正確に把握する |

　共有者Aが唯一の財産である甲土地の共有持分を残して死亡した場合。どのような要件のもとであれば、Aの持分がBに帰属するか。

| 手順2 | 「問いの形」に合わせて「答えの形」をつくる |

（問いの形）どのような要件のもとであれば、Aの持分がBに帰属することとなるか。

↓

（答えの形）「○○」という要件。

| 手順3 | 「答え」を完成させる知識を記憶喚起する |

　共有者が死亡した場合の、持分の帰属については以下になります。

① 　人が死亡すると、その者の財産は相続人に帰属（896条）
② 　相続人がいなくても、遺言があれば、それに従って帰属が決定（964条）
③ 　遺言がなく、権利を主張する者がいた場合には、清算
④ 　権利を主張する者もいない場合、共有者に特別縁故者があり、その者の請求があれば、特別縁故者への財産分与の対象（958条の3）
⑤ 　特別縁故者もおらず、いたとしてもその者から財産分与の請求がない場合には、255条によって共有持分は他の共有者に帰属（最判平元.11.24）

　本問では、Aの遺言はなく、Aは、甲土地の共有持分が唯一の財産で、債務が存在しないので、権利を主張する者もいないと考えられます。そうすると、Aに相続人がおらず、かつ、特別縁故者がおらず、いたとしても財産分与の請求をしなかった場合に、共有者にその共有持分が帰属することになります。

| 手順4 | 「問い」に呼応する「答え」をつくる |

A	に	相	続	人	が	な	く	、	か	つ	、	特	別	縁
故	者	が	い	な	い	か	、	い	て	も	そ	の	者	か
ら	財	産	分	与	の	請	求	が	な	い	と	き	。	

（44字）

採点基準

Aに相続人がないとき……………………………………………… 8点

Aに特別縁故者がいないとき……………………………………… 8点

特別縁故者から財産分与の請求がないとき……………………… 4点

物権総論　215

問題 23 | 物権総論（地役権の時効取得）

重要度 ★★★

Xは甲地を所有しているが甲地は公道と接していなかったため、公道に接しているY所有の隣地乙地を、Yに無断で20年間、自己のためにする意思をもって、平穏に、かつ、公然と、通行していた。この場合、Xが甲地を要役地、乙地を承役地とする通行地役権を時効により取得するためには、どのような要件を満たす必要があるか。40字程度で記述しなさい。

（内容）要件型

手順1 「問い」を正確に把握する

XがY所有の乙地を甲地の承役地として20年間、自己のためにする意思で、平穏・公然と使用していた場合。Xが乙地の通行地役権を時効取得するための要件。

手順2 「問いの形」に合わせて「答えの形」をつくる

（問いの形）どのような要件を満たす必要があるか。

↓

（答えの形）「○○」という要件。

手順3 「答え」を完成させる知識を記憶喚起する

所有権以外の権利を時効取得するための要件は、①自己のためにする意思をもって、②平穏、③公然と、④善意無過失であれば10年、悪意有過失であれば20年、⑤行使することによって時効取得できます（163条）。もっとも、地役権の時効取得には、これに加えて、さらに、当該地役権が、⑥継続的に行使され、かつ、⑦外形上認識することができるものでなければならないとされています。（283条）。

本問では、甲地を所有するXは、20年間、自己のためにする意思をもって、平穏に、かつ、公然と、Y所有の乙地を甲地の便益に供していた、とありますので、①～⑤の要件は満たしているといえます。

したがって、Xが乙地の地役権を時効取得するためには、地役権が継続的に行使され、⑥⑦の要件を満たす必要があります。

手順4 「問い」に呼応する「答え」をつくる

地	役	権	が	継	続	的	に	行	使	さ	れ	、	か	つ
、	外	形	上	認	識	す	る	こ	と	が	で	き	る	も
の	で	あ	る	こ	と	。								

（37字）

採点基準

地役権が継続的に行使されること……………………………… 8点

外形上……………………………………………………………… 4点

認識することができるものである……………………………… 8点

第4章 〈実戦編〉民法

物権総論　217

問題 24 | 担保物権（留置権と同時履行の抗弁）

重要度 ★

バイク修理工Xは、平成29年1月10日までに修理を完了することを期限として、YからY所有の甲バイクの修理を請け負った。Xは、約束の期限どおり甲バイクの修理を終えたので、修理した旨をYに伝えた。ところが、Yはしばらく甲バイクを引取りに来ず、修理期限から4か月以上経った5月13日になって甲バイクを引き取りに来た。話を聞くと、すぐに修理代金の支払いができないらしく、修理代金は後日支払いにして、甲バイクをまず返還してほしいと言ってきた。この場合、Xは、Yの所有権に基づく甲バイクの返還請求に対して、請負契約に基づき、いかなる抗弁ができるか。また、XはYに対するどのような債権を担保するため、いかなる担保物権に基づいて甲バイクの引渡しを拒絶できるか。「請負契約に基づき、」および「XはYに対する」に続けて、民法の規定を踏まえて、それぞれ10字～25字程度で記述しなさい。なお、文末は、「、との抗弁ができる。」および、「に基づき、甲バイクの引渡しを拒絶できる。」に続く形にしなさい（「請負契約に基づき、」「、との抗弁ができる。」および「XはYに対する」「に基づき、甲バイクの引渡しを拒絶できる。」は、記述すべき字数には含まれない）。

請負契約に基づき、〔　　　　　　　　　　　　　　　　　　〕、との抗弁ができる。

XはYに対する〔　　　　　　　　　　　　　　　　　　〕に基づき、甲バイクの引渡しを拒絶できる。

（内容）要件・効果型　（形式）解答欄分割型

手順1	「問い」を正確に把握する

　Xが修理請負契約に基づき修理を完了したが、Yが報酬の支払をしないまま、甲バイクの引渡しを請求してきた場合。これに対してXは、請負契約に基づいていかなる抗弁ができるか。また、XはYに対するどのような債権を担保するため、いかなる担保物権に基づいて甲バイクの引渡しを拒絶できるか。

手順2	「問いの形」に合わせて「答えの形」をつくる

（問いの形）（設問前半）Xは、請負契約に基づきいかなる抗弁ができるか。

　　　　　　（設問後半）XはYに対するどのような債権を担保するため、いかなる担保物権に基づき甲バイクの引渡しを拒絶できるか。

（答えの形）（設問前半）「○○」という抗弁ができる。

　　　　　　（設問後半）「□□」債権を担保するため、「△△」権に基づき引渡しを拒絶できる。

手順3	「答え」を完成させる知識を記憶喚起する

　請負契約では、目的物の引渡しと報酬の支払いは同時履行の関係にある（633条本文）ので、Xは、Yの甲バイクの引渡請求に対して、報酬を支払わなければ甲バイクは引き渡さないという抗弁ができます（同時履行の抗弁）。

　他人の物の占有者は、その物に関して生じた債権を有するときは、その債権の弁済を受けるまで、その物を留置することができます（留置権・295条）ので、Xは、その債権の弁済を受けるまで、留置権に基づき、甲バイクを留置できます。

第4章

〈実戦編〉民法

担保物権　219

手順4 「問い」に呼応する「答え」をつくる

請負契約に基づき、

報	酬	を	支	払	わ	な	け	れ	ば	甲	バ	イ	ク	は
引	き	渡	さ	な	い									

、との抗弁ができる。

(21字)

XはYに対する

報	酬	債	権	を	担	保	す	る	た	め	、	留	置	権

に基づき、甲バイクの引渡しを拒絶できる。

(15字)

採点基準

報酬を支払わなければ甲バイクは引き渡さない……………………… 10点

報酬債権を担保するため、留置権……………………………………… 10点

❖**MEMO**❖

第4章

〈実戦編〉 民法

担保物権　221

問題 25 | **担保物権（留置権者による果実の収取）** 重要度 ★

　建築業者Ｘは、Ｙから、Ｙ所有の甲建物（以下、「甲」という。）の修理を請け負い、修理期限である平成30年10月１日までに修理を完了した。ＸＹ間の契約に基づき、修理代金は300万円、代金債権の利息は年１割とされている。Ｘは、甲の修理を終えた旨をＹに連絡したが、Ｙは修理代金を支払っていない。このような場合には、Ｘは修理代金を担保するため、甲を留置することができる。また、Ｙの承諾があれば、甲を第三者に賃貸することもでき、賃借人から受け取った賃料をＸは収受することができる。では、Ｘは、この収受した賃料を債権の弁済に充当することができるか。また、充当できる場合には、元本債権、利息債権について、どのような順序でいくら充当されることになるか。40字程度で記述しなさい。

（内容）要件・効果型

| 手順1 | 「問い」を正確に把握する |

　Xが建物修理代金債権を担保するため、建物を留置する場合、XはYの承諾を得て甲を賃貸し、賃料を収取することができます。この賃料を弁済に充当できるかどうか。また、充当できるとすれば、元本債権と利息債権に対して、どのような順序でいくら充当されるか。

| 手順2 | 「問いの形」に合わせて「答えの形」をつくる |

（問いの形）賃料を債権の弁済に充当することができるか。また、充当できる場合には、元本債権と利息債権に対して、どのような順序でいくら充当されることになるか。

（答えの形）賃料を債権の弁済に充当できる or できない。また、充当できる場合には、「○○債権に□□充当され、つぎに△△債権に××充当される。

| 手順3 | 「答え」を完成させる知識を記憶喚起する |

　他人の物の占有者は、その物に関して生じた債権を有するときは、その債権の弁済を受けるまで、その物を留置することができます（留置権・295条）。そして、留置権者は、留置物から生ずる果実を収受し、他の債権者に先立って、これを自己の債権の弁済に充当することができます（297条1項）。また、この果実の充当については、まず、債権の利息に充当し、なお残余があるときは元本に充当しなばなりません（297条2項）。

| 手順4 | 「問い」に呼応する「答え」をつくる |

賃	料	は	債	権	の	弁	済	に	充	当	で	き	、	ま
ず	債	権	の	利	息	に	充	当	し	、	な	お	残	余
が	あ	る	と	き	は	元	本	に	充	当	す	る	。	

（44字）

採点基準

賃料は債権の弁済に充当できる……………………………………… 6点

まず債権の利息に充当し……………………………………………… 6点

なお残余があるときは元本に充当する……………………………… 8点

担保物権　223

問題 26 | 担保物権（質権の対抗要件①）

重要度 ★★

　Aは、Bに対して1000万円を貸し付けた。当該貸金債権の担保としてB所有の宝石と土地について質権設定契約を締結し、宝石と土地について、現実に引渡しを受けた。その後、CがBから当該宝石と土地を買い受けた。この場合、Aはどのような要件のもとであれば、質権をCに対抗することができるか。宝石と土地に分けて、40字程度で記述しなさい。

（内容）要件型

手順1　「問い」を正確に把握する

　Aが質権の設定を受けた宝石と土地が質権設定者Bから第三者Cに売却された場合。Aはどのような要件のもとであれば、質権をCに対抗することができるか。

手順2　「問いの形」に合わせて「答えの形」をつくる

（問いの形）どのような要件。

↓

（答えの形）「○○」という要件。

手順3　「答え」を完成させる知識を記憶喚起する

　質権は、質権の設定を第三者に公示することで取引の安全を図る必要があることから、動産については占有の継続（352条）、不動産については登記（177条）が第三者に対する質権の対抗要件となります。

　したがって、本問では、宝石については占有継続、土地については質権設定登記が、Cに対して質権を対抗するための要件ということになります。

手順4　「問い」に呼応する「答え」をつくる

宝	石	に	つ	い	て	は	占	有	を	継	続	す	る	こ
と	、	土	地	に	つ	い	て	は	質	権	設	定	の	登
記	を	す	る	こ	と	。								

（37字）

採点基準

　　宝石については占有を継続すること……………………………… 10点
　　土地については質権設定の登記をすること……………………… 10点

担保物権　225

問題 27 担保物権（質権の対抗要件②）

重要度 ★

Aは、Bに対して500万円を貸し付けた。当該貸金債権の担保として、BのCに対する700万円の貸金債権（以下、「甲債権」という。）に質権を設定する契約を締結した。その後、Bが甲債権をDに譲渡した。この場合、Aが当該指名債権を目的とする質権をDに対抗することができるのはどのような場合か。40字程度で記述しなさい。なお、甲債権は、その譲渡に債権の譲渡に債権証書の交付が必要とされる債権ではない。

（内容）要件型

> **手順1** 「問い」を正確に把握する

　Bが質権の設定を受けたBのCに対する債権が、質権設定者Bから第三者Dに売却された場合。Aが、質権をDに対抗することができるのはどのような場合か。

> **手順2** 「問いの形」に合わせて「答えの形」をつくる

（問いの形）どのような場合。

（答えの形）「○○」という場合。

> **手順3** 「答え」を完成させる知識を記憶喚起する

　指名債権を目的とする質権の対抗要件は、民法467条に従って、第三債務者に質権の設定を通知し、または、第三債務者がこれを承諾しなければ、これを持って第三債務者その他の第三者に対抗することができません（467条1項、364条）。この通知または承諾は確定日付のある証書によってしなければ、債務者以外の第三者に対抗できません（467条2項）。

　したがって、Aが甲債権について質権を設定したことを甲債権を譲り受けた第三者Dに対抗するには、Bが、Cに対して甲債権に質権を設定したことを確定日付のある証書をもって通知し、または、Cが甲債権に質権を設定したことを承諾しなければならないことになります。

> **手順4** 「問い」に呼応する「答え」をつくる

質権設定をBがCに確定日付のある証書で通知しているか、または、それをCが承諾している場合。

(45字)

採点基準

質権設定を	2点
確定日付のある証書で	6点
BがCに通知	6点
Cが承諾	6点

問題 28 | **担保物権（物上代位と差押債権者との優劣）** 重要度 ★★★

　Aはイタリアンレストラン経営を行うため会社を起業し、その開業資金として、友人Xから1000万円、友人Yから1000万円の融資を受けることとなった。Xは、当該貸金債権の担保として、甲土地上に立っているA所有の乙建物（時価1000万円）に抵当権設定契約を締結した。その後、Aの乙建物が火事によって焼失してしまった。Aは乙建物に火災保険金を掛けていたため、保険会社Zに対して1000万円の火災保険金請求権を取得した。Yはこの火災保険金債権を差し押さえ、また、Xは抵当権に基づく物上代位権を行使して同じく火災保険金債権を差し押さえた。この場合、火災保険金に対してXの物上代位権に基づく差押えが優先するか、一般債権者Yの差押えが優先するかはどのように決せられるか。40字程度で記述しなさい。

（内容）要件型

> **手順1　「問い」を正確に把握する**

　抵当権不動産が焼失したことによって発生した火災保険金請求権について、抵当権の物上代位権に基づく差押えと、一般債権者の差押えが競合した場合に、どちらが優先するかどうかはどのように決せられるか。

> **手順2　「問いの形」に合わせて「答えの形」をつくる**

（問いの形）どのように決せられるか。

↓

（答えの形）「○○」のように決せられる。

> **手順3　「答え」を完成させる知識を記憶喚起する**

　抵当権は、その目的物の滅失によって債務者が受けるべき金銭に対しても行使できます（物上代位性・372条、304条）。したがって、A所有の乙建物に抵当権を設定した抵当権者Xは、乙建物が焼失したことによってAが受けるべき火災保険金に対しても抵当権を行使することができます。

　ここで、当該債権を一般債権者が差し押さえ、また、抵当権者も物上代位権に基づく差し押さえをした場合、どちらが優先することになるかが問題となります。判例（最判平10.1.30）は、債権について一般債権者の差押えと抵当権者の物上代位権に基づく差押えが競合した場合には、両者の優劣は一般債権者の申立てによる差押命令の第三債務者への送達と抵当権設定登記の先後によって決せられるとしています。したがって、本問では、Xの抵当権設定登記と、Yの申立てによる差押命令のZへの送達の先後によることになります。

> **手順4　「問い」に呼応する「答え」をつくる**

　　　　　　　　　　　　　　　　　　　　　10　　　　　　　　15

X	の	抵	当	権	設	定	登	記	と	、	Y	の	申	立
て	に	よ	る	差	押	命	令	の	Z	へ	の	送	達	の
先	後	に	よ	り	決	せ	ら	れ	る	。				

（41字）

採点基準

　Xの抵当権設定登記……………………………………………………… 8点

　Yの申立てによる差押命令のZへの送達………………………………… 8点

　先後による…………………………………………………………………… 4点

担保物権　229

問題 29 | **担保物権（抵当権と賃借権の対抗関係）**

重要度 ★

Xは起業し運転資金を得るために、A銀行から800万円、B銀行から600万円の融資をとりつけた。当該貸金債権の担保として、X所有の甲土地上に、A銀行に1番抵当権を設定し、B銀行に2番抵当権を設定し、それぞれ登記を経た。その後、Xは、甲土地について、Cと賃貸借契約を締結した。この場合、Cは、どのような要件のもとであれば、甲土地の賃借権をAおよびBに対抗することができるか。40字程度で記述しなさい。

（内容）要件型

| 手順1 | 「問い」を正確に把握する |

抵当権が設定されて登記されている土地の賃借権を抵当権者に対抗するための要件。

| 手順2 | 「問いの形」に合わせて「答えの形」をつくる |

（問いの形）どのような要件。

↓

（答えの形）「○○」という要件。

| 手順3 | 「答え」を完成させる知識を記憶喚起する |

　同一不動産上の賃借権と抵当権の優劣は、登記の先後によって決定されますので、抵当権が設定され登記がされていた場合には、賃借権の登記をしても抵当権者に対抗することはできないのが原則です。しかし、抵当権に劣後する賃貸借でも、賃借権を登記し、その登記前に登記をした抵当権を有するすべての者が同意をし、かつ、その同意の登記があるときは、その同意をした抵当権者に対抗することができます（387条1項）。

　本問では、Cは抵当権設定登記がすでになされている抵当不動産である甲土地を借り受けたわけですから、賃借権の登記をしても、原則として抵当権者ＡＢに賃借権を対抗できませんが、賃借権の登記をして、さらに、登記前に抵当権設定登記をしたすべての抵当権者であるＡＢの同意を得て、かつ、その同意の登記をすれば、Cの賃借権をＡＢに対抗することができることになります。

| 手順4 | 「問い」に呼応する「答え」をつくる |

賃借権の登記をして、さらに、ＡとＢの同意を得て、かつ、その同意の登記をする。

（38字）

採点基準

賃借権の登記をする	6点
ＡとＢの同意を得る	6点
かつ	2点
同意の登記をする	6点

担保物権　231

問題30 担保物権（抵当権侵害①）

　Xは、経営する会社の社屋建設ための敷地を購入するため、Yから3000万円を借り受けた。Xはその担保として、X所有の甲土地に抵当権を設定した。ところがその後、甲土地を所有者でないAが勝手に占有し始め、現在建物を建てて住んでいる。この場合、YはAに対して、抵当権に基づく妨害排除請求権を行使して甲土地から排除をすることができるが、それはどのような場合か。「所有者以外の第三者が抵当不動産を不法占有することにより、」に続けて、40字程度で記述しなさい。なお、「所有者以外の第三者が抵当不動産を不法占有することにより、」は、字数に算入しない。

所有者以外の第三者が抵当不動産を不法占有することにより、

（内容）要件型

> **手順1** 「問い」を正確に把握する

　所有者以外の第三者Aが、Xの抵当不動産である甲土地を不法占有している場合。YはAに対して抵当権に基づく妨害排除請求権を行使できるが、それはどのような場合か。

> **手順2** 「問いの形」に合わせて「答えの形」をつくる

（問いの形）それはどのような場合か。

↓

（答えの形）それは、「○○」の場合。

> **手順3** 「答え」を完成させる知識を記憶喚起する

　抵当権は、抵当目的物を抵当権設定者の手元に残したまま、その交換価値を把握する権利ですが、第三者の不法占有がある場合には、一定の要件のもと、抵当権の効力としてその妨害を排除できるとするのが判例（最大判平11.11.24）です。その要件とは以下の通り。所有者以外の第三者が抵当不動産を不法占有することにより、

①　抵当不動産の交換価値の実現が妨げられ

②　抵当権者の優先弁済請求権の行使が困難となるような状態がある

場合です。という要件が満たされれば、抵当権者は、当該不法占有者に対し、抵当権に基づく妨害排除請求として、上記状態の排除を求めることができます。

> **手順4** 「問い」に呼応する「答え」をつくる

所有者以外の第三者が抵当不動産を不法占有することにより、

抵	当	不	動	産	の	交	換	価	値	の	実	現	が	妨
げ	ら	れ	、	抵	当	権	者	の	優	先	弁	済	請	求
権	の	行	使	が	困	難	と	な	る	場	合	。		

（43字）

採点基準

抵当不動産の交換価値の実現が妨げられ…………………………… 10点

抵当権者の優先弁済請求権の行使が困難となる場合……………… 10点

担保物権　233

問題 31 | 担保物権（抵当権侵害②）

重要度 ★★★

　XはYに対して3000万円を貸し付けた。その担保として、XはY所有の甲土地に建つY所有の乙建物に抵当権を設定した。ところがその後、乙建物をZに賃貸して引き渡し、現在Zが乙建物に居住している。この場合、Xは抵当権に基づく妨害排除請求権を行使して、Zに対して乙建物の明け渡しを求めることができる場合がある。それは、Zの占有により乙建物の交換価値の実現が妨げられ、Xの優先弁済請求権の行使が困難となるような状態があるときという要件の他に、どのような要件を満たした場合か。40字程度で記述しなさい。

（内容）要件型

| 手順1 | 「問い」を正確に把握する |

　抵当不動産が賃貸された場合に、賃借人に対して抵当権に基づいて妨害排除請求を行使するための要件。抵当建物の交換価値の実現が妨げられ、抵当権者の優先弁済請求権の行使が困難となるような状態があるときという要件の他の要件。

| 手順2 | 「問いの形」に合わせて「答えの形」をつくる |

（問いの形）どのような要件。

↓

（答えの形）「○○」という要件。

| 手順3 | 「答え」を完成させる知識を記憶喚起する |

　判例（最判平17.3.10）は、占有権原を有する者に対して、抵当権に基づく妨害排除請求が認められる要件について、

① 　占有により抵当不動産の交換価値の実現が妨げられて

② 　抵当権者の優先弁済請求権の行使が困難となるような状態があるとき

③ 　占有権原の設定に抵当権の実行としての競売手続を妨害する目的が認められること

としています。

| 手順4 | 「問い」に呼応する「答え」をつくる |

										10					15
Z	に	対	す	る	賃	借	権	の	設	定	に	抵	当	権
の	実	行	と	し	て	の	競	売	手	続	を	妨	害	す
る	目	的	が	認	め	ら	れ	る	場	合	。			

（42字）

採点基準

　Zに対する賃借権の設定に……………………………………………… 4点

　抵当権の実行としての競売手続を………………………………………… 8点

　妨害する目的が認められること………………………………………… 8点

担保物権　235

問題32 | 担保物権（法定地上権）

重要度 ★★

　XはYに対して、1500万円を貸し付けた。この債権を担保するためXはY所有の甲土地（以下、「甲」という。）に抵当権を設定した。その後、Yが債務を弁済できなくなったため、Xはこの抵当権を実行し、Zが甲を買い受けた。甲には乙建物（以下、「乙」という。）が建っておりYが居住している。そこでZは、Yに対して、甲の所有権に基づく建物収去土地明渡しを請求した。ところがYは、乙には法定地上権が成立しているとして建物収去土地明渡しを拒絶した。Yの主張が認められるためには、上記の事案で認められる要件以外に、どのような要件を満たす必要があるか。40字程度で記述しなさい。

（内容）要件型

> 手順1　「問い」を正確に把握する

　抵当権が実行された場合に、法定地上権が成立するための要件。

> 手順2　「問いの形」に合わせて「答えの形」をつくる

（問いの形）どのような要件。

（答えの形）「○○」という要件。

> 手順3　「答え」を完成させる知識を記憶喚起する

　法定地上権（388条）が成立するための要件は、以下の通りです。
① 抵当権設定当時、土地の上にすでに建物が存在していること。
② 抵当権設定当時、土地と建物の所有者が同一であること。
③ 土地または建物のいずれか一方または双方（最判昭37.9.4）に抵当権が設定されたこと。
④ 抵当権の実行（競売）の結果、土地と建物がそれぞれ別の者の所有となったこと。

　本問では、③④の要件は満たされていますので、①②の要件を書くことになります。

> 手順4　「問い」に呼応する「答え」をつくる

　抵当権設定当時、甲上に乙が存在し、かつ、甲および乙をYが所有していたこと。

（37字）

採点基準

　抵当権設定当時、甲上に乙が存在したこと……………………………10点
　抵当権設定当時、甲および乙をYが所有していたこと………………10点

問題33 | 担保物権
（抵当建物使用者の引渡しの猶予）

重要度 ★

　以下の【相談】に対して、〔　　　〕の中に適切な文章を40字程度で記述して補い、【回答】を完成させなさい。

【相談】
　私は、平成28年5月13日より、AとA所有の甲倉庫の賃貸借契約を締結して、甲倉庫を使用しています。賃借権の登記はしていません。平成29年4月20日、AがXから500万円借り入れを行いました。Xは当該貸金債権の担保として、甲倉庫に抵当権を設定しました。Aは財産を持っているので、あまり気にしていなかったのですが、Aは自分が行っている事業がうまくいかず、資金繰りが悪化して、AはXに対する借金を返済できなくなってしまいました。そのため、Xによって甲倉庫の抵当権が実行され、競売によって、平成30年8月31日に、Bが甲倉庫を買い受けました。現在、Bが私に対して、甲倉庫の明け渡しを求めています。また、甲倉庫を買い受けた時から現在までの甲倉庫使用の対価の支払いを求めてきています。私は、Bに対する倉庫使用の対価の支払いをすれば、甲倉庫の使用を続けることはできるのでしょうか。もしできないとすれば、すぐに立ち退かなければならないのでしょうか。

【回答】
　あなたは、Bに対する倉庫使用の対価の支払いによって〔　　　〕までは、引き渡す必要はありません。

（内容）効果型　（形式）空欄補充型

手順1　「問い」を正確に把握する

　抵当不動産の抵当権が実行された場合、抵当不動産の賃借人は、当該不動産を使用できるか。できない場合、すぐに立ち退かなければならないか。

手順2　「問いの形」に合わせて「答えの形」をつくる

（問いの形）甲倉庫の使用を続けることはできるのでしょうか。もしできないとすれば、すぐに立ち退かなければならないのでしょうか。

↓

（答えの形）〔「使用を続けることはできる or できない」が「○○」〕までは～、となります。

手順3　「答え」を完成させる知識を記憶喚起する

　抵当権が実行された後、ただちに建物から退去しなければならないとすることは、建物賃借人には酷な状況を作り出す可能性があるため、建物賃借人を保護するために、6か月の引渡し猶予期間を付与しました（395条1項）。

　しかし、買受人の買受けの時より後に建物の使用をしたことの対価について、買受人が抵当建物使用者に対し相当の期間を定めてその1か月分以上の支払の催告をし、その相当の期間内に履行がない場合には、建物賃借人を保護する必要はなく、6か月の猶予期間の適用は制限され、6か月が経過する前でも建物を引き渡さなければなりません（395条2項）。

　現在、Bからこの催告を受けていますので、これに対して対価の支払いをしなければ、建物は引き渡さなければならないことになります。

手順4　「問い」に呼応する「答え」をつくる

使	用	を	続	け	る	こ	と	は	で	き	ま	せ	ん	が
、	支	払	い	を	す	れ	ば	B	が	甲	建	物	を	買
受	け	た	時	か	ら	6	か	月	を	経	過	す	る

（44字）

採点基準

使用を続けることはできない……………………………………… 6点

支払いをすれば…………………………………………………… 4点

Bが甲建物を買い受けた時から………………………………… 4点

6か月を経過する………………………………………………… 6点

担保物権　239

問題 34 | 債権総論（種類債権の特定と注意義務）

重要度 ★★

　Aは八百屋Bとの間で、リンゴ1箱の売買契約を締結した。この契約においては、Aが八百屋Bまで引き取りに行くとする特約があり、Bが引き渡すリンゴの品質についての特約はなかった。この場合、Bはどのような品質のリンゴを引き渡す必要があり、また、Aに引き渡すべきリンゴが特定した後、Bはこのリンゴをいかなる程度の注意義務をもって保存しなければならないか。40字程度で記述しなさい。

（内容）要件・効果型

| 手順1 | 「問い」を正確に把握する |

　種類債権で品質を定めなかった場合に、給付すべき物の品質の程度と特定後の注意義務の程度。

| 手順2 | 「問いの形」に合わせて「答えの形」をつくる |

（問いの形） Bはどのような品質のリンゴを引き渡す必要があり、また、Aに引き渡すべきリンゴが特定した後、Bはこのリンゴをいかなる程度の注意をもって保存しなければならないか。

（答えの形） Bは「○○」の品質のリンゴを引き渡す必要があり、また、Bはこのリンゴを「□□」程度の注意をもって保存しなければならない。

| 手順3 | 「答え」を完成させる知識を記憶喚起する |

　債権の目的物を種類のみで指定した場合において、法律行為の性質又は当事者の意思によってその品質を定めることができないときは、債務者は、中等の品質を有する物を給付しなければなりません（401条1項）。

　本問のAB間の契約も、リンゴ1箱と種類でのみ指定されているので、債務者Bは中等の品質のリンゴを給付しなければなりません。

　種類債権の特定（401条2項）後は、特定物債権と同じように扱われるところ、債権の目的が特定物の引渡しであるときは、債務者は、その引渡しをするまで、善良な管理者の注意をもって、その物を保存しなければなりません（400条）。

| 手順4 | 「問い」に呼応する「答え」をつくる |

中等の品質のリンゴを引き渡す必要があり、又、特定後には善良な管理者の注意をもって保存する。

（45字）

採点基準

中等の品質のリンゴを引き渡す必要があり……………………………… 10点

特定後には善良な管理者の注意をもって保存する…………………… 10点

問題 35 — 債権総論（選択権の移転）

重要度 ★

　AはBとの間で、Bが所有する2匹の犬XYのうち、どちらかを選択して購入する契約を締結した。当該債権の弁済期は、平成30年4月20日とされ、現時点で、弁済期は到来している。この場合に、選択権は誰にあるか。また、選択権が相手方に移転することがあるが、それはどのようなときか。40字程度で記述しなさい。なお、選択権者や選択権の移転についてAB間に特約はないものとする。

（内容）要件型

手順1　「問い」を正確に把握する

　選択債権の選択権者の確定と、選択債権の弁済期が到来した場合に、選択権が契約の相手方に移転する要件。

手順2　「問いの形」に合わせて「答えの形」をつくる

（問いの形） 選択権は誰にあるか。選択権が相手方に移転するのはそれはどのようなときか。

（答えの形） 選択権は「○○」にあり、「□□」とのとき。

手順3　「答え」を完成させる知識を記憶喚起する

　選択債権の選択権者について特約がなければ、選択権は債務者に帰属する（406条）。

　したがって、本問では、債務者Bに帰属することになる。

　また、選択債権について、債権が弁済期にある場合、選択権を有する者の相手方から相当の期間を定めて催告をしても、選択権を有する当事者がその期間内に選択をしないときは、その選択権は、相手方に移転する（408条）。

　本問では、債権が弁済期にあるので、選択権を有するBの相手方Aから相当の期間を定めて催告をしても、選択権を有する当事者Bがその期間内に選択しないときは、その選択権は、相手方Aに移転することになる。

手順4　「問い」に呼応する「答え」をつくる

選	択	権	は	B	に	あ	り	、	A	が	相	当	の	期
間	を	定	め	て	催	告	し	、	B	が	そ	の	期	間
内	に	選	択	し	な	い	と	き	に	移	転	す	る	。

（45字）

採点基準

選択権はBにあり……………………………………………… 4点

Aが相当の期間を定めて催告し………………………………… 8点

Bがその期間内に選択をしないとき…………………………… 8点

債権総論　243

問題 36 — 債権総論（受領遅滞の効果）

重要度 ★★

　Aは自己所有の年代物の時計を30万円でBに売却する契約を締結した。代金の支払いと時計の引渡しは、いずれも令和2年4月20日とされた。履行期限が到来し、AはBに時計を引き渡すため、Bのもとを訪れたが、Bはその時計を受け取ろうとしない。この場合、Aはこの時計をどのような注意義務をもって保存すればよいか。また、Bの受取り拒絶によって増加した費用がある場合には、その増加額は誰の負担となるか。40字程度で記述しなさい。

（内容）効果型

手順1 「問い」を正確に把握する

　債権者が自己の債権の履行を拒絶した場合（受領遅滞）、①債務者は目的物をいかなる注意義務をもって保存すればよいか。また、②費用が増加した場合の増加額は誰の負担か。「問い」が2つあることに注意です。

手順2 「問いの形」に合わせて「答えの形」をつくる

（問いの形）いかなる注意義務をもって保存すればよいか。増加費用は誰の負担か。

（答えの形）〇〇という注意義務をもって保存し、増加費用は□□の負担。

手順3 「答え」を完成させる知識を記憶喚起する

　契約において、債務者が債務の履行を受けることを拒み、または受けることができない場合（受領遅滞）、債務が特定物の引渡しのときは、債務者は、履行提供時から引渡し時まで、自己の財産に対するのと同一の注意義務をもって、その物を保存すれば足ります（413条1項）。また、受領遅滞によって、履行費用が増加した場合には、増加額は債権者が負担します（413条2項）。

　したがって、本問の債務は中古時計という特定物の引渡しですから、Aは履行提供時から「自己の財産に対するのと同一の注意義務をもって」時計を保存すればよく、また増加費用があれば、債権者Bが負担することになります。

手順4 「問い」に呼応する「答え」をつくる

自	己	の	財	産	に	対	す	る	の	と	同	一	の	注
意	を	も	っ	て	保	存	す	れ	ば	足	り	、	増	加
額	は	債	権	者	B	が	負	担	す	る	。			

（42字）

採点基準

　自己の財産に対するのと同一の注意をもって保存……………………12点

　増加額は債権者Bが負担する………………………………………… 8点

債権総論　245

問題 37 債権総論（損害賠償の範囲）

重要度 ★★★

次の文章は、土地の売買に関する損害賠償の範囲について相談者Xと回答者Aの会話である。前半の〔　　　〕の中には、原則論を20字程度で、後半の〔　　　〕の中には、例外を15字程度で、それぞれ記述しなさい。

相談者X 「私はYから、甲土地を3000万円で購入する契約を締結しました。私はその土地を購入したら、3500万円で転売し500万円の利益を得る予定でした。ところが、Yは当該土地をZにも売却し、Zに所有権移転登記をしてしまったため、甲土地を購入して転売することができなくなりました。この場合、私はYに対して債務不履行に基づく損害賠償請求ができると思うのですが、どのような損害について損害賠償請求できるのでしょうか。また、転売して得るはずだった転売利益の500万円まで、損害賠償請求できるのでしょうか。」

回答者A 「おっしゃるように、Yさんは債務不履行ですから、XさんはYさんに対して債務不履行に基づいて損害賠償請求ができます。ではその損害賠償請求できるのはどのような損害かについてですが、原則として〔　　　〕を求めることができます。また、転売利益の500万円についてですが、これは特別の事情によって生じた損害ですから、損害賠償を請求することはできませんが、ただし、Yが〔　　　〕ときには、転売利益の500万円についても、その損害の賠償を請求することができることになります。」

原則として〔　　　　　　　　　　　　　　　　　　　　〕を求めることができます。

Yが〔　　　　　　　　　　　　　　　　〕ときには、

（内容）要件・効果型　（形式）解答分割型・空欄補充型

| 手順1 | 「問い」を正確に把握する |

債務不履行があった場合の損害賠償できる範囲。

| 手順2 | 「問いの形」に合わせて「答えの形」をつくる |

（答えの形）（設問前半）原則として〔　　　　　〕損害の賠償を求めることができます。

（設問後半）Ｙが〔　　　　　〕ときには、転売利益の500万円についても、その損害の賠償を請求することができることになります。

| 手順3 | 「答え」を完成させる知識を記憶喚起する |

債務不履行があった場合の損害賠償の範囲は416条が規定しています。

まず原則としては、債務不履行によって通常生ずべき損害についてのみ損害賠償請求できることになります（416条1項）。

ただし、特別の事情によって生じた損害であっても、当事者がその事情を予見すべきであったときは、債権者は、その賠償を請求することができます（416条2項）。したがって、本問では、Ｙが転売利益を上げようとしていた事情を予見すべきであったときは、Ｘは、その賠償を請求することができることになります。

| 手順4 | 「問い」に呼応する「答え」をつくる |

原則として

| 債 | 務 | 不 | 履 | 行 | に | よ | っ | て | 通 | 常 | 生 | ず | べ | き |
| 損 | 害 | の | 賠 | 償 | | | | | | | | | | |

を求めることができます。

（20字）

Ｙが

| そ | の | 事 | 情 | を | 予 | 見 | す | べ | き | で | あ | っ | た | |
| | | | | | | | | | | | | | | |

ときには、　　　　　　　　　　　　　　（14字）

採点基準

債務不履行によって通常生ずべき損害賠償……………………………… 12点

その事情を予見すべきであった………………………………………………… 8点

債権総論　247

問題 38 | **債権総論（債権者代位権の行使方法）** 重要度 ★★★

XはYに対し800万円の貸金債権を有し、AもYに対し200万円の貸金債権を有しており、いずれも弁済期は既に到来している。Yが有する財産は、弁済期の到来したZに対する売買代金債権1000万円のみであるが、YはZに対して1000万円の弁済を請求しようとしない。そこでXはZを相手に、YのZに対する債権の代位行使に係る訴えを提起した。この場合、XはYに対して何らかの働きかけを行う必要があるが、それを何といい、いつまでに行う必要があるか。また、XがZに対して行使することができる金額はいくらか。40字程度で記述しなさい。

（内容）効果型＋基本概念定義型

手順1　「問い」を正確に把握する

　債権者代位権の行使を訴えで行う場合に、①債務者に対しての働きかけの名称と、②それを行う時期、また、③代位行使できる金額を問う問題です。「問い」が3つあることに注意です。

手順2　「問いの形」に合わせて「答えの形」をつくる

（問いの形）債務者に対しての働きかけを何といい、それをいつまでに行うか。代位行使できる金額はいくらか。

（答えの形）○○といい、□□までに行う必要があり、△△（金額）の代位行使ができる。

手順3　「答え」を完成させる知識を記憶喚起する

　債権者は、被代位権利の行使の係る訴えを提起したときは、「遅滞なく」、債務者に対し、「訴訟告知」を行わなければなりません（423条の6）。被代位権利を代位行使できる範囲は、被代位権利の目的が可分であるときは、自己の債権の額の限度においてのみ、被代位権利を行使することができます（423条の2）。

　したがって、XはYに対して訴訟告知を遅滞なく行うことになります。また、YのZに対する債権は金銭債務で可分ですから、請求できるのはX自身が有しているYに対する債権額800万円ということになります。

手順4　「問い」に呼応する「答え」をつくる

働	き	か	け	は	訴	訟	告	知	と	い	い	、	遅	滞
な	く	行	う	必	要	が	あ	り	、	請	求	で	き	る
の	は	8	0	0	万	円	と	な	る	。				

（41字）

採点基準

訴訟告知といい……………………………………………… 6点

遅滞なく行う必要があり…………………………………… 6点

請求できるのは800万円となる…………………………… 8点

債権総論　249

問題 39 | **債権総論〈債務不履行と詐害行為取消請求権〉** 重要度 ★★★

 XはYとの間で、Y所有の甲土地について売買契約を締結した。ところが、Yは売却代金を隠匿する意図でZにも甲土地を売却し、Zへの所有権移転登記をなした。甲土地はYの唯一の財産であったため、Zへの甲土地の売却により、Yは無資力となった。また、Zは、YがXに対して甲土地を売却したことを知っており、Z自身が購入するとYが債務超過に陥ることや、Yの隠匿の意図を知っていたが、Yとの間で通謀していたわけではなく、また、自由競争の範囲を逸脱するような取引をしたわけでもなかった。この場合に、Xは、民法上、YおよびZに対して、それぞれどのような権利を行使することができるか。40字程度で記述しなさい。

（内容）効果型

手順1	「問い」を正確に把握する

　YがXとZにY所有の不動産を二重譲渡した場合、第一譲受人Xは、売主Y
と第二譲受人Zに対してそれぞれどのような権利を行使することができるか。

手順2	「問いの形」に合わせて「答えの形」をつくる

（問いの形）YおよびZに対して、それぞれどのような権利を行使することが
　　　　　　できるか。

（答えの形）Yに対しては「○○」を行使でき、Zに対しては「□□」を行使
　　　　　　できる。

手順3	「答え」を完成させる知識を記憶喚起する

　単純悪意者は民法177条の「第三者」に該当します（最判昭32.9.19）ので、
Zは「第三者」に該当し、XはYやZに土地の返還請求や登記移転請求はでき
ません。

　この場合、YのXに対する甲土地の引渡債務は、履行不能（債務不履行）と
なり、Xは当該売買契約を解除できます（542条1項1号）。

　また、Yは、Zにも甲土地を売却しており、責めに帰すべき事由があるとい
え、XはYに対して、債務不履行に基づく解除権や損害賠償請求権の行使がで
きます（415条1項本文）。

　次に、債権者は、債務者または受益者が債権者を害することを知ってした行
為の取消しを裁判所に請求することができます（詐害行為取消請求・424条）。
ただし、相当の対価を得て行った不動産の売買の場合には424条の2の特則が
あり、①債務者に隠匿、無償の供与その他の債権者を害することとなる処分を
するおそれを現に生じさせるものであること（1号）、対価として取得した金
銭その他の財産を隠匿等の処分をする意思があること（2号）、受益者が債務
者の隠匿等の処分をする意思があることを知っていたこと（3号）がなければ
詐害行為取消請求はできません。

　本問では、問題文から、唯一の財産を売却して、その代金を隠匿すれば債権
者を害するおそれが現に生ずるといえますし、債務者Yに隠匿する意思があり、
受益者Zはそれを知っていますので、詐害行為取消請求権を行使できます。

債権総論　251

手順4 | 「問い」に呼応する「答え」をつくる

Yに対しては、解除権および損害賠償請求権、Zに対しては、詐害行為取消請求権を行使できる。

（44字）

採点基準

Yに対しては解除権および損害賠償請求権を行使できる……………12点

Zに対しては詐害行為取消請求権を行使できる…………………… 8点

❖MEMO❖

第4章

〈実戦編〉 民法

債権総論 253

問題 40 | 債権総論（詐害行為取消請求の行使要件）

重要度 ★★★

　XはYに対して弁済期の到来している100万円の貸金債権を有している。また、AもYに対して100万円の売買代金債権を有している。Yは唯一100万円の現金のみが財産であったが、その100万円をAに全額弁済してしまった。この弁済は、自己が負っている債務の弁済であるから、Xは原則として、裁判所に、この弁済を詐害行為として取り消すことを請求できない。しかし、例外的に、この弁済を取り消すことができる場合がある。それはどのような場合か。40字程度で記述しなさい。

（内容）要件型

| 手順1 | 「問い」を正確に把握する |

　特定の債権者に対する債務の弁済を、裁判所に詐害行為として取消しを請求できるのはどのような場合か。

| 手順2 | 「問いの形」に合わせて「答えの形」をつくる |

（問いの形）どのような場合か。

↓

（答えの形）○○の場合。

| 手順3 | 「答え」を完成させる知識を記憶喚起する |

　債務者がした既存の債務の弁済については、その弁済が、債務者が支払不能（＝債務者が、支払能力を欠くために、その債務のうち弁済期にあるものにつき、一般的かつ継続的に弁済することができない状態）の時に行われたものである場合（424条の3第1項1号）と、その弁済が債務者と受益者とが通謀して他の債権者を害する意図をもって行われたものである場合（同2号）のいずれにも該当する場合に、詐害行為取消請求をすることができます（424条1項本文）。

　したがって、本問では、Yが支払不能の時に弁済が行われ、かつ、YとAが通謀してXを害する意図をもって行われた場合、であれば、裁判所に対して詐害行為取消請求ができることになります。

| 手順4 | 「問い」に呼応する「答え」をつくる |

Aが、

Y	が	支	払	不	能	の	時	に	弁	済	が	行	わ	れ
、	か	つ	、	Y	と	A	が	通	謀	し	て	X	を	害
す	る	意	図	を	もっ	て	行	わ	れ	た	場	合	。

(45字)

採点基準

　Yが支払不能の時に弁済が行われた場合……………………… 8点

　かつ………………………………………………………………… 2点

　YとAが通謀して………………………………………………… 4点

　Xを害する意図をもって行われた場合………………………… 6点

債権総論　255

問題 41 | **債権総論（詐害行為取消請求の期間の制限）** 重要度 ★★★

　AはBに対して弁済期を平成30年5月18日として100万円を貸し付けていた。弁済期が到来しているにもかかわらずBが弁済しない。しかし、Bは唯一の財産ではあるが150万円相当の宝石を所有しており、万が一の時には、その宝石を差し押さえて競売手続を経れば債権の回収はできると考えていた。ところが、あるときBの持っていた宝石をCが身につけているのを見かけたため、令和元年7月18日にBに確認したところ、Bはその宝石を令和元年4月20日にCに贈与してしまったという。この場合、Bが無資力で、BCに詐害意思があれば、Aは原則としてBC間の贈与契約を取り消すことを裁判所に請求できるが、それはいつまでできるか。「Aが、」に続けて40字程度で記述しなさい。なお、「Aが、」は字数に算入しない。

（内容）要件型

> 手順1　「問い」を正確に把握する

裁判所に詐害行為取消請求できる場合、それはいつまでできるか。

> 手順2　「問いの形」に合わせて「答えの形」をつくる

(問いの形) いつまでできるか。

(答えの形) ○○までできる。

> 手順3　「答え」を完成させる知識を記憶喚起する

　裁判所に対して、詐害行為の取消しを請求できる場合であっても、詐害行為取消請求に係る訴えは、債務者が債権者を害することを知って行為をしたことを債務者が知った時から２年を経過したときは、提起することができません（426条前段）。また、行為の時から10年を経過したときも提起できなくなります（426条後段）。

　したがって、本問では、ＡがＢＣ間の贈与契約を知った時から２年間経過するまで、または、ＢＣ間の贈与契約の時から10年間経過するまで詐害行為取消請求ができます。

> 手順4　「問い」に呼応する「答え」をつくる

Ａが、ＢＣ間の贈与契約を知った時から２年、または、ＢＣ間の贈与契約の時から１０年が経過するまで。

(44字)

採点基準

　ＢＣ間の贈与契約を知った時から２年を経過するまでできる………10点
　ＢＣ間の贈与契約の時(行為の時)から10年を経過するまでできる…10点

問題 42　債権総論（連帯債務の相対効）

重要度 ★★

　AとBは共同事業を行うにあたり、Cから事業資金の融資を受けることにした。平成26年4月20日、AとBは共に、弁済期を1年後の平成27年4月20日として連帯してCから1,000万円の貸金債務（以下「本件貸金債務」という。）を負担した。負担部分はそれぞれ2分の1である。本件貸金債務につき、弁済期到来後、平成29年11月28日に、AがCに対して弁済の猶予を求め、その後更に期間が経過し、現在は令和2年5月13日である。この場合、Bは、Cに対して本件貸金債務の消滅時効を援用することはできるか、その理由とともに、40字程度で記述しなさい。なお、AC間に連帯債務の効力についての別段の意思表示はないものとする。

（内容）要件・効果型

| 手順1 | 「問い」を正確に把握する |

連帯債務において、連帯債務者の一人であるＡが債務を承認した場合、他の連帯債務者Ｂは、債権者Ｃに対して本件貸金債務の消滅時効を援用することはできるか、その理由も。

| 手順2 | 「問いの形」に合わせて「答えの形」をつくる |

（問いの形）債権者Ｃに対して本件貸金債務の消滅時効を援用することはできるか、その理由も。

（答えの形）○○だから、Ｂは消滅時効を援用「できるorできない」。

| 手順3 | 「答え」を完成させる知識を記憶喚起する |

まず、債務の承認は、時効更新事由です（152条1項）。したがって、弁済期到来後に債務を承認したＡについては、当初の時効期間（確定期限のある債務は期限到来の時から5年後の令和2年4月20日・166条1項1号）が経過しても、消滅時効は成立しません。この債務の承認の効力がＢに及ぶかについて、債務承認には、連帯債務の絶対効はなく、債務の承認をしていないＢに対しては、その効力を生じません（441条本文）。

したがって、連帯債務における債務の承認には相対的な効力しかないので、Ｂの消滅時効期間は更新せず、時効期間である令和2年4月20日経過後は、Ｂは、Ｃに対して消滅時効を援用できることになります。

| 手順4 | 「問い」に呼応する「答え」をつくる |

Ａ	の	債	務	の	承	認	は	相	対	効	で	あ	り	、
の	消	滅	時	効	期	間	は	更	新	し	な	い	か
ら	、	Ｂ	は	消	滅	時	効	を	援	用	で	き	る	。

（45字）

採点基準

Ａの債務の承認は相対効であり ………………………………… 6点

Ｂの消滅時効期間は更新しないから …………………………… 8点

Ｂは消滅時効を援用できる ……………………………………… 6点

問題43 | 債権総論（保証債務に生じた事由）

重要度 ★★★

次の【Xからの相談】に対して、①の〔　　　〕には相談に対する結論を10字程度で、②の〔　　　〕には、そのような結論になる理由を30字程度で補い、民法の規定を踏まえた【回答】を完成させなさい。

【Xからの相談】

私はAから、弁済期を平成27年9月1日として、2000万円を借り受けました。当該貸金債務については、Yが連帯保証人となってくれました。令和2年8月1日に、AはYに対して、裁判上、債務の履行を請求しましたが、Yがこれに応じようとしなかったため、令和2年10月1日、Aは今度は私に対して、裁判上、履行の請求をしてきました。この場合、当該貸金債務は、弁済期から既に5年以上経過しているので、時効によって消滅していると主張して、私はAからの請求を拒むことはできますか。

【回答】

この場合、あなたはAからの請求を①〔　　　　〕。なぜならば、②〔　　　　　〕からです。

Aからの請求を

なぜならば、

からです。

（内容）効果型　（形式）解答分割型・空欄補充型

| 手順1 | 「問い」を正確に把握する |

　Aが連帯保証人Yに請求後、主たる債務者Xに請求し、Xが時効消滅の主張をした場合、XはAからの請求を拒むことができるか。

| 手順2 | 「問いの形」に合わせて「答えの形」をつくる |

（問いの形）あなたはAからの請求を①〔　　　　　〕。なぜならば、②〔　　　　　〕からです。

↓

（答えの形）あなたはAからの請求を①〔拒むことができます or 拒むことができません〕。なぜならば、②〔○○〕からです。

| 手順3 | 「答え」を完成させる知識を記憶喚起する |

　裁判上、履行の請求があった場合、時効の完成が猶予され、確定判決によって権利が確定した場合には時効が更新されます（147条1項1号）。しかし、連帯保証人に対する履行の請求は相対的な効力しかなく、主たる債務者の債務には影響を及ぼしません（458条参照）。

　本問では、連帯保証人Yに対してなされた裁判上の履行の請求は、Yの保証債務の時効の完成を猶予および更新させる可能性はありますが、主たる債務者Xの債務には影響がなく、当初の時効期間（確定期限のある債務は期限到来の時から5年後の令和2年9月1日・166条1項1号）が経過すれば、主たる債務は時効により消滅し、Aからの請求を拒むことができます。

| 手順4 | 「問い」に呼応する「答え」をつくる |

Aからの請求を

| 拒 | む | こ | と | は | で | き | ま | す | | 。 | （9字） |

なぜならば、

Y	へ	の	請	求	が	あ	っ	て	も	、	X	の	債	務
の	時	効	は	更	新	せ	ず	、	時	効	消	滅	し	て
い	る													

からです。　　　　　　　　　　　　　（32字）

採点基準

拒むことはできます……………………………………………… 6点

Yへの請求があっても、Xの債務の時効は更新せず……… 8点

時効消滅している………………………………………………… 6点

債権総論　261

問題 44　債権総論（第三者弁済）

重要度 ★★

　債務の弁済は、債務者以外の第三者でもすることができる。しかし、債務者自身の意思を尊重し、民法は、「正当な利益を有する者でない第三者は、債権者や債務者の意思に反して弁済をすることができない。」として、第三者弁済を許さない場合を規定している。ただし、第三者が債務者の意思に反して弁済する場合でも、債務者の意思に反していることを債権者が知らなかった場合や、第三者が債権者の意思に反して弁済する場合でも、債務者の委託を受けての弁済であり、そのことを債権者が知っていた場合には、第三者は弁済することができる。第三者が弁済する場合には、民法上、以上のように規定されている。しかし、これらの事情があったとしても、第三者による弁済ができない場合が民法で、さらに２つ規定されているが、それはどのような場合か。「第三者による債務の弁済について、」に続けて、40字程度で記述しなさい。

第三者による債務の弁済について、

（内容）要件型

手順1　「問い」を正確に把握する

474条4項で規定されている、第三者による弁済ができない2つの場合。

手順2　「問いの形」に合わせて「答えの形」をつくる

（問いの形）第三者による弁済ができない2つの場合。

↓

（答えの形）○○の場合と、□□の場合。

手順3　「答え」を完成させる知識を記憶喚起する

　第三者弁済の可否については、問題文にあるように、処理されます。

　しかし、本問のような事情があったとしても、第三者による弁済ができない場合が474条4項で規定されています。それは、

　①債務の性質が第三者の弁済を許さないとき

　②当事者が第三者の弁済を禁止し、もしくは制限する旨の意思表示をしたとき

です。

手順4　「問い」に呼応する「答え」をつくる

第三者による債務の弁済について、

債	務	の	性	質	が	許	さ	な	い	場	合	と	、	当
事	者	が	禁	止	も	し	く	は	制	限	す	る	旨	の
意	思	表	示	を	し	た	場	合	。					

（40字）

採点基準

債務の性質が許さない場合……………………………………………… 8点

当事者が禁止もしくは制限する旨の意思表示をした場合…………… 12点

債権総論　263

問題 45 | **債権総論（特定物の現状による引渡し）**

重要度 ★★

　Aは東京に居住している。Aは大阪に居住してる友人Bのところへ遊びに行き、その際にBの自宅に宿泊した。AがB宅で夕食をしていると、Bが腕にはめている腕時計をいたく気に入り、Aはその場で当該時計を購入したいと懇願したが、Bはその場での返答ができず、「少し考えさせてくれ。」といって、その場では売買契約の締結には至らなかった。その後、Bから連絡があり、「あの時計売ってもいいよ。」という返答を得たため、令和2年2月1日に、AはBからB所有の時計を購入する契約を締結した。この契約では、時計の引き渡し期日は令和2年5月13日と定められた。契約締結後、引き渡し前にBの時計の電池が切れてしまった。この場合、Bが引渡しをすべき時の現状で時計を引き渡せばよいとされるのはどのような場合か。40字程度で記述しなさい。

（内容）要件型

> **手順1** 「問い」を正確に把握する

　ＡＢ間でＢが使用していた時計の売買契約が締結された場合、Ｂが時計を引渡し時の現状で引き渡せばよいとされるのはどのような場合か。

> **手順2** 「問いの形」に合わせて「答えの形」をつくる

（問いの形）どのような場合か。

↓

（答えの形）○○の場合。

> **手順3** 「答え」を完成させる知識を記憶喚起する

　債権の目的が特定物の引渡しである場合に、どのような状態で引き渡す必要があるかについては、契約その他の債権の発生原因および取引上の社会通念に照らしてその引渡しをすべき時の品質を定めることができる場合には、それに従いますが、そうでなければ、引渡しをすべき時の現状でその物を引き渡さなければならないことになります（483条）。

　したがって、Ｂが時計を引渡し時の現状で引き渡せばよいとされるのは、「契約その他の債権の発生原因および取引上の社会通念に照らしてその引渡しをすべき時の品質を定めることができない場合」です。

> **手順4** 「問い」に呼応する「答え」をつくる

契	約	そ	の	他	債	権	の	発	生	原	因	お	よ	び
取	引	上	の	社	会	通	念	に	照	ら	し	て	引	渡
し	時	の	品	質	を	定	め	ら	れ	な	い	場	合	。

（45字）

採点基準

　契約その他債権の発生原因に照らし………………………………… 8点

　取引上の社会通念に照らし……………………………………………… 8点

　引渡し時の品質を定められない場合…………………………………… 4点

債権総論　265

問題 46 | 債権総論（口頭の提供）

重要度 ★★★

AがBに対して電子レンジを売却する旨の売買契約を締結した。この契約においては、Aの目的物引渡債務と、Bの代金支払債務の履行期日はいずれも、令和2年4月20日とされていた。また、AがBのもとに電子レンジを持参することとされている。Aが電子レンジをBのもとに持参するために、令和2年4月17日、債務の履行期日である4月20日のBの所在を確認しようとBに連絡をしたところ、Bがあらかじめ受領を拒んできた。この場合、Aが債務不履行責任を追及されることを免れるためには、いかなる行為をすればよいか。その行為の名称とともに、40字程度で記述しなさい。

（内容）基本概念定義型・要件型

| 手順1 | 「問い」を正確に把握する |

　債権者があらかじめ弁済の受領を拒んでいる場合に、債務者が債務不履行責任を免れるためにする行為とその名称。

| 手順2 | 「問いの形」に合わせて「答えの形」をつくる |

（問いの形）いかなる行為をすればよいか。その行為の名称とともに

↓

（答えの形）「○○」をし、「□□」と呼ばれる。

| 手順3 | 「答え」を完成させる知識を記憶喚起する |

　弁済の提供は、債務の本旨に従って現実にしなければならないのが原則です（現実の提供：493条本文）が、債権者があらかじめ弁済の受領を拒んでいる場合や、債務の履行について債権者の行為を要するときには、現実の提供をする必要はなく、弁済の準備をしたことを通知してその受領の催告をすれば足りるとされています。この行為のことを口頭の提供といいます（493条ただし書）。

　本問では、債権者Bが、あらかじめ受領を拒んでいますので、Aは、弁済の準備をしたことを通知して、その受領を催告すれば、債務不履行の責任を免れることになります。

| 手順4 | 「問い」に呼応する「答え」をつくる |

A	は	B	に	弁	済	の	準	備	を	し	た	こ	と	を
通	知	し	て	、	そ	の	受	領	を	催	告	す	れ	ば
よ	く	、	こ	れ	を	口	頭	の	提	供	と	呼	ぶ	。

（45字）

採点基準

　Bに弁済の準備をしたことを通知して……………………………… 6点

　その受領を催告すればよく………………………………………… 6点

　口頭の提供と呼ぶ…………………………………………………… 8点

第4章　〈実戦編〉民法

債権総論　267

問題47 — 債権総論（相殺）

重要度 ★★★

次の文章は、【Aからの相談】とそれに対する【回答】であるが、〔　　　〕に適切な文章を補い【回答】を完成させなさい。〔　　　〕には、本問でAが相殺できる理由を40字程度で記述しなさい。

【Aからの相談】

　私はBに対して甲自動車を300万円で売却する契約を締結しました。この300万円の売掛代金債権（以下、「甲債権」という。）の弁済期は令和元年5月18日とされています。また、私はBから300万円を借りています。この貸金債務（以下、「乙債権」という。）の弁済期は令和元年9月18日となっています。この場合に、私は令和元年8月1日に甲債権と乙債権を相殺をすることはできるでしょうか。

【回答】

　相殺することができます。本来、相殺の効力を生ずるためには、双方の債務が弁済期にあることが必要です。そうすると、令和元年8月1日時点では、受働債権の乙債権の弁済期がまだ到来していませんので、自働債権である甲債権との相殺は認められないようにも思われます。しかし、〔　　　〕ので、それを理由に、Aさんは甲債権と乙債権を相殺することができます。

（内容）要件型　（形式）空欄補充型

| 手順1 | 「問い」を正確に把握する |

　弁済期が到来している甲債権を自働債権、弁済期が到来していない乙債権を受働債権として相殺することができるか。

| 手順2 | 「問いの形」に合わせて「答えの形」をつくる |

（答えの形）〔　　　　　〕ので、それを理由に、Aさんは甲債権と乙債権を相
　　　　　　殺することができます。

| 手順3 | 「答え」を完成させる知識を記憶喚起する |

　【回答】にあるように、本来、自働債権、受働債権の双方が弁済期になければならないとも思われます。しかし、債務者は期限の利益を放棄することができます（136条2項）。

　したがって、本問では、Aは乙債権の期限の利益を放棄することによって、甲債権と乙債権を相殺することができることになります。

| 手順4 | 「問い」に呼応する「答え」をつくる |

甲	債	権	が	弁	済	期	に	あ	れ	ば	、	乙	債	権
は	弁	済	期	に	な	く	て	も	、	A	は	期	限	の
利	益	を	放	棄	で	き	る							

(38字)

採点基準

甲債権が弁済期にあれば………………………………………… 4点

乙債権が弁済期になくても……………………………………… 4点

Aは期限の利益を放棄できるので………………………………12点

債権総論　269

| 問題 48 | 債権総論
（差押えを受けた債権の相殺） | 重要度
★ ★ ★ |

AはBに対して弁済期を令和2年2月1日とする100万円の貸金債権（以下、「甲債権」とする。）を有している。CはAに対して弁済期を令和2年3月1日とする100万円の貸金債権（以下、「乙債権」とする。）を有している。令和2年4月20日、CはAの有する甲債権を差し押さえた。ここで、BがAに対して100万円の債権を有している（以下、「丙債権」とする。）。この場合、Bはこの丙債権を自働債権として、甲債権と相殺することができるか。Bが丙債権を取得した時期がCの差押え前の場合と、差押え後の場合に分け、「丙債権の取得が、甲債権の」に続けて、40字程度で記述しなさい。なお、丙債権はBがAに対して宝石を売却した際の売買代金債権である。

丙債権の取得が、甲債権の

										10					15

（内容）要件・効果型

> ### 手順1　「問い」を正確に把握する

　差押えを受けた債権を受働債権として、自己の債権と相殺することができるか。丙債権の取得が差押え前と差押え後の場合に分けて解答する。

> ### 手順2　「問いの形」に合わせて「答えの形」をつくる

（問いの形） 丙債権と、差押えを受けた甲債権を相殺することができるか。丙債権を差押え前に取得した場合と、差押え後に取得した場合。

（答えの形） 差押え前の取得の場合は相殺できる or 相殺できない

　　　　　　　差押え後の取得の場合は相殺できる or 相殺できない

> ### 手順3　「答え」を完成させる知識を記憶喚起する

　差押えを受けた債権を受働債権として相殺できるかどうかについては、差押え前に自働債権を取得した場合には相殺することができ、差押え後に自働債権を取得した場合には原則として相殺することはできません（511条1項）。ただし、差押え後に自働債権を取得した場合でも、債権が差押え前の原因に基づいて生じたものであるときは、相殺することができます（511条2項本文）。

　したがって、差押え前の取得であれば相殺できるが、差押え後の取得の場合は相殺できない。ただし、丙債権の発生原因である売買契約が差押え前になされていた場合には相殺できることになります。なお原因が差押え前であっても、それが他人の債務を取得したものである場合には相殺できません（511条2項ただし書）。しかし、本問はB自身の債務ですので、この条文を考慮する必要はありません。

> ### 手順4　「問い」に呼応する「答え」をつくる

丙債権の取得が、甲債権の

差	押	え	前	な	ら	相	殺	で	き	、	差	押	え	後
な	ら	相	殺	で	き	な	い	が	、	売	買	契	約	締
結	が	差	押	え	前	な	ら	相	殺	で	き	る	。	

（44字）

採点基準

　差押え前なら相殺できる………………………………………… 6点

　差押え後なら相殺できない……………………………………… 6点

　売買契約締結が差押え前なら相殺できる……………………… 8点

債権総論　271

問題 49 債権各論（同時履行の抗弁）

重要度 ★★

　AはBから、Bの占有・所有する宝石を180万円で購入した。契約上、宝石の引渡期日は平成30年5月13日、売買代金は宝石と引換えに支払うこととされた。宝石の引渡期日が到来したが、Bが宝石を引き渡さないので、AはBに対して宝石の引渡しを請求した。ただし、AはまだBに代金を支払っておらず、弁済の提供もしていない。この場合、Bは、Aの引渡請求を拒むために、どのような権利を主張することができるか。また、AがBに対して当該宝石の引渡しを求めて訴訟を提起した場合、双方の主張に理由があると認められるときは、裁判所はどのような判決を出すと考えられるか。合わせて40字程度で記述しなさい。

（内容）効果型

| 手順1 | 「問い」を正確に把握する |

　前半は、買主Aが代金を支払わず、弁済の提供もないのに、Bに宝石の引渡しを請求してきた場合です。後半は、Aが代金を支払わず、弁済の提供もないのに、Bに引渡請求訴訟を提起した場合です。この場合に、前半はBが主張できること。後半は、裁判所が出す判決。

| 手順2 | 「問いの形」に合わせて「答えの形」をつくる |

（問いの形）（前半）Bは、どのような権利を主張ができるか。
　　　　　　（後半）裁判所は、どのような判決を出すか。

（答えの形）（前半）Bは、「○○」という権利を主張できる。
　　　　　　（後半）裁判所は、「□□判決」を出す。

| 手順3 | 「答え」を完成させる知識を記憶喚起する |

　Aの当該宝石の引渡請求権とBの売買代金支払請求権は同時履行の関係にあります。したがって、Bは、同時履行の抗弁権（533条）を行使して、Aの引渡請求を拒むことができます。また、Bの売買代金支払請求権は当該宝石から生じた債権であり、Bは、現在当該宝石を占有していますので、留置権（295条）を行使して、Aの引渡請求を拒むこともできます。

　つぎに、引渡請求訴訟において、同時履行の抗弁権・留置権の抗弁が提出された場合、双方の主張に理由があると認められるときは、引換給付判決（債務の支払いと同時に物の引渡しをすることを命じる判決）が出されます（同時履行の抗弁権につき：大判明44.12.11、留置権につき：最判昭33.3.13）。

| 手順4 | 「問い」に呼応する「答え」をつくる |

			同	時	履	行	の	抗	弁	権	と	留	置	権
B	は	、												
を	主	張	す	る	こ	と	が	で	き	、	ま	た	、	裁
判	所	は	、	引	換	給	付	判	決	を	出	す	。	

（44字）

採点基準

　同時履行の抗弁権を主張できる………………………………… 6点
　留置権を主張できる…………………………………………………… 6点
　引換給付判決を出す…………………………………………………… 8点

第4章

〈実戦編〉民法

債権各論　273

問題50 　債権各論（契約の解除）

重要度

　Aが、その所有する甲建物（以下、「甲」という。）をBに売却する契約を締結した。引渡し期日は平成30年4月18日とされていた。その後、引渡し期日が到来したので、BはAに対して売買代金を支払ったが、AはBに対して甲を引き渡しておらず履行遅滞が生じている。この場合、原則として、どのような要件を満たせばBはAとの契約を解除することができるか。40字程度で記述しなさい。

（内容）要件型

> **手順1 「問い」を正確に把握する**

　売買契約において履行遅滞が生じた場合に、債権者が当該契約を解除するための要件。

> **手順2 「問いの形」に合わせて「答えの形」をつくる**

（問いの形）どのような要件。

↓

（答えの形）「○○」という要件。

> **手順3 「答え」を完成させる知識を記憶喚起する**

　当事者の一方がその債務を履行しない場合においては、相手方が相当の期間を定めてその履行を催告をし、その期間内に履行がないときに、当該契約を解除することができる（541条本文）。

　したがって、本問では、Bが相当の期間を定めて甲の引渡しを催告し、その期間内に引渡しがないときに、Bは当該売買契約を解除することができることになります。

　さらに解除権の行使には意思表示が必要ですから（540条1項）、このことも解除の要件となります。

> **手順4 「問い」に呼応する「答え」をつくる**

B	が	相	当	の	期	間	を	定	め	甲	の	引	渡	し
を	催	告	し	、	そ	の	期	間	内	に	履	行	が	な
く	、	解	除	の	意	思	表	示	を	す	る	こ	と	。

（45字）

採点基準

Bが相当の期間を定めて甲建物を引き渡すよう催告し……………… 8点

その期間内に甲建物の引渡しがないとき…………………………… 8点

解除の意思表示をすること………………………………………… 4点

第4章　〈実戦編〉民法

債権各論　275

問題 51 　債権各論（売主の契約不適合責任）

　XはY米店から、Yの倉庫にあるコシヒカリのうち1キロあたり400円として、100キロ、合計4万円で購入する契約を締結した。コシヒカリの引渡し期限である令和2年4月20日、XはYからコシヒカリの引渡しを受けた。引渡しを受けたコシヒカリの重量を計ってみたところ75キロしかなかったため、XはYに対して、100キロに足らない分の代金減額を請求したいと考えている。この場合、XはYに対して代金減額請求をするにはどのような要件を満たす必要があるか。また代金減額請求が認められる場合、その金額はいくらか。40字程度で記述しなさい。なお、Yが75キロしか引き渡さなかったことにつき、Xの責めに帰すべき事由はなく、また、Yの倉庫にはコシヒカリが500キロ存在し、いつでも追完できる状態で、Yには追完を拒絶する意思を明確に表明もしていない。さらに、必ずしも令和2年4月20日でなければ売買契約の目的を達成できないものでもないこととする。金額の計算については本問で与えられた数値のみで解答すればよい。

（内容）要件型

手順1　「問い」を正確に把握する

　特定物売買の場合に、買主が売主に対して代金減額請求をするための要件と、減額請求が認められる金額。

手順2　「問いの形」に合わせて「答えの形」をつくる

（問いの形）どのような要件を満たす必要があるか。金額はいくらか。

↓

（答えの形）○○ということ。□□円請求できる。

手順3　「答え」を完成させる知識を記憶喚起する

　引き渡された目的物が種類、品質または数量に関して契約の内容に適合しないものであるときは、買主が相当の期間を定めて履行の追完の催告をし、その期間内に履行の追完がないときは、買主は、その不適合の程度に応じて代金減額請求ができます（563条1項）。

　したがって、引き渡されたコシヒカリが100キロであるべきところ75キロしかなかったわけですから、数量に関して契約の内容に適合しないものであるといえます。したがって、XはYに対して相当の期間を定めて履行の追完を催告し、その期間内に追完がないときは代金減額請求ができます。また、25キロ足りないという不適合ですので、1キロ当たり400円として400円×25キロ＝1万円について代金の減額を請求できることになります。

手順4　「問い」に呼応する「答え」をつくる

Y	に	相	当	の	期	間	を	定	め	て	履	行	の	追
完	を	催	告	し	、	そ	の	期	間	内	に	追	完	が
な	い	と	き	に	、	1	万	円	請	求	で	き	る	。

（45字）

採点基準

Yに相当の期間を定めて履行の追完を催告し……………………………… 8点

その期間内に追完がないとき……………………………………………… 2点

1万円請求できる………………………………………………………… 10点

第4章

《実戦編》民法

債権各論　277

問題 52 | **債権各論（使用貸借・借用物の返還の時期）**

重要度 ★★★

　Xは、息子のYから、ショップを開いて、1000万円を稼ぎたいという相談を受けて、自己所有の甲建物をYに無料で貸している。ＸＹ間で貸借期間については特に定めていなかった。この場合、ＸＹでの合意の他、Yが死亡した場合にもこの貸借契約は終了するが、それ以外にも契約が終了するのは、どのような時か。また、本件契約において、Xの方から契約を解除できる場合があるが、それはどのようなときか。それぞれ「Yが、」「Xが契約を解除できるのは、」に続けて、それぞれ25字程度、20字程度で記述しなさい。

Yが、

Xが契約を解除できるのは、

（内容）要件型 （形式）解答欄分割型

手順1 「問い」を正確に把握する

　ＸＹ間で使用貸借が締結されたが、貸借期間は定められず、使用および収益の目的が定められた場合に、使用貸借契約が終了するのは、どのような時か。また、貸主Ｘの方から契約を解除できる場合があるがそれはどのようなときか。

手順2 「問いの形」に合わせて「答えの形」をつくる

（問いの形）（Ｙが、）どのような時か。（Ｘが契約を解除できるのは、）どのようなときか。

↓

（答えの形） Ｙが、○○の時、また、□□のとき。

手順3 「答え」を完成させる知識を記憶喚起する

　使用貸借における、借用物の返還の時期については、まずは当事者の契約で定めた時期となります（597条1項）。しかし、当事者が返還時期を定めなかったときは、借主は、契約に定めた目的に従い使用および収益を終わった時に、返還しなければなりません（597条2項）。また、使用及び収益の目的を定めた場合その使用及び収益を終わる前であっても、使用及び収益をするのに足りる期間を経過したときは、貸主は、契約を解除することができます（598条1項）。

手順4 「問い」に呼応する「答え」をつくる

Ｙが、

契	約	に	定	め	た	目	的	に	従	っ	た	使	用	及
び	収	益	が	終	了	し	た	時	。					

（25字）

Ｘが契約を解除できるのは、

使	用	及	び	収	益	に	足	り	る	期	間	を	経	過
し	た	と	き	。										

（20字）

採点基準

　　契約に定めた目的に従った使用及び収益が終了した時……………… 10点
　　使用及び収益に足りる期間を経過したとき…………………………… 10点

債権各論　279

問題 53 | 債権各論（賃借権の対抗要件） 重要度 ★★★

　Xは、Y所有の甲土地を建物所有目的でYから賃借した。その後、Xは甲土地上に乙建物を建てて居住している。Yは甲土地をZに譲渡し、Zは、甲土地の移転登記を具備したうえ、Xに対して建物収去・土地明渡しを請求してきた。Xが甲土地の賃借権をZに対抗できるのは、どのような場合か。民法、借地借家法に基づいて、40字程度で記述しなさい。

（内容）要件型

| 手順1 | 「問い」を正確に把握する |

賃借した土地が譲渡された場合に、譲受人に対する賃借権の対抗要件。

| 手順2 | 「問いの形」に合わせて「答えの形」をつくる |

（問いの形）どのような場合か。

↓

（答えの形）「○○」のまでは場合。

| 手順3 | 「答え」を完成させる知識を記憶喚起する |

　物権（所有権）と債権（賃借権）が対立した場合、物権が優先するのが原則ですが、不動産賃借権は賃借権の登記（民法605条）ができ、登記に対抗力が認められています。

　また、建物所有目的の土地賃借権の場合には、建物登記に対抗力を認め（借地借家法10条1項）、建物賃借権の場合には、引渡しに対抗力を認める（同法31条）など、特別法による賃借権の保護があります。

　本問では、甲土地の賃借権の対抗要件が問題となっていますから、民法上の対抗要件となる、甲土地賃借権の登記と、借地借家法上の対抗要件となる、乙建物の所有権登記を書くことになります。

| 手順4 | 「問い」に呼応する「答え」をつくる |

甲	土	地	に	Ｘ	名	義	の	賃	借	権	登	記	が	あ
る	場	合	、	又	は	、	乙	建	物	に	Ｘ	名	義	の
建	物	登	記	が	あ	る	場	合	で	あ	る	。		

（43字）

採点基準

甲土地にＸ名義の賃借権登記がある場合……………………………… 10点

乙建物にＸ名義の建物登記がある場合………………………………… 10点

第4章

〈実戦編〉民法

債権各論　281

問題 54 | **債権各論（賃借人の意思に反する保存行為）**

　Aは自己所有の甲建物（以下、「甲」という。）をBに賃貸していた。甲は築年数70年の俗に古民家といわれる建物であり、Bは甲の古い雰囲気をそのまま使用して、古民家カフェを経営していた。ところが、甲の傷みが激しくなってきたため、Aは甲の傷みを補強すべく、全面的にリフォームすることとした。このリフォームは保存行為であるから、BはAの行うリフォームを拒否することはできない。しかし、この保存行為によって生ずるBの不利益を考慮して、Bが賃貸借契約を解除できる場合があるが、それは、保存行為がどのようなもので、それによってBがどうなる場合か、40字程度で記述しなさい。

（内容）要件型

手順1 「問い」を正確に把握する

賃貸人が保存行為を行う場合に、賃借人が契約を解除できるのは、その保存行為がどのようなもので、それによってBがどうなる場合か。

手順2 「問いの形」に合わせて「答えの形」をつくる

（問いの形）保存行為がどのようなもので、それによってBがどうなる場合か。

↓

（答えの形）保存行為が「○○」で、それによってBが「□□」になる場合。

手順3 「答え」を完成させる知識を記憶喚起する

賃貸人が賃借人の意思に反して保存行為をしようとする場合において、そのために賃借人が賃借をした目的を達することができなくなるときは、賃借人は、契約の解除をすることができます（607条）。

したがって、本問では、Aの保存行為がBの意思に反するもので、それによってBが賃借をした目的を達することができなくなる場合に、Bは契約を解除できることになります。

手順4 「問い」に呼応する「答え」をつくる

保	存	行	為	が	B	の	意	思	に	反	し	、	そ	れ
に	よ	っ	て	B	が	賃	借	を	し	た	目	的	を	達
す	る	こ	と	が	で	き	な	く	な	る	場	合	。	

(44字)

採点基準

保存行為がBの意思に反し ……………………………………… 10点

Bが賃借をした目的を達することができなくなる場合 ……………… 10点

債権各論 **283**

問題 55 | 債権各論（賃借人の費用償還請求）

重要度 ★★★

Xは自己所有の甲建物をYに賃貸する契約を締結し、甲をYに引き渡した。Yが甲に居住していたところ、キッチンの使い勝手が悪かったので、まだ十分使用できたにもかかわらず、新しいキッチンに造り替えを行い有益費として30万円を支出した。この場合、Yが支出した有益費については、YはXに対して、いつ、いかなる場合に、いかなる額を請求することができるか、40字程度で記述しなさい。

（内容）要件・効果型

> **手順1** 「問い」を正確に把握する

　賃貸借契約において有益費を支出した場合、その償還請求ができますが、その請求の時期、その要件、請求できる額について。

> **手順2** 「問いの形」に合わせて「答えの形」をつくる

（問いの形） 有益費それぞれについて、いつ、いかなる場合に、いかなる額を請求できるか。

（答えの形） 有益費は「○○（時期）」に、「□□（場合）」に、「△△（額）」を請求できる。

> **手順3** 「答え」を完成させる知識を記憶喚起する

　賃借人が支出した有益費については、賃貸借の終了の時に、その価格の増加が現存する場合に限り、支出した金額または増価額を償還請求できます（608条2項、196条2項）。

> **手順4** 「問い」に呼応する「答え」をつくる

賃	貸	借	の	終	了	時	に	、	そ	の	価	格	の	増
加	が	現	存	す	る	場	合	に	限	り	、	支	出	し
た	金	額	又	は	増	価	額	を	請	求	で	き	る	。

（45字）

採点基準

賃貸借終了時 …………………………………………………… 4点

その価格の増加が現存する場合に限り ………………………… 8点

支出した金額または増価額を請求できる ……………………… 8点

債権各論　285

問題56　債権各論（賃貸借の更新）

　Aは、駐車場として使用するためにBからB所有の甲土地を賃借していた。しかし、当該賃貸借の契約期間が満了した。ＡＢ間では賃貸借の更新についてなんら協議していない。この場合、どのような要件のもとであれば、従前の賃貸借と同一の条件で更に賃貸借をしたものと推定されるか。40字程度で記述しなさい。

（内容）要件型

| 手順1 | 「問い」を正確に把握する |

　ＡＢ間の賃貸借契約の期間が満了した場合に、従前の賃貸借と同一条件で更新したとされる要件。

| 手順2 | 「問いの形」に合わせて「答えの形」をつくる |

（問いの形）どのような要件。

↓

（答えの形）「○○」という要件。

| 手順3 | 「答え」を完成させる知識を記憶喚起する |

　賃貸借の期間が満了した後、①賃借人が賃借物の使用または収益を継続する場合において、②賃貸人がこれを知りながら異議を述べないときは、賃貸人と賃借人に賃貸借契約を存続させる意思があるといえることから、従前の賃貸借と同一の条件で更に賃貸借をしたものと推定されます（黙示の更新：619条1項前段）。

　本問では、ＡＢ間で賃貸借の更新についてなんら協議していません。したがって、原則として、期間の満了によって土地の賃貸借契約は終了することになりますが、上記要件を満たせば、黙示の更新となり、従前の賃貸借と同一の条件で更に賃貸借をしたものと推定されることになります。

| 手順4 | 「問い」に呼応する「答え」をつくる |

A	が	甲	土	地	の	使	用	を	継	続	す	る	場	合
に	お	い	て	、	B	が	こ	れ	を	知	り	な	が	ら
異	議	を	述	べ	な	い	と	き	。					

（40字）

採点基準

　Aが甲土地の使用を継続する場合において…………………………10点

　Bがこれを知りながら異議を述べないとき…………………………10点

第4章

〈実戦編〉民法

債権各論　287

問題 57 | **債権各論（注文者が受ける利益の割合に応じた報酬）** 重要度 ★★★

　令和2年11月28日、Aは建設業者Bと、4LDKの住宅2棟の建築請負契約を締結した。Bの報酬請求権は、請負契約においては、請負の対象となる住宅2棟が完成したことによって発生するのが原則である。しかし、ある場合に、2棟のうち1棟の建設が終了し、その1棟の給付によって注文者Aが利益を受けるときは、その部分は完成したものとみなされ、BはAの受ける利益の割合に応じて報酬を請求することができる場合がある。ある場合とはどのような場合か。40字程度で記述しなさい。

（内容）要件型

| 手順1 | 「問い」を正確に把握する |

　建築請負契約において、注文者が受ける利益の割合に応じて報酬を受けることができるのはどのような場合か。

| 手順2 | 「問いの形」に合わせて「答えの形」をつくる |

（問いの形）どのような場合か。

↓

（答えの形）○○の場合。

| 手順3 | 「答え」を完成させる知識を記憶喚起する |

　請負人がすでにした仕事の結果のうち可分な部分の給付によって注文者が利益を受けるときは、その部分を仕事の完成とみなし、この場合には、請負人は、注文者が受ける利益の割合に応じて報酬を請求することができます（634条柱書）。それができるのは、注文者の責めに帰することができない事由によって仕事を完成することができなくなったとき（634条1号）と、請負が仕事の完成前に解除されたときです（634条2号）。

| 手順4 | 「問い」に呼応する「答え」をつくる |

注文者の帰責事由なく仕事を完成でき（注文者の帰責事由なく仕事を完成できなくなった場合と、請負が仕事の完成前に解除された場合。）

（44字）

採点基準

注文者の帰責事由なく …………………………………………… 4点

仕事を完成できなくなった場合 ………………………………… 6点

請負が仕事の完成前に …………………………………………… 6点

解除された場合 …………………………………………………… 4点

第4章

《実戦編》民法

債権各論　289

問題 58 | **債権各論（請負人の担保責任の制限）**

　Xは建設業者Yと2階建ての建物の建築請負契約を締結した。Yの建築工事は順調に進み、契約の完成期限までに建物を完成させ、Xに引き渡した。ところがこの建物の柱の何本かに亀裂があり、十分な耐震強度がないことが判明した。この場合、XはYに対して契約不適合責任の追及として、建物の修繕等の履行の追完請求、報酬の減額の請求、損害賠償の請求、契約の解除をすることができる。しかし、契約不適合を知ってから1年以内にYに通知していても、Xがこれらの契約不適合責任を追及できない場合がある。それはどのような場合か。40字程度で記述しなさい。なお、建物引渡し時、Yは建物の契約不適合につき善意無重過失であったこととする。

（内容）要件型

手順1	「問い」を正確に把握する

　建築請負契約において、注文者が契約不適合責任を追及できない場合があるが、それどのような場合か。

手順2	「問いの形」に合わせて「答えの形」をつくる

（問いの形）どのような場合か。

↓

（答えの形）○○の場合。

手順3	「答え」を完成させる知識を記憶喚起する

　請負人が種類または品質に関して契約の内容に適合しない仕事の目的物を注文者に引き渡したとき、その不適合が、注文者の供した材料の性質または注文者の与えた指図によって生じた場合には、履行の追完の請求、報酬の減額の請求、損害賠償の請求および契約の解除をすることなどの契約不適合責任を追及することができません（636条本文）。

　したがって、本問では、何本かの柱の亀裂が、Xの供した材料の性質またはXの与えた指図によって生じている場合には、契約不適合責任を追及することができません。

手順4	「問い」に呼応する「答え」をつくる

何本かの柱の亀裂が、Xの供した材料の性質またはXの与えた指図によって生じている場合。

（42字）

採点基準

何本かの柱の亀裂が（契約の内容の不適合が）……………………… 4点

Xの供した材料の性質によって生じている場合……………………… 8点

Xの与えた指図によって生じている場合…………………………… 8点

債権各論　291

問題 59 | 債権各論（請負契約の解除）

　飲食店チェーンA社は、新店舗を増やす計画の下、建設会社Bと新店舗の建築請負契約を締結した。当該契約に基づき、Bは建設工事に着手し、特に工期の遅れもなく、新店舗建設は順調に進行している。ところが、Aの事業計画の変更により、新店舗の出店を取りやめることとなった。そのため、現在建設中の新店舗も不要になってしまった。この場合、Aは、どのような要件のもとであれば、当該新店舗の建築請負契約を解除することができるか。40字程度で記述しなさい。

（内容）要件型

| 手順1 | 「問い」を正確に把握する |

　請負人Bが請負契約に基づいて建築中の建物を、注文者Aが不要になった場合、Aが請負契約を解除する要件。

| 手順2 | 「問いの形」に合わせて「答えの形」をつくる |

（問いの形）どのような要件。

↓

（答えの形）「○○」という要件。

| 手順3 | 「答え」を完成させる知識を記憶喚起する |

　請負契約においては、契約一般の解除権（541〜543条）のほか、

①　注文者による契約の解除（641条）

②　注文者についての破産手続の開始による解除（642条1項）

が認められています。

　本問の場合、工事は順調に進行しており、請負人Bに債務不履行はありません。

　注文者Aが破産手続の開始の決定を受けたわけでもありませんし、また、この解除は請負人Bからの解除を認めるものです。

　したがって、注文者Aによる解除を定める641条を書くことになり、その要件は、請負人Bが仕事を完成しない間に、注文者Aの解除によって請負人Bに生ずる損害を賠償することです。

　さらに、解除権の行使には意思表示が必要となります（540条1項）。

| 手順4 | 「問い」に呼応する「答え」をつくる |

|Bが建物を完成しない間に、Aの解除によりBに生ずる損害を賠償し、解除の意思表示をすること。|

（45字）

採点基準

Bが建物を完成しない間に……………………………………… 6点

Aの解除によりBに生ずる損害を賠償し……………………… 8点

解除の意思表示をすること……………………………………… 6点

第4章

〈実戦編〉民法

債権各論　293

問題60 | 債権各論（請負契約と不当利得）

重要度 ★★★

　AはBからB所有の家屋を賃借した際に、家賃2か月分の権利金300万円を支払った。後日、当該家屋の修繕工事が必要になったとき、AはCに対してその修繕を依頼し、Cが同工事を請け負った。修繕が終わり、引渡しも完了している。この場合、Cは修繕にかかった金額を回収するため、Aに対しては、何を根拠に、いかなる請求をすることができるか。また、Aが無資力である場合に、Bに対しては、何を根拠に、いかなる請求をすることができるか。40字程度で記述しなさい。

（内容）要件・効果型

| 手順1 | 「問い」を正確に把握する |

　賃借人AがCに家屋の修繕工事を請け負わせた場合に、Cは、Aに対しては、何を根拠に、いかなる請求をすることができるか。また、Aが無資力である場合に、Bに対しては、何を根拠に、いかなる請求をすることができるか。

| 手順2 | 「問いの形」に合わせて「答えの形」をつくる |

（問いの形）Aに対しては、何を根拠に、いかなる請求をすることができるか。また、Bに対しては、何を根拠に、いかなる請求をすることができるか。

（答えの形）Aに対しては、「○○」を根拠に「□□」を請求でき、Bに対しては、「△△」を根拠に「××」を請求することができる。

| 手順3 | 「答え」を完成させる知識を記憶喚起する |

　まず、AC間には、請負契約が締結されていますので、Cは請負契約に基づいて、請負代金請求権を取得します（632条）。

　つぎに、Aが無資力の場合に、当該Cの財産や労務の提供によって生じた利益の回収について、その利益を法律上の原因なくして取得している者がいれば、その者に対して不当利得返還請求権を取得します（703条）。

　ここで、当該建物の所有者Bが法律上の原因なくして、Cの財産や労務の提供によって生じた利益を得ているといえれば、CはBに対して、不当利得としてその返還請求権を取得します。

　本問のような場合に、判例（最判平7.9.19）は、賃借建物の所有者が法律上の原因なくして修繕工事に要した財産及び労務の提供に相当する利益を受けたということができるのは、賃借人と所有者との間の賃貸借契約を全体としてみて、所有者が対価関係なしに利益を受けたときに限られる、としています。

　本問では、Cが修繕工事に要した財産や労務の提供に相当する利益について、Bが対価を払っているというような事実は認められません。したがって、Cは、Bに対して、修繕代金相当額を不当利得として返還を請求することができます。

債権各論　295

| 手順4 | 「問い」に呼応する「答え」をつくる |

Aには請負契約に基づき修繕代金請求、Bには不当利得として修繕代金相当額の返還請求ができる。

(45字)

採点基準

Aには請負契約を根拠に……………………………………………… 6点

修繕代金請求ができる………………………………………………… 4点

Bには不当利得として………………………………………………… 6点

修繕代金相当額の返還請求ができる………………………………… 4点

❖MEMO❖

第4章

〈実戦編〉民法

債権各論　297

問題 61 | **債権各論（管理者による事務管理の継続）**

重要度 ★★★

　Xは、ある日公園を散歩していたところ、Yが道端に倒れいているのに気づき、声をかけたところ、反応がなかったので、すぐに救急車を呼び、病院まで同行した。身元が分からないため、XがYに付き添っていた。この場合、Xはいつまで付き添いを継続しなければならないか。40字程度で記述しなさい。なお、事務管理を継続することについてはYの意思には反せず、また、本人の不利であることが明らかであるとは言えない。

（内容）効果型

手順1　「問い」を正確に把握する

　Xが事務管理を引き受けた場合、Xはいつまで事務管理を継続しなければならないか。

手順2　「問いの形」に合わせて「答えの形」をつくる

（問いの形）いつまで継続しなければならないか。

↓

（答えの形）○○まで。

手順3　「答え」を完成させる知識を記憶喚起する

　事務管理を始めた場合、管理者は、本人又はその相続人若しくは法定代理人が管理をすることができるに至るまで、事務管理を継続しなければならないとされている（700条）。本問では、Xは法律上の義務がないのに、道に倒れているYを救護し付き添っている。このXの行為は事務管理といえる。したがって、XはYに付き添うという事務管理の継続を、Yや法定代理人が管理することができるようになるまで、事務管理を継続しなければならないことになります。

手順4　「問い」に呼応する「答え」をつくる

本	人	又	は	そ	の	相	続	人	若	し	く	は	法	定
代	理	人	が	管	理	を	す	る	こ	と	が	で	き	る
に	至	る	ま	で	。									

（36字）

採点基準

　本人又はその相続人若しくは法定代理人が……………………………… 12点

　管理をすることができるに至るまで…………………………………… 8点

債権各論　299

問題62 | 債権各論（他人の債務の弁済）

　AはBに対して100万円を貸し付けていたが、Cは自分が借り受けているものだと勘違いして、Aに100万円を弁済してしまった。この場合、Cは原則として、Aに対して弁済した100万円について、Aの不当利得に基づいて返還請求できるが、民法上、返還請求ができない場合がある。それはどのような場合か。民法707条の規定に基づき、40字程度で記述しなさい。

（内容）要件型

手順1 「問い」を正確に把握する

Cが他人Aの債務を錯誤によって弁済した場合、不当利得返還請求できない場合というのはどのような場合か。

手順2 「問いの形」に合わせて「答えの形」をつくる

（問いの形）どのような場合か。

↓

（答えの形）○○の場合。

手順3 「答え」を完成させる知識を記憶喚起する

他人の債務を弁済した場合、原則として、Aに対して不当利得に基づく返還請求ができます（703条）。しかし、債務者でない者が錯誤によって債務の弁済をした場合であっても、債権者が善意で証書を滅失させ若しくは損傷し、担保を放棄し、又は時効によってその債権を失ったときは、その弁済をした者は、返還の請求をすることができません（707条）。

本問では、債務者ではないCが錯誤によってAの債務を弁済していますから、原則として不当利得返還請求ができますが、債権者Aが債権者が善意で証書を滅失させ若しくは損傷し、担保を放棄し、又は時効によってその債権を失ったときは、不当利得返還請求できません。

手順4 「問い」に呼応する「答え」をつくる

A	が	善	意	で	証	書	を	滅	失	・	損	傷	し	、
担	保	を	放	棄	し	、	又	は	時	効	に	よ	っ	て
そ	の	債	権	を	失	っ	た	場	合	。				

（41字）

採点基準

債権者が善意 ……………………………………………………… 2点

証書を滅失・損傷 ………………………………………………… 6点

担保を放棄 ………………………………………………………… 6点

時効によってその債権を失った ………………………………… 6点

債権各論　301

問題63 | **債権各論（監督義務者の責任）**

責任能力がある高校1年生で16歳のAは、遊ぶ金欲しさに、Bのハンドバックを強奪したが、その際、Bは転倒し、骨折を伴う大けがをし、その際にかかった治療費は100万円であった。この場合、Bはどのような要件のもとであれば、Aの両親CDに対して、不法行為に基づく100万円の損害賠償請求をすることができるか。40字程度で記述しなさい。

（内容）要件型

手順1 「問い」を正確に把握する

　責任能力のある未成年者Ａが不法行為を行った場合、被害者Ｂが被った損害を監督義務者に請求する要件。

手順2 「問いの形」に合わせて「答えの形」をつくる

（問いの形）どのような要件。

↓

（答えの形）「○○」という要件。

手順3 「答え」を完成させる知識を記憶喚起する

　未成年者は、他人に損害を加えた場合において、自己の行為の責任を弁識するに足りる知能（責任能力）を備えていなかったときは、その行為について賠償の責任を負いません（712条）。その場合、その未成年者を監督する法定の義務を負う者（監督義務者）が、その未成年者が第三者に加えた損害を賠償する責任を負うことになるのが原則です（714条1項本文）。

　しかし、本問では、Ａには責任能力があり、この規定の適用はありません。

　判例（最判昭49.3.22）は、未成年者が責任能力を有する場合でも、監督義務者の義務違反と未成年者の不法行為により生じた結果との間に相当因果関係があるときは、監督義務者につき不法行為（709条）が成立するとしています。

　したがって、ＢがＡの両親であるＣＤに対して損害賠償を請求することができるのは、ＣＤの監督義務違反とＡの不法行為により生じた結果の間に相当因果関係を認めうる場合ということになります。

手順4 「問い」に呼応する「答え」をつくる

Ｃ	Ｄ	の	監	督	義	務	違	反	と	Ａ	の	不	法	行
為	に	よ	っ	て	生	じ	た	結	果	と	の	間	に	相
当	因	果	関	係	を	認	め	う	る	と	き	。		

（43字）

採点基準

ＣＤの監督義務違反··························· 6点

Ａの不法行為によって生じた結果··············· 6点

相当因果関係を認めうる····················· 8点

債権各論　303

問題64 債権各論（共同不法行為と使用者責任と求償）

重要度 ★★★

次の【設問】を読み、【答え】の中の〔　　〕に、民法および最高裁判所の判例に照らして、前半は30字程度、後半は10字程度の語句を補った上で、【設問】に対する【答え】を完成させなさい。

【設問】
　バス会社A社の従業員Xは、乗客を乗せたバスを運転していたところ、建設会社B社の従業員Yが建設資材を載せて運転する大型ダンプカーと衝突事故を起こしてしまった。この事故で、バスの乗客Zが大けがをし、1000万円の損害が発生した。この事故の原因は、Xのわき見運転とYのスピード違反によるもので、XYの過失割合は3対7である。けがをしたZが、Aに対して損害賠償請求をしてきたため、AはZに対して1000万円の損害を賠償した。この場合、AはXに対しては、いかなる限度で求償することができるか。また、AはBに対して、具体的にいくら求償することができるか。

【答え】
　AはXに対しては、〔　　　　〕限度で求償することができ、また、AはBに対して、具体的に〔　　　　〕求償できる。

AはXに対しては、［　　　　　　　　　　　　　　　　］限度で求償することができ、

AはBに対して、具体的に［　　　　　　　　　］求償できる。

（内容）効果型　（形式）解答欄分割型・空欄補充型

| 手順1 | 「問い」を正確に把握する |

　ＸＹが共同不法行為を行い、被害者ＺからＡに対して損害賠償請求がなされたため、ＡがＺに損害賠償した場合に、ＡはＸに対しては、いかなる限度で求償することができるか。また、ＡはＢに対して、具体的にいくら求償することができるか。

| 手順2 | 「問いの形」に合わせて「答えの形」をつくる |

（問いの形） ＡはＸに対しては、いかなる限度で求償することができるか。また、ＡはＢに対して、具体的にいくら求償することができるか。

↓

（答えの形） ＡはＸに対しては、「○○」限度で求償することができる。また、ＡはＢに対して、具体的に「□□」求償することができる。

| 手順3 | 「答え」を完成させる知識を記憶喚起する |

　数人が共同の不法行為によって他人に損害を加えたときは、各自が連帯してその損害を賠償する責任を負います（719条1項前段）。そして、損害発生に対する過失割合に応じた負担部分を超えて弁済した者は、他の行為者の負担部分につき求償できると解されています（最判昭63.7.1）。

　本問では、ＸＹの不法行為によりＺに損害を与えていますので、ＸＹのＺに対する共同不法行為といえます。したがって、ＸＹはＺに対して1000万円の連帯債務を負います。

　そして、ＸＹの負担部分については、1000万円を過失割合で負担することになります。具体的にはＸが300万円、Ｙが700万円が負担部分です。

　次に、ある事業をするために他人を使用する場合、被用者がその事業を執行するに際して、第三者に損害を加えた場合には、使用者は、その損害を賠償する責任を負います（使用者責任：715条1項本文）。

　ＸはＡ社の従業員、ＹはＢ社の従業員です。つまり、Ａが使用者でＸが被用者、Ｂが使用者でＹが被用者となります。したがって、ＡＢは、ＸＹがその事業を執行するに際してＺに加えた損害をＺに賠償しなければなりません。

　本問では、ＸＹの不法行為によりＺに与えた損害について、ＡＢもその賠償責任が生じ、ＡＢはＺに対して1000万円の賠償責任を負います。

第4章

〈実戦編〉民法

債権各論　305

さらに、共同不法行為の加害者（被用者）に使用者責任（715条）を負うべき使用者がいた場合、使用者も被用者と一体をなすものとして、被用者と同じ内容の責任を負うと解されています。

したがって、共同不法行為の加害者が自己の過失割合に応じた負担部分を超えて弁済をした場合には、共同不法行為のもう一方の加害者（被用者）の使用者に対して求償することができることになります（最判昭63.7.1）。

つまり、Xが自己の負担部分を超えて弁済した場合には、もう一方の加害者Yの使用者Bに対して求償できますし、Yが自己の負担部分を超えて弁済した場合には、もう一方の加害者Xの使用者Aに対して求償することができるということになります。

加えて、損害の公平な分担という見地から信義則上相当と認められる限度において、AがXに代わって弁済した場合にはAはXに対して求償請求でき、BがYに代わって弁済した場合にはBはYに対して求償請求できます（最判昭51.7.8）。

手順4　「問い」に呼応する「答え」をつくる

AはXに対しては、

損	害	の	公	平	な	分	担	と	い	う	見	地	か	ら
信	義	則	上	相	当	と	認	め	ら	れ	る			

限度で求償することができ、　　　　　　　　（27字）

AはBに対して、具体的に

7	0	0	万	円					

求償できる。　　（5字）

採点基準

損害の公平な分担という見地から……………………………… 8点

信義則上相当と認められる……………………………………… 8点

700万円………………………………………………………… 4点

❖**MEMO**❖

第4章

〈実戦編〉民法

債権各論　307

問題 65 | 債権各論（土地工作物責任）

重要度 ★★

　AはBとの間で、B所有の家屋につき賃貸借契約を締結し、この家屋に居住していた。ある日、この家屋の屋根の老朽化が原因で瓦が落下し、通行人Cがその瓦の直撃を受けて負傷した。そこでCは、民法717条に基づいてAとBに対して損害賠償請求訴訟を提起し、その結果、裁判所はAの損害賠償責任は認めず、Bに損害賠償を命ずる判決を下した。裁判所がこのような判決を下したのは、どのような要件を満たしていたからか。民法717条に基づいて40字程度で記述しなさい。

（内容）要件型

| 手順1 | 「問い」を正確に把握する |

　賃借していた家屋が原因で他人に損害を与え、被害者がその家屋の賃借人Ａと所有者Ｂに対して損害賠償請求訴訟を提起し、裁判所が所有者Ｂに損害賠償を命ずる判決をするための要件。

| 手順2 | 「問いの形」に合わせて「答えの形」をつくる |

（問いの形）どのような要件。

↓

（答えの形）「○○」という要件。

| 手順3 | 「答え」を完成させる知識を記憶喚起する |

　土地の工作物の設置又は保存の瑕疵によって他人に損害を生じたときは、その工作物の占有者は、被害者に対してその損害を賠償する責任を負います（717条1項本文）。ただし、占有者が損害の発生を防止するのに必要な注意をしたときは、所有者がその損害を賠償します（717条1項ただし書）。

　一次的には家屋の占有者である賃借人ＡがＣに対して損害賠償責任を負い、Ａが損害の発生を防止するのに必要な注意をしたときには、二次的に家屋の所有者であるＢは、Ｃに対する損害賠償責任を負うことになります。

　土地工作物責任が生ずるための要件は、「土地の工作物の設置または保存に瑕疵があることによって他人に損害を生じたこと」ということになります。また、占有者ではなく所有者がその責任を負うための要件は「占有者が損害の発生を防止するのに必要な注意をしたこと」ということになります。

　本問では、裁判所が所有者であるＢの責任を認めたわけですから、本問の事案では、上記の2つの要件を満たしているということになります。

| 手順4 | 「問い」に呼応する「答え」をつくる |

```
家屋の設置または保存の瑕疵により
Ｃに損害が生じ、Ａが損害発生
の防止に必要な注意をしたこと。
```

（45字）

採点基準

　家屋の設置または保存の瑕疵により ……………………………… 6点

　Ｃに損害が生じ ……………………………………………………… 6点

　Ａが損害発生の防止に必要な注意をした ………………………… 8点

債権各論　309

問題66　債権各論（過失相殺）

重要度 ★★

　Aは、同居している夫Bの自動車に同乗中、Cの運転する自動車と衝突し負傷した。この事故はBのスピード違反と、Cのわき見運転という双方の過失によって引き起こされたものであった。Aはこの事故により通院治療を余儀なくされ、治療費が120万円かかってしまった。そこでAは、Cに対して、生じた損害全額の賠償を請求した。この場合、Cは、Aの請求に対してBの過失を被害者A側の過失として過失相殺の主張ができる。それは、Bの過失が、Aとどのような関係にある者の過失といえるからか。40字程度で記述しなさい。

（内容）要件型

| 手順1 | 「問い」を正確に把握する |

　ＢＣの共同不法行為によりＡに損害が生じ、ＡがＣに損害賠償請求をした場合、Ａの夫Ｂの過失を被害者Ａ側の過失として過失相殺する要件。

| 手順2 | 「問いの形」に合わせて「答えの形」をつくる |

（問いの形）Ｂの過失が、Ａとどのような関係にある者の過失といえるからか。

↓

（答えの形）Ａと「○○」の関係にある者の過失といえるから。

| 手順3 | 「答え」を完成させる知識を記憶喚起する |

　不法行為により被害者に損害が生じた場合であっても、被害者に過失がある場合、それを考慮して損害賠償の額が定められます。（過失相殺：722条2項）。

　また、被害者本人と身分上、生活関係上、一体をなすとみられるような関係にある者の過失も、いわゆる被害者側の過失として過失相殺の対象とするのが判例（最判昭51.3.25）です。

　本問のように、配偶者であれば、この関係が認められます。

| 手順4 | 「問い」に呼応する「答え」をつくる |

Ａと身分上、生活関係上、一体をなすとみられる関係にある者の過失といえるから。

（38字）

採点基準

　身分上 …………………………………………………………… 6点

　生活関係上 ……………………………………………………… 6点

　一体をなすとみられる関係 …………………………………… 8点

債権各論　311

問題 67 　親族（婚姻・夫婦間の契約）

重要度 ★

次の【Xの相談】に対して、〔　　　〕の中に適切な文章を40字程度で記述して補い、【回答】を完成させなさい。

【Xの相談】
　私と夫Yとの婚姻関係はすでに破たんしています。現在、離婚に向けた協議を進めている段階です。Y名義のマンションについては、これを私に贈与することをYと合意し、そのことについては書面も作成しています。ところが、離婚届を提出する直前になって、Yは、この贈与契約を取り消すといってきたのです。Yの言い分にはあきれているのですが、このYの贈与契約の取消しは認められるのでしょうか。

【回答】
　民法の規定によれば、夫婦間の約束は婚姻中いつでも取り消すことができるとされています。その趣旨は、〔　　　〕というものです。しかし、婚姻関係が実質的に破たんしているような場合には、この趣旨は妥当しません。したがって、Yはマンションの贈与契約を取り消すことはできません。

（内容）条文趣旨型 （形式）空欄補充型

手順1	「問い」を正確に把握する

夫婦の間の契約は取り消すことができるが、その趣旨。

手順2	「問いの形」に合わせて「答えの形」をつくる

（答えの形）その趣旨は、〔　　　　　　〕というものです。

手順3	「答え」を完成させる知識を記憶喚起する

　夫婦間でした契約は、婚姻中、いつでも、夫婦の一方からこれを取り消すことができます（754条本文）。しかし、本条の趣旨は、一般に、夫婦間の約束事に法は介入すべきではなく、当事者の道義に委ねるべきだというものです。また、ここでの「婚姻中」とは、単に、形式的に婚姻が継続しているということではなく、形式的にも、実質的にもそれが継続していることをいうものと解すべきであるから、婚姻が実質的に破たんしている場合には、それが形式的に継続しているとしても、同条の規定により、夫婦間の契約を取り消すことは許されないとされている（最判昭42.2.2）。したがって、離婚届を提出する直前で、婚姻関係が既に破たんしているような場合には、YはXとのマンションの贈与契約を取り消すことはできません。

手順4	「問い」に呼応する「答え」をつくる

								10						15
夫	婦	間	の	約	束	事	に	法	は	介	入	す	べ	き
で	は	な	く	、	当	事	者	の	道	義	に	委	ね	る
べ	き	だ												

（33字）

採点基準

夫婦間の約束事に法は介入すべきではなく・・・・・・・・・・・・・・・・・・・・・・・・・・ 10点

当事者の道義に委ねるべき・・ 10点

親族　313

問題68 | 親族（特別養子縁組の要件）

特別養子縁組の制度は、養親となる者の請求があり、子の利益のため必要である場合に、家庭裁判所の審判によって養親子関係を形成する制度であるが、審判請求時に原則15歳未満でなければ特別養子となることができない。しかし、例外的に、養子となる者が15歳に達していたとしても、その者の同意が得られることを条件に、審判確定時に18歳未満であれば特別養子の審判をすることができる場合がある。それはいかなる場合か。40字程度で記述しなさい。

（内容）要件型

手順1　「問い」を正確に把握する

　例外的に、養子となる者が15歳に達していたとしても、審判確定時に18歳未満であれば特別養子の審判をすることができる場合。

手順2　「問いの形」に合わせて「答えの形」をつくる

（問いの形）いかなる場合か。

↓

（答えの形）○○の場合。

手順3　「答え」を完成させる知識を記憶喚起する

　問題文にあるように、特別養子縁組の制度は、養親となる者の請求があり、子の利益のため必要である場合に、家庭裁判所の審判によって養親子関係を形成する制度です。特別養子の審判を受ける場合には、養子となる者が審判請求時に原則15歳未満でなければなりません（817条の5第1項前段）。しかし、例外的に、養子となる者が15歳に達していたとしても、15歳に達する前から養親候補者に引き続き養育され、やむを得ない事由により15歳までに申立てができなかった場合には、審判確定時に18歳未満であれば特別養子の審判をすることができます（817条の5第2項・1項後段）。

手順4　「問い」に呼応する「答え」をつくる

15	歳	に	達	す	る	前	か	ら	養	親	候	補	者
が	養	育	し	、	や	む	を	得	ず	15	歳	ま	で
に	申	立	て	が	で	き	な	か	っ	た	場	合	。

（44字）

採点基準

15歳に達する前から養親候補者が養育し　……………………………　8点

やむを得ず……………………………………………………………………　4点

15歳までに申立てができなかった場合　……………………………………　8点

親族　315

問題69 親族（利益相反行為）

重要度 ★★

　未成年者Aの親権者である父Bは、自ら債務者となって銀行から1000万円の借入れを行うにあたり、当該債務を担保するため、A所有名義である甲土地に抵当権を設定しようとしている。この場合、この行為を何と呼び、この行為を有効に行うには、どのような手続をしなければならないか。40字程度で記述しなさい。

（内容）基本概念定義型・要件型

| 手順1 | 「問い」を正確に把握する |

　Bの債権の担保として子Aの不動産に抵当権を設定する場合、この行為の名称と、行うためにしなければならない手続。

| 手順2 | 「問いの形」に合わせて「答えの形」をつくる |

（問いの形）この行為を何と呼び、どのような手続をしなければならないか。

↓

（答えの形）この行為を「○○」と呼び、「□□」をしなければならない。

| 手順3 | 「答え」を完成させる知識を記憶喚起する |

　本問のように、親権を行う父母とその子の利益が相反する行為を利益相反行為と言います。この行為を行う場合には、その子のために特別代理人を選任することを家庭裁判所に請求しなければなりません（826条1項）。

| 手順4 | 「問い」に呼応する「答え」をつくる |

利	益	相	反	行	為	と	呼	び	、	A	の	た	め	に
特	別	代	理	人	の	選	任	を	家	庭	裁	判	所	に
請	求	し	な	け	れ	ば	な	ら	な	い	。		

（42字）

採点基準

利益相反行為と呼び……………………………………………… 6点

Aのために………………………………………………………… 2点

特別代理人の選任を……………………………………………… 6点

家庭裁判所に請求しなければならない………………………… 6点

第4章

《実戦編》民法

親族　317

問題70 相続（相続人と相続分）

重要度 ★★

父Aと母Bの間には、3人の嫡出子C・D・Eと、非嫡出子Fがあり、Cには2人の嫡出子G・H、Dには嫡出子Iと非嫡出子Jがいたが C・Dは既に死亡している。Eには養子Kがあり、Fには子供はいなかった。その後、Aが相続財産、現金1260万円と甲土地を残して死亡した。Fは相続を放棄した。この場合、誰が相続人となり、Jの法定相続分はいくらか。40字程度で記述しなさい。なお、法定相続分については現金の金額と、土地の持分割合を記述しなさい。

（内容）事案把握型・効果型

| 手順1 | 「問い」を正確に把握する |

　A死亡による相続人の確定と、具体的な相続内容。

| 手順2 | 「問いの形」に合わせて「答えの形」をつくる |

（問いの形）誰が相続人となり、Jの法定相続分はいくらか。法定相続分については現金の金額と、土地の持分割合を記述しなさい。

（答えの形）「○○」が相続人となり、Jの法定相続分は現金「□□」円、甲土地の持分は「△△」である。

| 手順3 | 「答え」を完成させる知識を記憶喚起する |

　まず、相続人は、死亡したＣＤと相続を放棄したＦとＥの養子Ｋを除く、ＢＥＧＨＩＪの6人となります。各自の相続分は、まず妻Ｂが2分の1（現金630万円・土地所有権の持分2分の1）です。子供Ｅが2分の1×3分の1で6分の1（現金210万円・土地所有権の持分6分の1）となります。さらに、ＣＤは死亡していますが、ＣＤが生きていれば相続するはずだったものが、子供ＧＨＩＪにそれぞれ代襲相続されます。ＣＤはそれぞれ子供が2人いますから、ＧＨＩＪはすべて同じです。親の6分の1の相続分×2分の1で12分の1となります。したがって、Ｊの法定相続分は、現金105万円・土地所有権の持分は12分の1となります。

| 手順4 | 「問い」に呼応する「答え」をつくる |

Ｂ	Ｅ	Ｇ	Ｈ	Ｉ	Ｊ	が	相	続	人	で	、	Ｊ	の	相
続	分	は	現	金	1	0	5	万	円	と	甲	土	地	所
有	権	の	持	分	1	2	分	の	1	で	あ	る	。	

（44字）

採点基準

ＢＥＧＨＩＪが相続人	8点
現金105万円	6点
甲土地所有権の持分12分の1	6点

相続　319

第 **5** 章

多肢選択式問題

| 問題1 | 憲法人権 （プライバシー権） | 重要度 ★★★ |

次の文章は、プライバシー権に関する最高裁判所決定の一節である。空欄 ア ～ エ に当てはまる語句を、枠内の選択肢（1～20）から選びなさい。

個人の ア に属する事実をみだりに イ されない利益は、法的保護の対象となるというべきである。他方、検索事業者は、インターネット上のウェブサイトに掲載されている情報を ウ に収集してその複製を保存し、同複製を基にした索引を作成するなどして情報を整理し、利用者から示された一定の条件に対応する情報を同索引に基づいて検索結果として提供するものであるが、この情報の収集、整理及び提供はプログラムにより自動的に行われるものの、同プログラムは検索結果の提供に関する検索事業者の方針に沿った結果を得ることができるように作成されたものであるから、検索結果の提供は検索事業者自身による エ 行為という側面を有する。また、検索事業者による検索結果の提供は、公衆が、インターネット上に情報を発信したり、インターネット上の膨大な量の情報の中から必要なものを入手したりすることを支援するものであり、現代社会においてインターネット上の情報流通の基盤として大きな役割を果たしている。そして、検索事業者による特定の検索結果の提供行為が違法とされ、その削除を余儀なくされるということは、上記方針に沿った一貫性を有する エ 行為の制約であることはもとより、検索結果の提供を通じて果たされている上記役割に対する制約でもあるといえる。

以上のような検索事業者による検索結果の提供行為の性質等を踏まえると、検索事業者が、ある者に関する条件による検索の求めに応じ、その者の ア に属する事実を含む記事等が掲載されたウェブサイトのURL等情報を検索結果の一部として提供する行為が違法となるか否かは、当該事実の性質及び内容、当該URL等情報が提供されることによってその者の ア に属する事実が伝達される範囲とその者が被る具体的被害の程度、その者の社会的地位や影響力、上記記事等の目的や意義、上記記事等が掲載された時の社会的状況とその後の変化、上記記事等において当該事実を記載する必要性など、当該事実を イ されない法的利益と当該URL等情報を検索結果として提供する理由に関する諸事情を比較衡量して判断すべきもので、その結果、当該事実

を イ されない法的利益が優越することが明らかな場合には、検索事業者に対し、当該URL等情報を検索結果から削除することを求めることができるものと解するのが相当である。

（最三小決平成29年1月31日民集第71巻1号63頁）

1	公開	2	伝達	3	公示	4	網羅的	5	表面
6	大量	7	一般的	8	外形	9	多角的	10	公表
11	内面	12	調和的	13	表現	14	自己決定	15	拡散
16	個別的	17	合理的	18	具体的	19	表示	20	プライバシー

解答1	インターネット検索事業者の情報提供とプライバシー権（最決平29.1.31）
正解	アー20　　イー10　　ウー4　　エー13

完成全文

　個人の ア：20－プライバシー に属する事実をみだりに イ：10－公表
されない利益は、法的保護の対象となるというべきである。他方、検索事業者
は、インターネット上のウェブサイトに掲載されている情報を ウ：4－網羅
的 に収集してその複製を保存し、同複製を基にした索引を作成するなどして
情報を整理し、利用者から示された一定の条件に対応する情報を同索引に基づ
いて検索結果として提供するものであるが、この情報の収集、整理及び提供は
プログラムにより自動的に行われるものの、同プログラムは検索結果の提供に
関する検索事業者の方針に沿った結果を得ることができるように作成されたも
のであるから、検索結果の提供は検索事業者自身による エ：13－表現 行為
という側面を有する。また、検索事業者による検索結果の提供は、公衆が、イ
ンターネット上に情報を発信したり、インターネット上の膨大な量の情報の中
から必要なものを入手したりすることを支援するものであり、現代社会におい
てインターネット上の情報流通の基盤として大きな役割を果たしている。そし
て、検索事業者による特定の検索結果の提供行為が違法とされ、その削除を余
儀なくされるということは、上記方針に沿った一貫性を有する エ：13－表
現 行為の制約であることはもとより、検索結果の提供を通じて果たされてい
る上記役割に対する制約でもあるといえる。

　以上のような検索事業者による検索結果の提供行為の性質等を踏まえると、
検索事業者が、ある者に関する条件による検索の求めに応じ、その者の ア：
20－プライバシー に属する事実を含む記事等が掲載されたウェブサイトの
URL等情報を検索結果の一部として提供する行為が違法となるか否かは、当該
事実の性質及び内容、当該URL等情報が提供されることによってその者の ア：
20－プライバシー に属する事実が伝達される範囲とその者が被る具体的被害
の程度、その者の社会的地位や影響力、上記記事等の目的や意義、上記記事等
が掲載された時の社会的状況とその後の変化、上記記事等において当該事実を
記載する必要性など、当該事実を イ：10－公表 されない法的利益と当該
URL等情報を検索結果として提供する理由に関する諸事情を比較衡量して判
断すべきもので、その結果、当該事実を イ：10－公表 されない法的利益が
優越することが明らかな場合には、検索事業者に対し、当該URL等情報を検索
結果から削除することを求めることができるものと解するのが相当である。

❖MEMO❖

第5章 多肢選択式問題

憲法　325

問題2 ｜ 憲法人権（法の下の平等①）

重要度 ★★★

次の文章は、生後に認知された児童の国籍取得に関する、最高裁判所判決の一節である。空欄　ア　～　エ　に当てはまる語句を、枠内の選択肢（1～20）から選びなさい。

国籍法は、前記のとおり、　ア　を採用し、日本国民である父又は母との法律上の親子関係があることをもって我が国との密接な結び付きがあるものとして日本国籍を付与するという立場に立って、出生の時に父又は母のいずれかが日本国民であるときには子が日本国籍を取得するものとしている（2条1号）。その結果、日本国民である父又は母の嫡出子として出生した子はもとより、日本国民である父から胎児認知された非嫡出子及び日本国民である母の非嫡出子も、生来的に日本国籍を取得することとなるところ、同じく日本国民を血統上の親として出生し、法律上の親子関係を生じた子であるにもかかわらず、日本国民である父から出生後に認知された子のうち準正により嫡出子たる身分を取得しないものに限っては、生来的に日本国籍を取得しないのみならず、同法3条1項所定の　イ　により日本国籍を取得することもできないことになる。このような区別の結果、日本国民である父から出生後に認知されたにとどまる非嫡出子のみが、日本国籍の取得について著しい　ウ　取扱いを受けているものといわざるを得ない。

日本国籍の取得が、前記のとおり、我が国において基本的人権の保障等を受ける上で重大な意味を持つものであることにかんがみれば、以上のような　ウ　取扱いによって子の被る不利益は看過し難いものというべきであり、このような　ウ　取扱いについては、前記の立法目的との間に　エ　関連性を見いだし難いといわざるを得ない。

（最大判平成20年6月4日集民第228号101頁）

1	合理的	2	積極的	3	明白	4	抽象的	5	具体的
6	父母両系血統主義			7	消極的	8	妥当性	9	申請
10	報告	11	政治的	12	社会的	13	父系血統主義		
14	届出	15	不合理	16	受理	17	経済的	18	身分
19	差別的	20	母系血統主義						

解答2	生後認知児童国籍確認事件（最大判平20.6.4）
	正解　ア−6　　イ−14　　ウ−19　　エ−1

完成全文

　　国籍法は、前記のとおり、ア：6−父母両系血統主義 を採用し、日本国民
である父又は母との法律上の親子関係があることをもって我が国との密接な結
び付きがあるものとして日本国籍を付与するという立場に立って、出生の時に
父又は母のいずれかが日本国民であるときには子が日本国籍を取得するものと
している（2条1号）。その結果、日本国民である父又は母の嫡出子として出
生した子はもとより、日本国民である父から胎児認知された非嫡出子及び日本
国民である母の非嫡出子も、生来的に日本国籍を取得することとなるところ、
同じく日本国民を血統上の親として出生し、法律上の親子関係を生じた子であ
るにもかかわらず、日本国民である父から出生後に認知された子のうち準正に
より嫡出子たる身分を取得しないものに限っては、生来的に日本国籍を取得し
ないのみならず、同法3条1項所定の イ：14−届出 により日本国籍を取得
することもできないことになる。このような区別の結果、日本国民である父か
ら出生後に認知されたにとどまる非嫡出子のみが、日本国籍の取得について著
しい ウ：19−差別的 取扱いを受けているものといわざるを得ない。

　　日本国籍の取得が、前記のとおり、我が国において基本的人権の保障等を受
ける上で重大な意味を持つものであることにかんがみれば、以上のような ウ：
19−差別的 取扱いによって子の被る不利益は看過し難いものというべきであ
り、このような ウ：19−差別的 取扱いについては、前記の立法目的との間
に エ：1−合理的 関連性を見いだし難いといわざるを得ない。

問題3　憲法人権（法の下の平等②）

重要度 ★★★

次の文章は、民法の非嫡出子の相続分に関する規定の違憲性について争われた事件の最高裁判所決定の一節である。空欄　ア　～　エ　に当てはまる語句を、枠内の選択肢（1～20）から選びなさい。

　憲法に違反する法律は原則として　ア　であり、その法律に基づいてされた行為の効力も否定されるべきものであることからすると、本件規定は、本決定により遅くとも平成13年7月当時において憲法14条1項に違反していたと判断される以上、本決定の先例としての事実上の　イ　により、上記当時以降は　ア　であることとなり、また、本件規定に基づいてされた裁判や合意の効力等も否定されることになろう。しかしながら、本件規定は、国民生活や身分関係の基本法である民法の一部を構成し、相続という日常的な現象を規律する規定であって、平成13年7月から既に約12年もの期間が経過していることからすると、その間に、本件規定の合憲性を前提として、多くの遺産の分割が行われ、更にそれを基に新たな権利関係が形成される事態が広く生じてきていることが容易に推察される。取り分け、本決定の違憲判断は、長期にわたる社会状況の変化に照らし、本件規定がその合理性を失ったことを理由として、その違憲性を当裁判所として初めて明らかにするものである。それにもかかわらず、本決定の違憲判断が、先例としての事実上の　イ　という形で既に行われた遺産の分割等の効力にも影響し、いわば解決済みの事案にも効果が及ぶとすることは、著しく　ウ　を害することになる。　ウ　は法に内在する　エ　な要請であり、当裁判所の違憲判断も、その先例としての事実上の　イ　を限定し、　ウ　の確保との調和を図ることが求められているといわなければならず、このことは、裁判において本件規定を違憲と判断することの適否という点からも問題となり得るところといえる。

（最大決平成25年9月4日民集第67巻6号1320頁）

1	予測可能性	2	具体性	3	普遍的	4	撤回	5	裁量的
6	法的安定性	7	実効性	8	特別的	9	開放型	10	無効
11	政策的	12	取消しうる行為			13	特殊性	14	経済的
15	合理化	16	一般的	17	社会的	18	拘束性	19	有効
20	実現可能性								

解答 3 非嫡出子相続分規定違憲事件（最大決平25.9.4）

正解　ア—10　　イ—18　　ウ—6　　エ—3

完成全文

　憲法に違反する法律は原則として ア：10－無効 であり、その法律に基づいてされた行為の効力も否定されるべきものであることからすると、本件規定は、本決定により遅くとも平成13年7月当時において憲法14条1項に違反していたと判断される以上、本決定の先例としての事実上の イ：18－拘束性 により、上記当時以降は ア：10－無効 であることとなり、また、本件規定に基づいてされた裁判や合意の効力等も否定されることになろう。しかしながら、本件規定は、国民生活や身分関係の基本法である民法の一部を構成し、相続という日常的な現象を規律する規定であって、平成13年7月から既に約12年もの期間が経過していることからすると、その間に、本件規定の合憲性を前提として、多くの遺産の分割が行われ、更にそれを基に新たな権利関係が形成される事態が広く生じてきていることが容易に推察される。取り分け、本決定の違憲判断は、長期にわたる社会状況の変化に照らし、本件規定がその合理性を失ったことを理由として、その違憲性を当裁判所として初めて明らかにするものである。それにもかかわらず、本決定の違憲判断が、先例としての事実上の イ：18－拘束性 という形で既に行われた遺産の分割等の効力にも影響し、いわば解決済みの事案にも効果が及ぶとすることは、著しく ウ：6－法的安定性 を害することになる。 ウ：6－法的安定性 は法に内在する エ：3－普遍的 な要請であり、当裁判所の違憲判断も、その先例としての事実上の イ：18－拘束性 を限定し、 ウ：6－法的安定性 の確保との調和を図ることが求められているといわなければならず、このことは、裁判において本件規定を違憲と判断することの適否という点からも問題となり得るところといえる。

| 問題4 | 憲法人権（法の下の平等③） | 重要度 ★★★ |

次の文章は、ある最高裁判所判決の一節である。空欄 　ア　 ～ 　エ　 に当てはまる語句を、枠内の選択肢（1 ～ 20）から選びなさい。

「憲法は、選挙権の内容の平等、換言すれば 　ア　 を要求しているものと解される。しかしながら、 　ア　 は、選挙制度の仕組みを決定する絶対の基準ではなく、国会が正当に考慮することのできる他の政策的目的ないし理由との関連において 　イ　 に実現されるべきものであり、国会が具体的に定めたところがその 　ウ　 の行使として 　エ　 を有するものである限り、それによって 　ア　 が一定の限度で譲歩を求められることになっても、やむを得ないものと解される。

そして、憲法は、衆議院議員の選挙につき全国を多数の選挙区に分けて実施する制度が採用される場合には、選挙制度の仕組みのうち定数配分及び選挙区割りを決定するについて、議員1人当たりの選挙人数又は人口ができる限り平等に保たれることを最も重要かつ基本的な基準とすることを求めているというべきであるが、それ以外の要素も 　エ　 を有する限り国会において考慮することを許容しているものといえる。」

（最大判平成23年3月23日集民第236号249頁）

1	投票価値の平等	2	不合理	3	必然性	4	蓋然性
5	一票の格差	6	裁量権	7	実質的平等	8	経済的
9	形式的平等	10	拘束性	11	従属性	12	調和的
13	合理性	14	管理	15	比例原則	16	推定
17	不平等状態	18	格差是正	19	見直し		
20	高度の政治性						

解答4	衆議院議員定数不均衡訴訟（最大判平23.3.23）

アー1　　イー12　　ウー6　　エー13

完成全文

「憲法は、選挙権の内容の平等、換言すれば ア：1ー投票価値の平等 を要求しているものと解される。しかしながら、 ア：1ー投票価値の平等 は、選挙制度の仕組みを決定する絶対の基準ではなく、国会が正当に考慮することのできる他の政策的目的ないし理由との関連において イ：12ー調和的 に実現されるべきものであり、国会が具体的に定めたところがその ウ：6ー裁量権 の行使として エ：13ー合理性 を有するものである限り、それによって ア：1ー投票価値の平等 が一定の限度で譲歩を求められることになっても、やむを得ないものと解される。

　そして、憲法は、衆議院議員の選挙につき全国を多数の選挙区に分けて実施する制度が採用される場合には、選挙制度の仕組みのうち定数配分及び選挙区割りを決定するについて、議員1人当たりの選挙人数又は人口ができる限り平等に保たれることを最も重要かつ基本的な基準とすることを求めているというべきであるが、それ以外の要素も エ：13ー合理性 を有する限り国会において考慮することを許容しているものといえる。」

第5章

多肢選択式問題

憲法　331

| 問題5 | 憲法人権（信教の自由①） | 重要度 ★★ |

次の空欄 ア ～ エ に当てはまる語句を、枠内の選択肢（1～20）から選びなさい。

　地方公共団体によるX神社等への玉串料等の公金の支出の ア 影響も、無視することはできない。

　宗教的祭祀に起源を有する儀式等が多くの歳月を経てその宗教的意義が希薄になり、 イ 儀礼や ウ として残っていることもまれではない。このような場合に公的機関がこれを行ったり参加したりしても、特定の宗教団体を支持していると受け取られることはなく、また、社会関係の円滑な維持のため役立つことはあっても、社会に対立をもたらすことは考え難い。しかし、公的機関がX神社等の祭祀に公金を支出してこれを賛助することについては、X神社に崇敬の念を持つ人々やX神社を戦没者慰霊の中心的施設と考える人々は、これに満足と共感を覚えるかもしれないが神道と教義を異にする宗教団体に属する人々や、X神社が国家神道の中枢的存在であるとしてそれへの礼拝を強制されたことを記憶する人々、あるいはX神社に合祀されている者は主として軍人軍属及び準軍属であって一般市民の戦争犠牲者のほとんどが含まれていないことに違和感を抱く人々は、これに不満と反感を持つかもしれない。そのような対立は、宗教的分野ばかりではなく、 イ 、政治的分野においても起こり得ることである。公的機関が宗教にかかわりを持つ行為をすることによって、広く社会にこのような効果を及ぼすことは、公的機関を宗教的対立に巻き込むことになり、同時に宗教を ア 対立に巻き込むことにもなるのであって、 イ 儀礼や ウ として容認し得る範囲を超え、公的機関と宗教団体のいずれにとっても害をもたらすおそれを有するといわざるを得ない。そのようなことを避けることこそ、厳格な エ 原則の規範を憲法が採用した趣旨に合致するものである。

（最大判平成9年4月2日民集第51巻4号1673頁・

裁判官大野正男の補足意見）

332

1	風俗	2	公の秩序	3	政教分離	4	国教的
5	経済的	6	機能的	7	イデオロギー	8	善良
9	信的	10	社会的	11	平等	12	政教一致
13	合理性	14	精神的	15	権力	16	政治主導
17	重大な	18	信教	19	世俗的	20	深刻な

解答5 　愛媛玉串料訴訟（最大判平9.4.2）

正解　ア－19　　イ－10　　ウ－1　　エ－3

完成全文

　地方公共団体によるＸ神社等への玉串料等の公金の支出の ア：19－世俗的 影響も、無視することはできない。

　宗教的祭祀に起源を有する儀式等が多くの歳月を経てその宗教的意義が希薄になり、 イ：10－社会的 儀礼や ウ：1－風俗 として残っていることもまれではない。このような場合に公的機関がこれを行ったり参加したりしても、特定の宗教団体を支持していると受け取られることはなく、また、社会関係の円滑な維持のため役立つことはあっても、社会に対立をもたらすことは考え難い。しかし、公的機関がＸ神社等の祭祀に公金を支出してこれを賛助することについては、Ｘ神社に崇敬の念を持つ人々やＸ神社を戦没者慰霊の中心的施設と考える人々は、これに満足と共感を覚えるかもしれないが神道と教義を異にする宗教団体に属する人々や、Ｘ神社が国家神道の中枢的存在であるとしてそれへの礼拝を強制されたことを記憶する人々、あるいはＸ神社に合祀されている者は主として軍人軍属及び準軍属であって一般市民の戦争犠牲者のほとんどが含まれていないことに違和感を抱く人々は、これに不満と反感を持つかもしれない。そのような対立は、宗教的分野ばかりではなく、 イ：10－社会的 、政治的分野においても起こり得ることである。公的機関が宗教にかかわりを持つ行為をすることによって、広く社会にこのような効果を及ぼすことは、公的機関を宗教的対立に巻き込むことになり、同時に宗教を ア：19－世俗的 対立に巻き込むことにもなるのであって、 イ：10－社会的 儀礼や ウ：1－風俗 として容認し得る範囲を超え、公的機関と宗教団体のいずれにとっても害をもたらすおそれを有するといわざるを得ない。そのようなことを避けることこそ、厳格な エ：3－政教分離 原則の規範を憲法が採用した趣旨に合致するものである。

第5章　多肢選択式問題

憲法　333

問題6　憲法人権（信教の自由②）

重要度 ★★★

次の文章は、ある最高裁判所判決の一節である。空欄　ア　〜　エ　に当てはまる語句を、枠内の選択肢（1〜20）から選びなさい。

「国又は地方公共団体が国公有地を　ア　で　イ　施設の敷地としての用に供する行為は、一般的には、当該　イ　施設を設置する宗教団体等に対する便宜の供与として、憲法89条との抵触が問題となる行為であるといわなければならない。もっとも、国公有地が　ア　で　イ　施設の敷地としての用に供されているといっても、当該施設の性格や来歴、　ア　提供に至る経緯、利用の態様等には様々なものがあり得ることが容易に想定されるところである。例えば、一般的には　イ　施設としての性格を有する施設であっても、同時に歴史的、文化財的な建造物として保護の対象となるものであったり、観光資源、国際親善、地域の親睦の場などといった他の意義を有していたりすることも少なくなく、それらの文化的あるいは社会的な価値や意義に着目して当該施設が国公有地に設置されている場合もあり得よう。…（中略）…これらの事情のいかんは、当該利用提供行為が、一般人の目から見て　ウ　の宗教に対する援助等と評価されるか否かに影響するものと考えられるから、　エ　との関係を考えるに当たっても、重要な考慮要素とされるべきものといえよう。」

（最大判平成22年1月20日民集第64巻1号1頁）

1	平等原則	2	宗教的	3	結社の自由	4	助長
5	一定期間	6	機能的	7	無償	8	経済的
9	新興	10	比例原則	11	社会的	12	義務
13	有償	14	限定	15	政教分離原則	16	私有地
17	不特定多数	18	信義誠実の原則	19	神社仏閣	20	特定

解答6	砂川政教分離訴訟（最大判平22.1.20）
	正解　ア－7　　イ－2　　ウ－20　　エ－15

完成全文

　「国又は地方公共団体が国公有地を ア：7－無償 で イ：2－宗教的 施設の敷地としての用に供する行為は、一般的には、当該 イ：2－宗教的 施設を設置する宗教団体等に対する便宜の供与として、憲法89条との抵触が問題となる行為であるといわなければならない。もっとも、国公有地が ア：7－無償 で イ：2－宗教的 施設の敷地としての用に供されているといっても、当該施設の性格や来歴、 ア：7－無償 提供に至る経緯、利用の態様等には様々なものがあり得ることが容易に想定されるところである。例えば、一般的には イ：2－宗教的 施設としての性格を有する施設であっても、同時に歴史的、文化財的な建造物として保護の対象となるものであったり、観光資源、国際親善、地域の親睦の場などといった他の意義を有していたりすることも少なくなく、それらの文化的あるいは社会的な価値や意義に着目して当該施設が国公有地に設置されている場合もあり得よう。…（中略）…これらの事情のいかんは、当該利用提供行為が、一般人の目から見て ウ：20－特定 の宗教に対する援助等と評価されるか否かに影響するものと考えられるから、 エ：15－政教分離原則 との関係を考えるに当たっても、重要な考慮要素とされるべきものといえよう。」

第5章

多肢選択式問題

憲法　335

問題 7 | **平成30年度本試験問題41**　重要度 ★★

公務員の政治的自由に関する次の文章の空欄　ア　～　エ　に当てはまる語句を、枠内の選択肢（1～20）から選びなさい。

〔国家公務員法〕102条1項は、公務員の職務の遂行の政治的　ア　性を保持することによって行政の　ア　的運営を確保し、これに対する国民の信頼を維持することを目的とするものと解される。

他方、国民は、憲法上、表現の自由（21条1項）としての政治活動の自由を保障されており、この精神的自由は立憲民主政の政治過程にとって不可欠の基本的人権であって、民主主義社会を基礎付ける重要な権利であることに鑑みると、上記の目的に基づく法令による公務員に対する政治的行為の禁止は、国民としての政治活動の自由に対する必要やむを得ない限度にその範囲が画されるべきものである。

このような〔国家公務員法〕102条1項の文言、趣旨、目的や規制される政治活動の自由の重要性に加え、同項の規定が刑罰法規の構成要件となることを考慮すると、同項にいう「政治的行為」とは、公務員の職務の遂行の政治的　ア　性を損なうおそれが、観念的なものにとどまらず、現実的に起こり得るものとして　イ　的に認められるものを指し、同項はそのような行為の類型の具体的な定めを人事院規則に委任したものと解するのが相当である。・・・（中略）・・・。

・・・本件配布行為は、　ウ　的地位になく、その職務の内容や権限に　エ　の余地のない公務員によって、職務と全く無関係に、公務員により組織される団体の活動としての性格もなく行われたものであり、公務員による行為と認識し得る態様で行われたものでもないから、公務員の職務の遂行の政治的　ア　性を損なうおそれが　イ　的に認められるものとはいえない。そうすると、本件配布行為は本件罰則規定の構成要件に該当しないというべきである。
（最二小判平成24年12月7日刑集66巻12号1337頁）

1	従属	2	平等	3	合法	4	穏健	5	裁量
6	実質	7	潜在	8	顕在	9	抽象	10	一般
11	権力	12	現業	13	経営者	14	指導者	15	管理職
16	違法	17	濫用	18	逸脱	19	中立	20	強制

解答7	堀越事件（最判平24.12.7）
	正解　アー19　　イー6　　ウー15　　エー5

完成全文

〔国家公務員法〕102条１項は、公務員の職務の遂行の政治的 ア：19－中立 性を保持することによって行政の ア：19－中立 的運営を確保し、これに対する国民の信頼を維持することを目的とするものと解される。

　他方、国民は、憲法上、表現の自由（21条１項）としての政治活動の自由を保障されており、この精神的自由は立憲民主政の政治過程にとって不可欠の基本的人権であって、民主主義社会を基礎付ける重要な権利であることに鑑みると、上記の目的に基づく法令による公務員に対する政治的行為の禁止は、国民としての政治活動の自由に対する必要やむを得ない限度にその範囲が画されるべきものである。

　このような〔国家公務員法〕102条１項の文言、趣旨、目的や規制される政治活動の自由の重要性に加え、同項の規定が刑罰法規の構成要件となることを考慮すると、同項にいう「政治的行為」とは、公務員の職務の遂行の政治的 ア：19－中立 性を損なうおそれが、観念的なものにとどまらず、現実的に起こり得るものとして イ：6－実質 的に認められるものを指し、同項はそのような行為の類型の具体的な定めを人事院規則に委任したものと解するのが相当である。・・・(中略)・・・。

　・・・本件配布行為は、 ウ：15－管理職 的地位になく、その職務の内容や権限に エ：5－裁量 の余地のない公務員によって、職務と全く無関係に、公務員により組織される団体の活動としての性格もなく行われたものであり、公務員による行為と認識し得る態様で行われたものでもないから、公務員の職務の遂行の政治的 ア：19－中立 性を損なうおそれが イ：6－実質 的に認められるものとはいえない。そうすると、本件配布行為は本件罰則規定の構成要件に該当しないというべきである。

　本問は、堀越事件（最判平24.12.7）を素材とする問題です。堀越事件とは、国家公務員が勤務時間外に、政党機関紙を警視庁職員住宅に投函した行為に対して、国家公務員法違反に該当するとして起訴された事件です。これに対する最高裁判所の判決が本問です。

問題8　令和元年度本試験問題41

重要度 ★★

次の文章は、NHKが原告として受信料の支払等を求めた事件の最高裁判所判決の一節である。空欄　ア　～　エ　に当てはまる語句を、枠内の選択肢（1～20）から選びなさい。

　放送は、憲法21条が規定する表現の自由の保障の下で、国民の知る権利を実質的に充足し、健全な民主主義の発達に寄与するものとして、国民に広く普及されるべきものである。放送法が、「放送が国民に最大限に普及されて、その効用をもたらすことを保障すること」、「放送の不偏不党、真実及び　ア　を保障することによって、放送による表現の自由を確保すること」及び「放送に携わる者の職責を明らかにすることによって、放送が健全な民主主義の発達に資するようにすること」という原則に従って、放送を公共の福祉に適合するように規律し、その健全な発達を図ることを目的として（1条）制定されたのは、上記のような放送の意義を反映したものにほかならない。

　上記の目的を実現するため、放送法は、・・・旧法下において社団法人日本放送協会のみが行っていた放送事業について、公共放送事業者と民間放送事業者とが、各々その長所を発揮するとともに、互いに他を啓もうし、各々その欠点を補い、放送により国民が十分福祉を享受することができるように図るべく、　イ　を採ることとしたものである。そして、同法は、　イ　の一方を担う公共放送事業者として原告を設立することとし、その目的、業務、運営体制等を前記のように定め、原告を、民主的かつ　ウ　的な基盤に基づきつつ　ア　的に運営される事業体として性格付け、これに公共の福祉のための放送を行わせることとしたものである。

　放送法が、・・・原告につき、　エ　を目的として業務を行うこと及び他人の営業に関する広告の放送をすることを禁止し・・・、事業運営の財源を受信設備設置者から支払われる受信料によって賄うこととしているのは、原告が公共的性格を有することをその財源の面から特徴付けるものである。

（最大判平成29年12月6日民集71巻10号1817頁）

1	国営放送制	2	党利党略	3	政府広報	4	特殊利益
5	良心	6	自由競争体制	7	品位	8	誠実
9	自律	10	二本立て体制	11	多元	12	国際
13	娯楽	14	全国	15	地域	16	部分規制
17	集中	18	免許制	19	自主管理	20	営利

解答8　受信料制度の合憲性（最大判平29.12.6）

正解　ア―9　　イ―10　　ウ―11　　エ―20

完成全文

　放送は、憲法21条が規定する表現の自由の保障の下で、国民の知る権利を実質的に充足し、健全な民主主義の発達に寄与するものとして、国民に広く普及されるべきものである。放送法が、「放送が国民に最大限に普及されて、その効用をもたらすことを保障すること」、「放送の不偏不党、真実及び ア：9－自律 を保障することによって、放送による表現の自由を確保すること」及び「放送に携わる者の職責を明らかにすることによって、放送が健全な民主主義の発達に資するようにすること」という原則に従って、放送を公共の福祉に適合するように規律し、その健全な発達を図ることを目的として（1条）制定されたのは、上記のような放送の意義を反映したものにほかならない。

　上記の目的を実現するため、放送法は、・・・旧法下において社団法人日本放送協会のみが行っていた放送事業について、公共放送事業者と民間放送事業者とが、各々その長所を発揮するとともに、互いに他を啓もうし、各々その欠点を補い、放送により国民が十分福祉を享受することができるように図るべく、イ：10－二本立て体制 を採ることとしたものである。そして、同法は、イ：10－二本立て体制 の一方を担う公共放送事業者として原告を設立することとし、その目的、業務、運営体制等を前記のように定め、原告を、民主的かつ ウ：11－多元 的な基盤に基づきつつ ア：9－自律 的に運営される事業体として性格付け、これに公共の福祉のための放送を行わせることとしたものである。

　放送法が、・・・原告につき、エ：20－営利 を目的として業務を行うこと及び他人の営業に関する広告の放送をすることを禁止し・・・、事業運営の財源を受信設備設置者から支払われる受信料によって賄うこととしているのは、原告が公共的性格を有することをその財源の面から特徴付けるものである。

憲法　339

問題9　憲法人権（職業選択の自由）

重要度 ★★

次の文章は、ある最高裁判所判決の一節である。空欄　ア　〜　エ　に当てはまる語句を、枠内の選択肢（1〜20）から選びなさい。

「酒税が、沿革的に見て、国税全体に占める割合が高く、これを確実に徴収する　ア　が高い税目であるとともに、酒類の販売代金に占める割合も高率であったことにかんがみると、酒税法が昭和一三年法律第四八号による改正により、酒税の　イ　かつ確実な賦課徴収を図るという国家の財政目的のために、このような制度を採用したことは、当初は、その　ア　と　ウ　があったというべきであり、酒税の納税義務者とされた酒類製造者のため、酒類の販売代金の回収を確実にさせることによって消費者への酒税の負担の円滑な転嫁を実現する目的で、これを阻害するおそれのある酒類販売業者を免許制によって酒類の流通過程から排除することとしたのも、酒税の　イ　かつ確実な賦課徴収を図るという重要な公共の利益のために探られた合理的な措置であったということができる。…（中略）…前記のような酒税の賦課徴収に関する仕組みがいまだ　ウ　を失うに至っているとはいえないと考えられることに加えて、酒税は、本来、消費者にその負担が転嫁されるべき性質の税目であること、酒類の販売業免許制度によって規制されるのが、そもそも、致酔性を有する嗜好品である性質上、販売秩序維持等の観点からもその販売について何らかの規制が行われてもやむを得ないと考えられる商品である酒類の販売の自由にとどまることをも考慮すると、当時においてなお酒類販売業免許制度を存置すべきものとした立法府の判断が、前記のような政策的、技術的な　エ　の範囲を逸脱するもので、著しく不合理であるとまでは断定し難い。」

（最三小判平成4年12月15日民集第46巻9号2829頁）

1	合法性	2	立法目的	3	必要性	4	必然性	5	違法性
6	緊急性	7	論理性	8	偶然的	9	裁量	10	限定
11	合目的手段	12	特権	13	効率性	14	合理性	15	相当性
16	適正	17	客観的	18	根拠	19	主観的	20	あいまい

解答9 | 酒類販売業免許制事件（最判平4.12.15）

正解　ア－3　　イ－16　　ウ－14　　エ－9

完成全文

　「酒税が、沿革的に見て、国税全体に占める割合が高く、これを確実に徴収する ア：3－必要性 が高い税目であるとともに、酒類の販売代金に占める割合も高率であったことにかんがみると、酒税法が昭和一三年法律第四八号による改正により、酒税の イ：16－適正 かつ確実な賦課徴収を図るという国家の財政目的のために、このような制度を採用したことは、当初は、その ア：3－必要性 と ウ：14－合理性 があったというべきであり、酒税の納税義務者とされた酒類製造者のため、酒類の販売代金の回収を確実にさせることによって消費者への酒税の負担の円滑な転嫁を実現する目的で、これを阻害するおそれのある酒類販売業者を免許制によって酒類の流通過程から排除することとしたのも、酒税の イ：16－適正 かつ確実な賦課徴収を図るという重要な公共の利益のために探られた合理的な措置であったということができる。…（中略）…前記のような酒税の賦課徴収に関する仕組みがいまだ ウ：14－合理性 を失うに至っているとはいえないと考えられることに加えて、酒税は、本来、消費者にその負担が転嫁されるべき性質の税目であること、酒類の販売業免許制度によって規制されるのが、そもそも、致酔性を有する嗜好品である性質上、販売秩序維持等の観点からもその販売について何らかの規制が行われてもやむを得ないと考えられる商品である酒類の販売の自由にとどまることをも考慮すると、当時においてなお酒類販売業免許制度を存置すべきものとした立法府の判断が、前記のような政策的、技術的な エ：9－裁量 の範囲を逸脱するもので、著しく不合理であるとまでは断定し難い。」

憲法　341

問題 10 | **憲法人権（財産権の保障）**　　重要度 ★★

次の空欄　ア　〜　エ　に当てはまる語句を、枠内の選択肢（1〜20）から選びなさい。

　森林法186条は、共有森林の分割につき、「各共有者の持分の価額に従いその過半数をもつて分割の請求をすること」のみを認め、その以外の持分価額が2分の1以下の共有者がなす分割請求を禁じているが、これは、民法が共有者の基本的権利としている分割請求権を持分価額が2分の1以下の共有者から奪うものであるから、かかる規制は、憲法上、　ア　の1つである財産権の制約に当たり、憲法29条2項にいう　イ　に適合することを必要とする。ところで、　ア　の規制立法には、精神的自由の規制の場合と異なり、合憲性の推定が働くと考えられ、財産権の規制立法についても、その合憲性の司法審査に当たつては、裁判所としては、規制の目的が　イ　に合致するものと認められる以上、そのための規制措置の具体的内容及びその必要性と合理性については、立法府の判断がその合理的裁量の範囲にとどまる限り、これを尊重すべきものである。そして、同じく　ア　の規制であつても、それが経済的・社会的政策実施のためのものである場合（　ウ　的規制）は、事の性質上、社会生活における安全の保障や秩序の維持等のためのものである場合（　エ　的規制）に比して、右合理的裁量の範囲を広く認めるべきであるから、右　ウ　的規制を内容とする立法については、当該規制措置が規制の目的を達成するための手段として著しく不合理で裁量権を逸脱したことが明白な場合でなければ、憲法29条2項に違反するものということはできないと解するのが相当である。

（最大判昭和62年4月22日民集第41巻3号408頁・裁判官大内恒夫の意見）

1	公共の利益	2	私財	3	積極	4	規制手段
5	人身の自由	6	公共の福祉	7	立法目的	8	立法事実
9	公の施設	10	私的領域	11	経済的自由	12	個別意思
13	合目的	14	第三者の利益	15	公共事業	16	国民の権利
17	当事者の意思	18	消極	19	社会生活	20	合理

解答 10 | 森林法共有林事件（最大判昭62.4.22）

正解　アー11　イー6　ウー3　エー18

完成全文

　森林法186条は、共有森林の分割につき、「各共有者の持分の価額に従いその過半数をもつて分割の請求をすること」のみを認め、その以外の持分価額が2分の1以下の共有者がなす分割請求を禁じているが、これは、民法が共有者の基本的権利としている分割請求権を持分価額が2分の1以下の共有者から奪うものであるから、かかる規制は、憲法上、 ア：11－経済的自由 の1つである財産権の制約に当たり、憲法29条2項にいう イ：6－公共の福祉 に適合することを必要とする。ところで、 ア：11－経済的自由 の規制立法には、精神的自由の規制の場合と異なり、合憲性の推定が働くと考えられ、財産権の規制立法についても、その合憲性の司法審査に当たつては、裁判所としては、規制の目的が イ：6－公共の福祉 に合致するものと認められる以上、そのための規制措置の具体的内容及びその必要性と合理性については、立法府の判断がその合理的裁量の範囲にとどまる限り、これを尊重すべきものである。そして、同じく ア：11－経済的自由 の規制であつても、それが経済的・社会的政策実施のためのものである場合（ ウ：3－積極 的規制）は、事の性質上、社会生活における安全の保障や秩序の維持等のためのものである場合（ エ：18－消極 的規制）に比して、右合理的裁量の範囲を広く認めるべきであるから、右 ウ：3－積極 的規制を内容とする立法については、当該規制措置が規制の目的を達成するための手段として著しく不合理で裁量権を逸脱したことが明白な場合でなければ、憲法29条2項に違反するものということはできないと解するのが相当である。

憲法　343

問題 11 憲法人権（人身の自由）

重要度 ★★★

次の文章は、GPS捜査に関する最高裁判所判決の一節である。空欄　ア　～　エ　に当てはまる語句を、枠内の選択肢（1～20）から選びなさい。

(1) GPS捜査は、対象車両の時々刻々の位置情報を検索し、把握すべく行われるものであるが、その性質上、公道上のもののみならず、個人の　ア　が強く保護されるべき場所や空間に関わるものも含めて、対象車両及びその使用者の所在と移動状況を逐一把握することを可能にする。このような捜査手法は、個人の行動を　イ　的、網羅的に把握することを必然的に伴うから、個人の　ア　を侵害し得るものであり、また、そのような侵害を可能とする機器を個人の所持品に秘かに装着することによって行う点において、公道上の所在を肉眼で把握したりカメラで撮影したりするような手法とは異なり、公権力による　ウ　領域への侵入を伴うものというべきである。

(2) 憲法35条は、「住居、書類及び所持品について、侵入、捜索及び押収を受けることのない権利」を規定しているところ、この規定の保障対象には、「住居、書類及び所持品」に限らずこれらに準ずる　ウ　領域に「侵入」されることのない権利が含まれるものと解するのが相当である。そうすると、前記のとおり、個人の　ア　の侵害を可能とする機器をその所持品に秘かに装着することによって、合理的に推認される　エ　に反してその　ウ　領域に侵入する捜査手法であるGPS捜査は、　エ　を制圧して憲法の保障する重要な法的利益を侵害するものとして、刑訴法上、特別の根拠規定がなければ許容されない強制の処分に当たるとともに、一般的には、現行犯人逮捕等の令状を要しないものとされている処分と同視すべき事情があると認めるのも困難であるから、令状がなければ行うことのできない処分と解すべきである。

（最大判平成29年3月15日刑集第71巻3号13頁）

1	公共意思	2	継続	3	公的	4	プライド	5	場所的
6	私的	7	要望	8	長期	9	拒絶意思	10	プライバシー
11	総合	12	秘密	13	短期	14	個人の意思	15	当事者の意思
16	断続的	17	具体的	18	内面的	19	公共的	20	表現

解答 11 | 人身の自由（最大判平29.3.15）

正解　アー10　　イー2　　ウー6　　エー14

完成全文

(1)GPS捜査は、対象車両の時々刻々の位置情報を検索し、把握すべく行われるものであるが、その性質上、公道上のもののみならず、個人の ア：10－プライバシー が強く保護されるべき場所や空間に関わるものも含めて、対象車両及びその使用者の所在と移動状況を逐一把握することを可能にする。このような捜査手法は、個人の行動を イ：2－継続 的、網羅的に把握することを必然的に伴うから、個人の ア：10－プライバシー を侵害し得るものであり、また、そのような侵害を可能とする機器を個人の所持品に秘かに装着することによって行う点において、公道上の所在を肉眼で把握したりカメラで撮影したりするような手法とは異なり、公権力による ウ：6－私的 領域への侵入を伴うものというべきである。

(2)憲法35条は、「住居、書類及び所持品について、侵入、捜索及び押収を受けることのない権利」を規定しているところ、この規定の保障対象には、「住居、書類及び所持品」に限らずこれらに準ずる ウ：6－私的 領域に「侵入」されることのない権利が含まれるものと解するのが相当である。そうすると、前記のとおり、個人の ア：10－プライバシー の侵害を可能とする機器をその所持品に秘かに装着することによって、合理的に推認される エ：14－個人の意思 に反してその ウ：6－私的 領域に侵入する捜査手法であるGPS捜査は、エ：14－個人の意思 を制圧して憲法の保障する重要な法的利益を侵害するものとして、刑訴法上、特別の根拠規定がなければ許容されない強制の処分に当たるとともに、一般的には、現行犯人逮捕等の令状を要しないものとされている処分と同視すべき事情があると認めるのも困難であるから、令状がなければ行うことのできない処分と解すべきである。

憲法　345

| 問題 12 | 平成21年度本試験問題41 | 重要度 ★ |

次の文章は、ある最高裁判所判決の一節である。空欄 ア ～ エ に当てはまる語句を、枠内の選択肢（1～20）から選びなさい。

　ア は、憲法上、―（中略）―国務大臣の任免権（六八条）、 イ を代表して ウ を指揮監督する職務権限（七二条）を有するなど、 イ を統率し、 ウ を統轄調整する地位にあるものである。そして、 イ 法は、 エ は ア が主宰するものと定め（四条）、 ア は、 エ にかけて決定した方針に基づいて ウ を指揮監督し（六条）、 ウ の処分又は命令を中止させることができるものとしている（八条）。このように、 ア が ウ に対し指揮監督権を行使するためには、 エ にかけて決定した方針が存在することを要するが、 エ にかけて決定した方針が存在しない場合においても、 ア の右のような地位及び権限に照らすと、流動的で多様な行政需要に遅滞なく対応するため、 ア は、少なくとも、 イ の明示の意思に反しない限り、 ウ に対し、随時、その所掌事務について一定の方向で処理するよう指導、助言等の指示を与える権限を有するものと解するのが相当である。

（最大判平成7年2月22日刑集49巻2号1頁以下）

1	衆議院	2	閣議	3	政府	4	内閣官房長官	5	省庁
6	国民	7	内閣	8	特別会	9	事務次官会議	10	執政
11	国政	12	官僚	13	国会	14	内閣総理大臣	15	参議院
16	日本国	17	行政各部	18	天皇	19	事務	20	常会

解答 12	ロッキード事件（最大判平7.2.22）
	正解　アー14　　イー7　　ウー17　　エー2

完成全文

　　ア：14－内閣総理大臣は、憲法上、―（中略）―国務大臣の任免権（六八条）、イ：7－内閣を代表してウ：17－行政各部を指揮監督する職務権限（七二条）を有するなど、イ：7－内閣を統率し、ウ：17－行政各部を統轄調整する地位にあるものである。そして、イ：7－内閣法は、エ：2－閣議はア：14－内閣総理大臣が主宰するものと定め（四条）、ア：14－内閣総理大臣は、エ：2－閣議にかけて決定した方針に基づいてウ：17－行政各部を指揮監督し（六条）、ウ：17－行政各部の処分又は命令を中止させることができるものとしている（八条）。このように、ア：14－内閣総理大臣がウ：17－行政各部に対し指揮監督権を行使するためには、エ：2－閣議にかけて決定した方針が存在することを要するが、エ：2－閣議にかけて決定した方針が存在しない場合においても、ア：14－内閣総理大臣の右のような地位及び権限に照らすと、流動的で多様な行政需要に遅滞なく対応するため、ア：14－内閣総理大臣は、少なくとも、イ：7－内閣の明示の意思に反しない限り、ウ：17－行政各部に対し、随時、その所掌事務について一定の方向で処理するよう指導、助言等の指示を与える権限を有するものと解するのが相当である。

第5章

多肢選択式問題

憲法　347

問題13　平成26年度本試験問題41

重要度 ★

次の文章は、ある最高裁判所判決の一節である。空欄　ア　～　エ　に当てはまる語句を、枠内の選択肢（1～20）から選びなさい。

　右安全保障条約*は、その内容において、主権国としてのわが国の平和と安全、ひいてはわが国　ア　に極めて重大な関係を有するものというべきであるが、また、その成立に当っては、時の　イ　は憲法の条章に基き、米国と数次に亘る交渉の末、わが国の重大政策として適式に締結し、その後、それが憲法に適合するか否かの討議をも含めて衆参両院において慎重に審議せられた上、適法妥当なものとして国会の承認を経たものであることも公知の事実である。

　ところで、本件安全保障条約は、前述のごとく、主権国としてのわが国の　ア　に極めて重大な関係をもつ　ウ　性を有するものというべきであって、その内容が違憲なりや否やの法的判断は、その条約を締結した　イ　およびこれを承認した国会の　ウ　的ないし　エ　的判断と表裏をなす点がすくなくない。

（昭和34年12月16日刑集13巻13号3225項）

1	存立の基礎	2	国権	3	建国の理念	4	幸福追求
5	自由裁量	6	憲法体制	7	衆議院	8	天皇
9	内閣総理大臣	10	内閣	11	国家	12	権力分立
13	合目的	14	合法	15	高度の政治	16	要件裁量
17	民主	18	自由主義	19	大所高所	20	明白な違憲

（注）　*　日本国とアメリカ合衆国との間の安全保障条約

解答 13	砂川事件（最大判昭34.12.16）
	正解　ア－1　　イ－10　　ウ－15　　エ－5

完成全文

　右安全保障条約は、その内容において、主権国としてのわが国の平和と安全、ひいてはわが国 ア：1－存立の基礎 に極めて重大な関係を有するものというべきであるが、また、その成立に当っては、時の イ：10－内閣 は憲法の条章に基き、米国と数次に亘る交渉の末、わが国の重大政策として適式に締結し、その後、それが憲法に適合するか否かの討議をも含めて衆参両院において慎重に審議せられた上、適法妥当なものとして国会の承認を経たものであることも公知の事実である。

　ところで、本件安全保障条約は、前述のごとく、主権国としてのわが国の ア：1－存立の基礎 に極めて重大な関係をもつ ウ：15－高度の政治 性を有するものというべきであって、その内容が違憲なりや否やの法的判断は、その条約を締結した イ：10－内閣 およびこれを承認した国会の ウ：15－高度の政治 的ないし エ：5－自由裁量 的判断と表裏をなす点がすくなくない。

第5章

多肢選択式問題

憲法　349

| 問題 14 | 憲法統治（財政） | 重要度 ★★ |

次の文章は、ある最高裁判所判決の一節である。空欄　ア　～　エ　に当てはまる語句を、枠内の選択肢（1 ～ 20）から選びなさい。

「憲法84条は、課税　ア　及び租税の賦課徴収の手続が　イ　で明確に定められるべきことを規定するものであり、　ウ　には、租税について　イ　による規律の在り方を定めるものであるが、同条は、国民に対して義務を課し又は権利を制限するには　イ　の根拠を要するという法原則を租税について厳格化した形で明文化したものというべきである。したがって、国、地方公共団体等が賦課徴収する租税以外の公課であっても、その性質に応じて、　イ　又は　イ　の範囲内で制定された条例によって適正な規律がされるべきものと解すべきであり、憲法84条に規定する租税ではないという理由だけから、そのすべてが当然に同条に現れた上記のような法原則のらち外にあると判断することは相当ではない。そして、租税以外の公課であっても、賦課徴収の強制の度合い等の点において租税に類似する性質を有するものについては、憲法84条の趣旨が及ぶと解すべきであるが、その場合であっても、租税以外の公課は、租税とその性質が共通する点や異なる点があり、また、賦課徴収の目的に応じて多種多様であるから、賦課　ア　が　イ　又は条例にどの程度明確に定められるべきかなどその規律の在り方については、当該公課の性質、賦課徴収の目的、その強制の度合い等を　エ　して判断すべきものである。」

（最大判平成18年3月1日民集第60巻2号587頁）

1	緩やかに解釈	2	命令	3	直接的	4	比較	5	金額
6	比較考量	7	形式的	8	要件	9	効果	10	間接的
11	厳格に解釈	12	条約	13	検討	14	法律	15	解除
16	実質的	17	総合考慮	18	規則	19	処分	20	条件

解答 14 | 旭川市国民健康保険条例事件（最大判平18.3.1）

正解　アー8　　イー14　　ウー3　　エー17

完成全文

「憲法84条は、課税 ア：8－要件 及び租税の賦課徴収の手続が イ：14－法律 で明確に定められるべきことを規定するものであり、 ウ：3－直接的 には、租税について イ：14－法律 による規律の在り方を定めるものであるが、同条は、国民に対して義務を課し又は権利を制限するには イ：14－法律 の根拠を要するという法原則を租税について厳格化した形で明文化したものというべきである。したがって、国、地方公共団体等が賦課徴収する租税以外の公課であっても、その性質に応じて、 イ：14－法律 又は イ：14－法律 の範囲内で制定された条例によって適正な規律がされるべきものと解すべきであり、憲法84条に規定する租税ではないという理由だけから、そのすべてが当然に同条に現れた上記のような法原則のらち外にあると判断することは相当ではない。そして、租税以外の公課であっても、賦課徴収の強制の度合い等の点において租税に類似する性質を有するものについては、憲法84条の趣旨が及ぶと解すべきであるが、その場合であっても、租税以外の公課は、租税とその性質が共通する点や異なる点があり、また、賦課徴収の目的に応じて多種多様であるから、賦課 ア：8－要件 が イ：14－法律 又は条例にどの程度明確に定められるべきかなどその規律の在り方については、当該公課の性質、賦課徴収の目的、その強制の度合い等を エ：17－総合考慮 して判断すべきものである。」

第5章

多肢選択式問題

憲法　351

問題 15 — 行政法の一般的な法理論（私法法規の適用①） 重要度 ★★

次の文章は、ある最高裁判所判決の一節である。空欄 ア ～ エ に当てはまる語句を、枠内の選択肢（1～20）から選びなさい。

「公営住宅の使用関係については、公営住宅法及びこれに基づく条例が ア として民法及び借家法に優先して適用されるが、法及び条例に特別の定めがない限り、原則として イ である民法及び借家法の適用があり、その契約関係を規律するについては、 ウ の法理の適用があるものと解すべきである。ところで、右法及び条例の規定によれば、事業主体は、公営住宅の入居者を決定するについては入居者を選択する自由を有しないものと解されるが、事業主体と入居者との間に公営住宅の使用関係が設定されたのちにおいては、両者の間には ウ を基礎とする法律関係が存するものというべきであるから、公営住宅の使用者が法の定める公営住宅の明渡請求事由に該当する行為をした場合であつても、賃貸人である事業主体との間の ウ を破壊するとは認め難い エ の事情があるときには、事業主体の長は、当該使用者に対し、その住宅の使用関係を取り消し、その明渡を請求することはできないものと解するのが相当である。」

（最判昭和59年12月13日民集第38巻12号1411頁）

1	信義誠実	2	契約	3	権利濫用	4	不要	5	制度的
6	特別法	7	実体的	8	必要	9	特則	10	共同関係
11	社会関係	12	特殊法	13	実効性	14	原則	15	例外
16	一般法	17	信頼関係	18	信用	19	特段	20	公権的

解答 15 | 公営住宅の利用関係（最判昭59.12.13）

正解　アー6　　イー16　　ウー17　　エー19

完成全文

　「公営住宅の使用関係については、公営住宅法及びこれに基づく条例が ア：6－特別法 として民法及び借家法に優先して適用されるが、法及び条例に特別の定めがない限り、原則として イ：16－一般法 である民法及び借家法の適用があり、その契約関係を規律するについては、 ウ：17－信頼関係 の法理の適用があるものと解すべきである。ところで、右法及び条例の規定によれば、事業主体は、公営住宅の入居者を決定するについては入居者を選択する自由を有しないものと解されるが、事業主体と入居者との間に公営住宅の使用関係が設定されたのちにおいては、両者の間には ウ：17－信頼関係 を基礎とする法律関係が存するものというべきであるから、公営住宅の使用者が法の定める公営住宅の明渡請求事由に該当する行為をした場合であつても、賃貸人である事業主体との間の ウ：17－信頼関係 を破壊するとは認め難い エ：19－特段 の事情があるときには、事業主体の長は、当該使用者に対し、その住宅の使用関係を取り消し、その明渡を請求することはできないものと解するのが相当である。」

第5章

多肢選択式問題

行政法　353

問題 16 | 行政法の一般的な法理論（私法法規の適用②） 重要度 ★★★

次の文章は、ある最高裁判所判決の一節である。空欄 ア ～ エ に当てはまる語句を、枠内の選択肢（1～20）から選びなさい。

「建築基準法42条1項5号の規定による位置の指定（以下「道路位置指定」という。）を受け現実に開設されている道路を通行することについて日常生活上不可欠の利益を有する者は、右道路の通行をその敷地の所有者によって妨害され、又は妨害されるおそれがあるときは、敷地所有者が右通行を受忍することによって通行者の通行利益を上回る著しい損害を被るなどの特段の事情のない限り、敷地所有者に対して右妨害行為の排除及び将来の妨害行為の ア を求める権利（人格権的権利）を有するものというべきである。

けだし、道路位置指定を受け現実に開設されている道路を公衆が通行することができるのは、本来は道路位置指定に伴う イ にすぎず、その通行が妨害された者であっても道路敷地所有者に対する妨害排除等の請求権を有しないのが原則であるが、生活の本拠と外部との交通は人間の基本的生活利益に属するものであって、これが阻害された場合の不利益には甚だしいものがあるから、外部との交通についての ウ を欠くなどの理由により日常生活上不可欠なものとなった通行に関する利益は私法上も保護に値するというべきであり、他方、道路位置指定に伴い建築基準法上の建築制限などの規制を受けるに至った道路敷地所有者は、少なくとも道路の通行について日常生活上不可欠の利益を有する者がいる場合においては、右の通行利益を上回る著しい損害を被るなどの特段の事情のない限り、右の者の通行を ア ないし制限することについて保護に値する エ な利益を有するとはいえず、私法上の通行受忍義務を負うこととなってもやむを得ないものと考えられるからである。」

（最判平成9年12月18日民集第51巻10号4241頁）

1	停止	2	関連利益	3	取締り	4	反射的利益
5	不合理	6	具体的	7	代替手段	8	共有利益
9	生存的利益	10	禁止	11	不当	12	正当
13	守るべき	14	運輸手段	15	許容	16	連絡手段
17	合理的	18	許可	19	抽象的	20	抑制

解答 16	位置指定道路（最判平9.12.18）

正解　ア－10　　イ－4　　ウ－7　　エ－12

完成全文

　「建築基準法42条1項5号の規定による位置の指定（以下「道路位置指定」という。）を受け現実に開設されている道路を通行することについて日常生活上不可欠の利益を有する者は、右道路の通行をその敷地の所有者によって妨害され、又は妨害されるおそれがあるときは、敷地所有者が右通行を受忍することによって通行者の通行利益を上回る著しい損害を被るなどの特段の事情のない限り、敷地所有者に対して右妨害行為の排除及び将来の妨害行為の ア：10 －禁止 を求める権利（人格権的権利）を有するものというべきである。

　けだし、道路位置指定を受け現実に開設されている道路を公衆が通行することができるのは、本来は道路位置指定に伴う イ：4－反射的利益 にすぎず、その通行が妨害された者であっても道路敷地所有者に対する妨害排除等の請求権を有しないのが原則であるが、生活の本拠と外部との交通は人間の基本的生活利益に属するものであって、これが阻害された場合の不利益には甚だしいものがあるから、外部との交通についての ウ：7－代替手段 を欠くなどの理由により日常生活上不可欠なものとなった通行に関する利益は私法上も保護に値するというべきであり、他方、道路位置指定に伴い建築基準法上の建築制限などの規制を受けるに至った道路敷地所有者は、少なくとも道路の通行について日常生活上不可欠の利益を有する者がいる場合においては、右の通行利益を上回る著しい損害を被るなどの特段の事情のない限り、右の者の通行を ア：10 －禁止 ないし制限することについて保護に値する エ：12－正当 な利益を有するとはいえず、私法上の通行受忍義務を負うこととなってもやむを得ないものと考えられるからである。」

第5章

多肢選択式問題

行政法　355

問題 17	行政法の一般的な法理論 （私法法規の適用③）	重要度 ★ ★

次の文章は、ある最高裁判所判決の一節である。空欄　ア　～　エ　に当てはまる語句を、枠内の選択肢（1～20）から選びなさい。

「国は、公務員に対し、国が公務遂行のために設置すべき場所、施設もしくは器具等の設置管理又は公務員が国もしくは上司の指示のもとに遂行する公務の管理にあたつて、公務員の生命及び健康等を危険から保護するよう配慮すべき義務（以下「　ア　」という。）を負つているものと解すべきである。もとより、右の　ア　の具体的内容は、公務員の職種、地位及び　ア　が問題となる当該具体的状況等によつて異なるべきものであり、……国が、　イ　規範のもとにおいて私人に対しその生命、健康等を保護すべき義務を負つているほかは、いかなる場合においても公務員に対し　ア　を負うものではないと解することはできない。…（中略）…

そして、会計法30条が金銭の給付を目的とする国の権利及び国に対する権利につき　ウ　年の消滅時効期間を定めたのは、国の権利義務を早期に決済する必要があるなど主として　エ　を考慮したことに基づくものであるから、同条の　ウ　年の消滅時効期間の定めは、右のような　エ　を考慮する必要がある金銭債権であつて他に時効期間につき特別の規定のないものについて適用されるものと解すべきである。」

（最判昭和50年2月25日民集第29巻2号143頁）

1	行政の利益	2	3	3	行政上の便宜	4	事務管理
5	監督義務	6	1	7	安全配慮義務	8	官公庁の都合
9	公務員の便宜	10	公共の利益	11	不当利得	12	公共の福祉
13	5	14	不法行為	15	契約	16	監視義務
17	任務	18	結果回避義務	19	7	20	信義則

356

解答 **17**	公務員に対する安全配慮義務（最判昭50.2.25）
	正解　**ア－7　　イ－14　　ウ－13　　エ－3**

完成全文

「国は、公務員に対し、国が公務遂行のために設置すべき場所、施設もしくは器具等の設置管理又は公務員が国もしくは上司の指示のもとに遂行する公務の管理にあたつて、公務員の生命及び健康等を危険から保護するよう配慮すべき義務（以下「 ア：7－安全配慮義務 」という。）を負つているものと解すべきである。もとより、右の ア：7－安全配慮義務 の具体的内容は、公務員の職種、地位及び ア：7－安全配慮義務 が問題となる当該具体的状況等によつて異なるべきものであり、……国が、 イ：14－不法行為 規範のもとにおいて私人に対しその生命、健康等を保護すべき義務を負つているほかは、いかなる場合においても公務員に対し ア：7－安全配慮義務 を負うものではないと解することはできない。…（中略）…

そして、会計法30条が金銭の給付を目的とする国の権利及び国に対する権利につき ウ：13－5 年の消滅時効期間を定めたのは、国の権利義務を早期に決済する必要があるなど主として エ：3－行政上の便宜 を考慮したことに基づくものであるから、同条の ウ：13－5 年の消滅時効期間の定めは、右のような エ：3－行政上の便宜 を考慮する必要がある金銭債権であつて他に時効期間につき特別の規定のないものについて適用されるものと解すべきである。」

第5章　多肢選択式問題

行政法　**357**

| 問題 18 | 平成30年度本試験問題43 | 重要度 ★★ |

次の文章は、地方公共団体の施策の変更に関する最高裁判所判決の一節である。空欄 ア ～ エ に当てはまる語句を、枠内の選択肢（1～20）から選びなさい。

・・・ ア の原則は地方公共団体の組織及び運営に関する基本原則であり、また、地方公共団体のような行政主体が一定内容の将来にわたって継続すべき施策を決定した場合でも、右施策が社会情勢の変動等に伴って変更されることがあることはもとより当然であって、地方公共団体は原則として右決定に拘束されるものではない。しかし、右決定が、単に一定内容の継続的な施策を定めるにとどまらず、特定の者に対して右施策に適合する特定内容の活動をすることを促す個別的、具体的な勧告ないし勧誘を伴うものであり、かつ、その活動が相当長期にわたる当該施策の継続を前提としてはじめてこれに投入する資金又は労力に相応する効果を生じうる性質のものである場合には、右特定の者は、右施策が右活動の基盤として維持されるものと イ し、これを前提として右の活動ないしその準備活動に入るのが通常である。このような状況のもとでは、たとえ右勧告ないし勧誘に基づいてその者と当該地方公共団体との間に右施策の維持を内容とする契約が締結されたものとは認められない場合であっても、右のように密接な交渉を持つに至った当事者間の関係を規律すべき ウ の原則に照らし、その施策の変更にあたってはかかる イ に対して法的保護が与えられなければならないものというべきである。すなわち、右施策が変更されることにより、前記の勧告等に動機づけられて前記のような活動に入った者がその イ に反して所期の活動を妨げられ、社会観念上看過することのできない程度の積極的損害を被る場合に、地方公共団体において右損害を補償するなどの代償的措置を講ずることなく施策を変更することは、それがやむをえない客観的事情によるのでない限り、当事者間に形成された イ 関係を不当に破壊するものとして違法性を帯び、地方公共団体の エ 責任を生ぜしめるものといわなければならない。そして、前記 ア の原則も、地方公共団体が住民の意思に基づいて行動する場合にはその行動になんらの法的責任も伴わないということを意味するものではないから、地方公共団体の施策決定の基盤をなす政治情勢の変化をもってただちに前記のやむをえない客観的事情にあたるものとし、前記のような相手方の イ を保護しないことが許されるものと解すべきではない。

(最三小判昭和56年1月27日民集35巻1号35頁)

358

1	信義衡平	2	私的自治	3	公平	4	信頼
5	確約	6	契約	7	財産	8	債務不履行
9	不法行為	10	団体自治	11	平等	12	刑事
13	住民自治	14	比例	15	権利濫用禁止	16	過失
17	期待	18	継続	19	監督	20	措置

解答18　行政計画（最判昭56.1.27）

正解　アー**13**　　イー**4**　　ウー**1**　　エー**9**

完成文

・・・ ア：13－住民自治 の原則は地方公共団体の組織及び運営に関する基本原則であり、〈中略〉右施策が右活動の基盤として維持されるものと イ：4－信頼 し、これを前提として右の活動ないしその準備活動に入るのが通常である。このような状況のもとでは、たとえ右勧告ないし勧誘に基づいてその者と当該地方公共団体との間に右施策の維持を内容とする契約が締結されたものとは認められない場合であっても、右のように密接な交渉を持つに至った当事者間の関係を規律すべき ウ：1－信義衡平 の原則に照らし、その施策の変更にあたってはかかる イ：4－信頼 に対して法的保護が与えられなければならないものというべきである。すなわち、右施策が変更されることにより、前記の勧告等に動機づけられて前記のような活動に入った者がその イ：4－信頼 に反して所期の活動を妨げられ、社会観念上看過することのできない程度の積極的損害を被る場合に、地方公共団体において右損害を補償するなどの代償的措置を講ずることなく施策を変更することは、それがやむをえない客観的事情によるのでない限り、当事者間に形成された イ：4－信頼 関係を不当に破壊するものとして違法性を帯び、地方公共団体の エ：9－不法行為 責任を生ぜしめるものといわなければならない。そして、前記 ア：13－住民自治 の原則も、地方公共団体が住民の意思に基づいて行動する場合にはその行動になんらの法的責任も伴わないということを意味するものではないから、地方公共団体の施策決定の基盤をなす政治情勢の変化をもってただちに前記のやむをえない客観的事情にあたるものとし、前記のような相手方の イ：4－信頼 を保護しないことが許されるものと解すべきではない。

行政法　359

問題 19 | 平成27年度本試験問題42

重要度 ★★

次の文章の空欄 ア ～ エ に当てはまる語句を、枠内の選択肢（1～20）から選びなさい。

ア は、 イ ではないから、抗告訴訟はもちろん、行政不服審査法による審査請求の対象ともならないとされてきた。しかし、 ア についても、これに従わない場合について、 ウ が定められている例があるなど、相手方の権利利益に大きな影響を及ぼすものが少なくない。そこで、行政手続法が改正され、 エ に根拠を有する ア のうち、違法行為の是正を求めるものについては、それが エ に定める要件に適合しないと思料する相手方は、行政機関にその中止等を求めることができるとされた。この申出があったときは、行政機関は、必要な調査を行い、それが要件に適合しないと認められるときは、その ア の中止その他必要な措置をとるべきこととされた。もし、 ウ がなされていれば、必要な措置として、それも中止しなければならないこととなる。また、これと並んで、違法行為の是正のための イ や ア がなされていないと思料する者は、これらをすることを求めることができる旨の規定も置かれている。

1	即時強制	2	命令	3	刑事処罰	4	過料の徴収	5	代執行
6	行政調査	7	法律	8	法規命令	9	行政指導	10	強制執行
11	契約	12	強制	13	処分	14	不作為	15	処分基準
16	条例	17	公表	18	要綱	19	規則	20	実力行使

	行政指導
解答 19	正解　ア－9　　イ－13　　ウ－17　　エ－7

完成全文

　　ア：9－行政指導 は、 イ：13－処分 ではないから、抗告訴訟はもちろん、行政不服審査法による審査請求の対象ともならないとされてきた。しかし、 ア：9－行政指導 についても、これに従わない場合について、 ウ：17－公表 が定められている例があるなど、相手方の権利利益に大きな影響を及ぼすものが少なくない。そこで、行政手続法が改正され、 エ：7－法律 に根拠を有する ア：9－行政指導 のうち、違法行為の是正を求めるものについては、それが エ：7－法律 に定める要件に適合しないと思料する相手方は、行政機関にその中止等を求めることができるとされた。この申出があったときは、行政機関は、必要な調査を行い、それが要件に適合しないと認められるときは、その ア：9－行政指導 の中止その他必要な措置をとるべきこととされた。もし、 ウ：17－公表 がなされていれば、必要な措置として、それも中止しなければならないこととなる。また、これと並んで、違法行為の是正のための イ：13－処分 や ア：9－行政指導 がなされていないと思料する者は、これらをすることを求めることができる旨の規定も置かれている。

　　平成26年に行政手続法が改正され、法律に根拠を有する行政指導のうち、違法行為の是正を求めるものについては、それが法律に定める要件に適合しないと思料する相手方は、行政機関にその中止等を求めることができるとされ（同法36条の２第１項本文）、この申出があったときは、行政機関は、必要な調査を行い、それが要件に適合しないと認められるときは、その行政指導の中止その他必要な措置をとるべきこととされました（同条３項）。また、違法行為の是正のための処分や行政指導がなされていないと思料する者は、これらをすることを求めることができる旨の規定も置かれました（同法36条の３第１項）。

第5章

多肢選択式問題

行政法　361

問題 20	行政法の一般的な法理論 （委任命令）	重要度 ★ ★ ★

次の文章は、ある最高裁判所判決の一節である。空欄 ア ～ エ に当てはまる語句を、枠内の選択肢（1～20）から選びなさい。

「本件罰則規定の目的は、前記のとおり、公務員の職務の遂行の ア を保持することによって行政の中立的運営を確保し、これに対する イ を維持することにあるところ、これは、議会制民主主義に基づく統治機構の仕組みを定める憲法の要請にかなう国民全体の重要な利益というべきであり、公務員の職務の遂行の ア を損なうおそれが ウ に認められる政治的行為を禁止することは、国民全体の上記利益の保護のためであって、その規制の目的は エ であり正当なものといえる。他方、本件罰則規定により禁止されるのは、民主主義社会において重要な意義を有する表現の自由としての政治活動の自由ではあるものの、……禁止の対象とされるものは、公務員の職務の遂行の ア を損なうおそれが ウ に認められる政治的行為に限られ、このようなおそれが認められない政治的行為や本規則が規定する行為類型以外の政治的行為が禁止されるものではないから、その制限は必要やむを得ない限度にとどまり、前記の目的を達成するために必要かつ エ な範囲のものというべきである。そして、上記の解釈の下における本件罰則規定は、不明確なものとも、過度に広汎な規制であるともいえないと解される。また、既にみたとおり、本法〔国家公務員法〕102条1項が人事院規則に委任しているのは、公務員の職務の遂行の ア を損なうおそれが ウ に認められる政治的行為の行為類型を規制の対象として具体的に定めることであるから、同項が懲戒処分の対象と刑罰の対象とで殊更に区別することなく規制の対象となる政治的行為の定めを人事院規則に委任しているからといって、憲法上禁止される白紙委任に当たらないことは明らかである。」

（最判平成24年12月7日刑集第66巻12号1722頁）

1	議院内閣制	2	実質的	3	間接的	4	適法性	5	迅速性
6	社会的妥当性	7	実体的	8	公共的	9	国民の信頼	10	正確性
11	政治的中立性	12	不合理	13	具体的	14	妥当性	15	公平性
16	形式的	17	経済的	18	合理的	19	処分性	20	信託

解答 20	国家公務員法と人事院規則（最判平24.12.7）

正解　ア－11　　イ－9　　ウ－2　　エ－18

完成全文

「本件罰則規定の目的は、前記のとおり、公務員の職務の遂行の ア：11－政治的中立性 を保持することによって行政の中立的運営を確保し、これに対する イ：9－国民の信頼 を維持することにあるところ、これは、議会制民主主義に基づく統治機構の仕組みを定める憲法の要請にかなう国民全体の重要な利益というべきであり、公務員の職務の遂行の ア：11－政治的中立性 を損なうおそれが ウ：2－実質的 に認められる政治的行為を禁止することは、国民全体の上記利益の保護のためであって、その規制の目的は エ：18－合理的 であり正当なものといえる。他方、本件罰則規定により禁止されるのは、民主主義社会において重要な意義を有する表現の自由としての政治活動の自由ではあるものの、……禁止の対象とされるものは、公務員の職務の遂行の ア：11－政治的中立性 を損なうおそれが ウ：2－実質的 に認められる政治的行為に限られ、このようなおそれが認められない政治的行為や本規則が規定する行為類型以外の政治的行為が禁止されるものではないから、その制限は必要やむを得ない限度にとどまり、前記の目的を達成するために必要かつ エ：18－合理的 な範囲のものというべきである。そして、上記の解釈の下における本件罰則規定は、不明確なものとも、過度に広汎な規制であるともいえないと解される。また、既にみたとおり、本法〔国家公務員法〕102条1項が人事院規則に委任しているのは、公務員の職務の遂行の ア：11－政治的中立性 を損なうおそれが ウ：2－実質的 に認められる政治的行為の行為類型を規制の対象として具体的に定めることであるから、同項が懲戒処分の対象と刑罰の対象とで殊更に区別することなく規制の対象となる政治的行為の定めを人事院規則に委任しているからといって、憲法上禁止される白紙委任に当たらないことは明らかである。」

第5章　多肢選択式問題

行政法　363

問題21 | 平成24年度本試験問題42

重要度 ★★

次の文章は、学校行事において教職員に国歌の起立斉唱等を義務付けることの是非が争われた最高裁判所判決の一節（一部を省略）である。空欄　ア　～　エ　に当てはまる語句を、枠内の選択肢（1〜20）から選びなさい。

本件　ア　は、……学習指導要領を踏まえ、上級行政機関である都教委*が関係下級行政機関である都立学校の各校長を名宛人としてその職務権限の行使を指揮するために発出したものであって、個々の教職員を名宛人とするものではなく、本件　イ　の発出を待たずに当該　ア　自体によって個々の教職員に具体的な義務を課すものではない。また、本件　ア　には、……各校長に対し、本件　イ　の発出の必要性を基礎付ける事項を示すとともに、教職員がこれに従わない場合は服務上の責任を問われることの周知を命ずる旨の文言があり、これらは国歌斉唱の際の起立斉唱又はピアノ伴奏の実施が必要に応じて　イ　により確保されるべきことを前提とする趣旨と解されるものの、本件　イ　の発出を命ずる旨及びその範囲等を示す文言は含まれておらず、具体的にどの範囲の教職員に対し本件　イ　を発するか等については個々の式典及び教職員ごとの個別的な事情に応じて各校長の　ウ　に委ねられているものと解される。そして、本件　ア　では、上記のとおり、本件　イ　の違反について教職員の責任を問う方法も、　エ　に限定されておらず、訓告や注意等も含み得る表現が採られており、具体的にどのような問責の方法を採るかは個々の教職員ごとの個別的な事情に応じて都教委の　ウ　によることが前提とされているものと解される。原審の指摘する都教委の校長連絡会等を通じての各校長への指導の内容等を勘案しても、本件　ア　それ自体の文言や性質等に則したこれらの　ウ　の存在が否定されるものとは解されない。したがって、本件　ア　をもって、本件　イ　と不可分一体のものとしてこれと同視することはできず、本件　イ　を受ける教職員に条件付きで　エ　を受けるという法的効果を生じさせるものとみることもできない。

（最一小判平成24年2月9日裁判所時報1549号4頁）

1	分限処分	2	処分基準	3	行政罰	4	同意	5	行政指導
6	指示	7	法規命令	8	職務命令	9	指導指針	10	下命
11	懲戒処分	12	監督処分	13	政治的判断	14	執行命令	15	告示
16	審査基準	17	裁量	18	勧告	19	通達	20	行政規則

（注）　＊　東京都教育委員会

解答 21 ┃ 国歌斉唱義務不存在確認事件（最判平24.2.9）
正解　アー19　　イー8　　ウー17　　エー11

完成文

　本件 ア：19－通達 は、……学習指導要領を踏まえ、上級行政機関である都教委が関係下級行政機関である都立学校の各校長を名宛人としてその職務権限の行使を指揮するために発出したものであって、個々の教職員を名宛人とするものではなく、本件 イ：8－職務命令 の発出を待たずに当該 ア：19－通達 自体によって個々の教職員に具体的な義務を課すものではない。また、本件 ア：19－通達 には、……各校長に対し、本件 イ：8－職務命令 の発出の必要性を基礎付ける事項を示すとともに、教職員がこれに従わない場合は服務上の責任を問われることの周知を命ずる旨の文言があり、これらは国歌斉唱の際の起立斉唱又はピアノ伴奏の実施が必要に応じて イ：8－職務命令 により確保されるべきことを前提とする趣旨と解されるものの、本件 イ：8－職務命令 の発出を命ずる旨及びその範囲等を示す文言は含まれておらず、具体的にどの範囲の教職員に対し本件 イ：8－職務命令 を発するか等については個々の式典及び教職員ごとの個別的な事情に応じて各校長の ウ：17－裁量 に委ねられているものと解される。そして、本件 ア：19－通達 では、上記のとおり、本件 イ：8－職務命令 の違反について教職員の責任を問う方法も、エ：11－懲戒処分 に限定されておらず、訓告や注意等も含み得る表現が採られており、具体的にどのような問責の方法を採るかは個々の教職員ごとの個別的な事情に応じて都教委の ウ：17－裁量 によることが前提とされているものと解される。〈後略〉

第5章　多肢選択式問題

行政法　365

問題22 | **平成21年度本試験問題43**　重要度 ★

　行政裁量に関する次の文章の空欄　ア　～　エ　に当てはまる語句を、枠内の選択肢（1～20）から選びなさい。

　法律による行政の原理の下においても、法律が行政活動の内容を完全に規律しつくすことはできない。従って、法律が行政機関に自由な判断の余地を認めている場合があるが、これを裁量という。

　例えば、国家公務員法82条1項3号は、職員に「国民全体の奉仕者たるにふさわしくない非行のあつた場合」、「懲戒処分として、免職、停職、減給又は戒告の処分をすることができる」と規定しているが、例えば、公務員が争議行為を行い、同号にいう「国民全体の奉仕者たるにふさわしくない非行のあつた場合」という　ア　に当たると判断される場合、処分の　イ　について裁量が認められるとするならば、当該公務員について免職処分を選択するか、あるいは停職その他の処分を選択するかについては、懲戒権者の判断に委ねられることになる。しかしながら、その場合にあっても、当該非行が極めて軽微なものにとどまるにもかかわらず、免職処分を選択した場合は　ウ　に違反し、裁量権の濫用・踰越となる。

　また、土地収用法20条3号は、土地収用を行うことのできる事業の認定にあたっては、当該事業が「土地の適正且つ合理的な利用に寄与するもの」でなければならないとしている。この場合、　ア　についての裁量が問題となるが、判例は、その場合の裁量判断について、「本来最も重視すべき諸要素、諸価値を不当、安易に軽視し、その結果当然尽くすべき考慮を尽くさず、また本来考慮に容れるべきでない事項を考慮に容れもしくは本来過大に評価すべきでない事項を過重に評価し」、これらのことにより判断が左右された場合には、裁量権の濫用・踰越にあたるとして、違法となるとしている。これは処分における　エ　について、司法審査を及ぼしたものといえる。

1	訴訟要件	2	目的	3	信義則
4	相当の期間の経過	5	効果	6	補充性要件
7	理由の提示	8	判断過程	9	過失
10	行政便宜主義	11	時の裁量	12	手続規定
13	紛争の成熟性	14	違法性阻却事由	15	保護義務
16	要件	17	行政規則	18	比例原則
19	手段	20	行政の内部問題		

解答 22 行政裁量

正解　アー16　　イー5　　ウー18　　エー8

解説

　「国民全体の奉仕者たるにふさわしくない非行のあつた場合」は要件に当たるので、　ア　には「16－要件」が入る。免職処分などは効果に当たるので、　イ　には「5－効果」が入る。当該非行が極めて軽微なものにとどまるにもかかわらず、免職処分を選択した場合は、比例原則に違反するので、　ウ　には「18－比例原則」が入る。　エ　には、直前に「これらのことにより判断が左右された場合には」とあることから、「8－判断過程」が入る。

第5章

多肢選択式問題

行政法　367

問題 23　行政法の一般的な法理論（授益的行政行為の撤回）

重要度
★★

次の文章は、ある最高裁判所判決の一節である。空欄　ア　〜　エ　に当てはまる語句を、枠内の選択肢（1〜20）から選びなさい。

「実子あつせん行為は、医師の作成する出生証明書の信用を損ない、　ア　制度の秩序を乱し、不実の親子関係の形成により、子の法的地位を不安定にし、未成年の子を養子とするには家庭裁判所の許可を得なければならない旨定めた民法798条の規定の趣旨を潜脱するばかりでなく、近親婚のおそれ等の弊害をもたらすものであり、また、将来子にとつて親子関係の真否が問題となる場合についての考慮がされておらず、子の福祉に対する配慮を欠くものといわなければならない。したがつて、実子あつせん行為を行うことは、中絶施術を求める女性にそれを断念させる目的でなされるものであつても、法律上許されないのみならず、医師の職業倫理にも反するものというべきであり、本件取消処分の直接の理由となつた当該実子あつせん行為についても、それが　イ　ないしこれに準ずる行為に当たるとすべき事情は窺うことができない。…（中略）…

そうすると、被上告人医師会が昭和51年11月1日付の指定医師の指定をしたのちに、上告人が法秩序遵守等の面において指定医師としての　ウ　を欠くことが明らかとなり、上告人に対する指定を存続させることが公益に適合しない状態が生じたというべきところ、実子あつせん行為のもつ右のような法的問題点、指定医師の指定の性質等に照らすと、指定医師の指定の　エ　によつて上告人の被る不利益を考慮しても、なおそれを　エ　すべき公益上の必要性が高いと認められるから、法令上その　エ　について直接明文の規定がなくとも、指定医師の指定の権限を付与されている被上告人医師会は、その権限において上告人に対する右指定を　エ　することができるものというべきである。」

（最判昭和63年6月17日集民第154号201頁）

1	戸籍	2	適格性	3	子どもの保護	4	資格	5	出生届
6	合法性	7	国籍	8	正当防衛	9	順応性	10	生命維持
11	養親の福祉	12	緊急措置	13	撤回	14	住民票	15	取消
16	住民登録	17	停止	18	資質	19	無効	20	緊急避難

解答 23	菊田医師赤ちゃんあっせん事件（最判昭63.6.17）

正解　ア－1　　イ－20　　ウ－2　　エ－13

完成全文

「実子あつせん行為は、医師の作成する出生証明書の信用を損ない、 ア：1－戸籍 制度の秩序を乱し、不実の親子関係の形成により、子の法的地位を不安定にし、未成年の子を養子とするには家庭裁判所の許可を得なければならない旨定めた民法798条の規定の趣旨を潜脱するばかりでなく、近親婚のおそれ等の弊害をもたらすものであり、また、将来子にとつて親子関係の真否が問題となる場合についての考慮がされておらず、子の福祉に対する配慮を欠くものといわなければならない。したがつて、実子あつせん行為を行うことは、中絶施術を求める女性にそれを断念させる目的でなされるものであつても、法律上許されないのみならず、医師の職業倫理にも反するものというべきであり、本件取消処分の直接の理由となつた当該実子あつせん行為についても、それが イ：20－緊急避難 ないしこれに準ずる行為に当たるとすべき事情は窺うことができない。…（中略）…

そうすると、被上告人医師会が昭和51年11月1日付の指定医師の指定をしたのちに、上告人が法秩序遵守等の面において指定医師としての ウ：2－適格性 を欠くことが明らかとなり、上告人に対する指定を存続させることが公益に適合しない状態が生じたというべきところ、実子あつせん行為のもつ右のような法的問題点、指定医師の指定の性質等に照らすと、指定医師の指定の エ：13－撤回 によつて上告人の被る不利益を考慮しても、なおそれを エ：13－撤回 すべき公益上の必要性が高いと認められるから、法令上その エ：13－撤回 について直接明文の規定がなくとも、指定医師の指定の権限を付与されている被上告人医師会は、その権限において上告人に対する右指定を エ：13－撤回 することができるものというべきである。」

第5章　多肢選択式問題

行政法　369

問題24 | 平成22年度本試験問題43

重要度 ★

次の文章は、ある最高裁判所判決の一節である。空欄 ア ～ エ に当てはまる語句を、枠内の選択肢（1～20）から選びなさい。

　原子炉施設の安全性に関する判断の適否が争われる原子炉設置許可処分の取消訴訟における裁判所の審理、判断は、原子力委員会若しくは原子炉安全専門審査会の専門技術的な ア 及び判断を基にしてされた被告行政庁の判断に イ があるか否かという観点から行われるべきであって、現在の科学技術水準に照らし、右 ア において用いられた具体的 ウ に イ があり、あるいは当該原子炉施設が右の具体的 ウ に適合するとした原子力委員会若しくは原子炉安全専門審査会の ア 及び エ に看過し難い過誤、欠落があり、被告行政庁の判断がこれに依拠してされたと認められる場合には、被告行政庁の右判断に イ があるものとして、右判断に基づく原子炉設置許可処分は違法と解すべきである。

　原子炉設置許可処分についての右取消訴訟においては、右処分が前記のような性質を有することにかんがみると、被告行政庁がした右判断に イ があることの主張、立証責任は、本来、原告が負うべきものと解されるが、当該原子炉施設の安全審査に関する資料をすべて被告行政庁の側が保持していることなどの点を考慮すると、被告行政庁の側において、まず、その依拠した前記の具体的 ウ 並びに ア 及び エ 等、被告行政庁の判断に イ のないことを相当の根拠、資料に基づき主張、立証する必要があり、被告行政庁が右主張、立証を尽くさない場合には、被告行政庁がした右判断に イ があることが事実上推認されるものというべきである。

（最一小判平成4年10月29日民集46巻7号1174頁以下）

1	妥当性	2	要綱	3	重大な事実の誤認		
4	予見可能性	5	合理性	6	審査基準	7	答申
8	不合理な点	9	重大かつ明白な瑕疵			10	判断枠組み
11	省令	12	事業計画	13	勧告	14	判断の過程
15	政令	16	根拠事実	17	調査審議	18	裁量の余地
19	法令違背	20	知見				

解答 24	伊方原発訴訟（最判平4.10.29）
	正解　ア－17　　イ－8　　ウ－6　　エ－14

完成全文

　原子炉施設の安全性に関する判断の適否が争われる原子炉設置許可処分の取消訴訟における裁判所の審理、判断は、原子力委員会若しくは原子炉安全専門審査会の専門技術的な ア：17－調査審議 及び判断を基にしてされた被告行政庁の判断に イ：8－不合理な点 があるか否かという観点から行われるべきであって、現在の科学技術水準に照らし、右 ア：17－調査審議 において用いられた具体的 ウ：6－審査基準 に イ：8－不合理な点 があり、あるいは当該原子炉施設が右の具体的 ウ：6－審査基準 に適合するとした原子力委員会若しくは原子炉安全専門審査会の ア：17－調査審議 及び エ：14－判断の過程 に看過し難い過誤、欠落があり、被告行政庁の判断がこれに依拠してされたと認められる場合には、被告行政庁の右判断に イ：8－不合理な点 があるものとして、右判断に基づく原子炉設置許可処分は違法と解すべきである。

　原子炉設置許可処分についての右取消訴訟においては、右処分が前記のような性質を有することにかんがみると、被告行政庁がした右判断に イ：8－不合理な点 があることの主張、立証責任は、本来、原告が負うべきものと解されるが、当該原子炉施設の安全審査に関する資料をすべて被告行政庁の側が保持していることなどの点を考慮すると、被告行政庁の側において、まず、その依拠した前記の具体的 ウ：6－審査基準 並びに ア：17－調査審議 及び エ：14－判断の過程 等、被告行政庁の判断に イ：8－不合理な点 のないことを相当の根拠、資料に基づき主張、立証する必要があり、被告行政庁が右主張、立証を尽くさない場合には、被告行政庁がした右判断に イ：8－不合理な点 があることが事実上推認されるものというべきである。

第5章　多肢選択式問題

行政法　371

問題 25 平成25年度本試験問題42

重要度 ★★

次の文章の空欄 ア ～ エ に当てはまる語句を、枠内の選択肢（1～20）から選びなさい。

行政上の義務違反に対し、一般統治権に基づいて、制裁として科せられる罰を ア という。 ア は過去の義務違反に対する制裁である。
 ア には、行政上の義務違反に対し科される刑法に刑名のある罰と、行政上の義務違反ではあるが、軽微な形式的違反行為に対して科される行政上の イ とがある。 イ は、 ウ という名称により科される。普通地方公共団体も、法律に特別の定めがあるものを除くほか、その条例中に ウ を科す旨の規定を設けることができる。 ウ を科す手続については、法律上の義務違反に対するものと、条例上の義務違反に対するものとで相違がある。条例上の義務違反に対して普通地方公共団体の長が科す ウ は、 エ に定める手続により科される。

1	強制執行	2	科料	3	強制徴収	4	過料
5	行政事件訴訟法	6	禁錮	7	行政罰	8	執行罰
9	即時強制	10	非訟事件手続法	11	直接強制	12	地方自治法
13	行政刑罰	14	代執行	15	課徴金	16	刑事訴訟法
17	罰金	18	懲戒罰	19	秩序罰	20	行政手続法

解答 25	**行政罰**
	正解　アー7　　イー19　　ウー4　　エー12

完成全文

　行政上の義務違反に対し、一般統治権に基づいて、制裁として科せられる罰を ｱ：7－行政罰 という。 ｱ：7－行政罰 は過去の義務違反に対する制裁である。

　 ｱ：7－行政罰 には、行政上の義務違反に対し科される刑法に刑名のある罰と、行政上の義務違反ではあるが、軽微な形式的違反行為に対して科される行政上の ｲ：19－秩序罰 とがある。 ｲ：19－秩序罰 は、 ｳ：4－過料 という名称により科される。普通地方公共団体も、法律に特別の定めがあるものを除くほか、その条例中に ｳ：4－過料 を科す旨の規定を設けることができる。 ｳ：4－過料 を科す手続については、法律上の義務違反に対するものと、条例上の義務違反に対するものとで相違がある。条例上の義務違反に対して普通地方公共団体の長が科す ｳ：4－過料 は、 ｴ：12－地方自治法 に定める手続により科される。

第5章

多肢選択式問題

行政法　373

問題 26　行政手続法（理由の提示）

重要度 ★★★

次の文章は、ある最高裁判所判決の一節である。空欄 ア ～ エ に当てはまる語句を、枠内の選択肢（1～20）から選びなさい。

「行政手続法14条1項本文が、 ア をする場合に同時にその理由を名宛人に示さなければならないとしているのは、名宛人に イ に義務を課し又はその権利を制限するという ア の性質に鑑み、行政庁の判断の慎重と合理性を担保してその恣意を抑制するとともに、処分の理由を名宛人に知らせて不服の申立てに便宜を与える趣旨に出たものと解される。そして、同項本文に基づいてどの程度の理由を提示すべきかは、上記のような同項本文の趣旨に照らし、当該処分の根拠法令の規定内容、当該処分に係る ウ の存否及び内容並びに公表の有無、当該処分の性質及び内容、当該処分の原因となる事実関係の内容等を総合考慮してこれを決定すべきである。…（中略）…

……本件免許取消処分は上告人の一級建築士としての資格を イ にはく奪する重大な ア であるところ、その処分の理由として、……処分の原因となる事実と……処分の根拠法条とが示されているのみで、本件 ウ の適用関係が全く示されておらず、その複雑な基準の下では、上告人において、上記事実及び根拠法条の提示によって処分要件の該当性に係る理由は相応に知り得るとしても、いかなる理由に基づいてどのような ウ の適用によって免許取消処分が選択されたのかを知ることはできないものといわざるを得ない。このような本件の事情の下においては、行政手続法14条1項本文の趣旨に照らし、同項本文の要求する理由提示としては十分でないといわなければならず、本件免許取消処分は、同項本文の定める理由提示の要件を欠いた違法な処分であるというべきであって、 エ を免れないものというべきである。」

（最判平成23年6月7日民集第65巻4号2081頁）

1	加重	2	判断基準	3	妥当な処分	4	法令
5	早急	6	不利益処分	7	法律	8	裁量基準
9	処分基準	10	間接	11	不当な取扱い	12	直接
13	撤回	14	利益処分	15	解除	16	実体的
17	申請に対する処分	18	解約	19	取消し	20	無効

解答 26	理由の提示（最判平23.6.7）
	正解　ア－6　　イ－12　　ウ－9　　エ－19

完成全文

　「行政手続法14条1項本文が、ア：6－不利益処分をする場合に同時にその理由を名宛人に示さなければならないとしているのは、名宛人にイ：12－直接に義務を課し又はその権利を制限するというア：6－不利益処分の性質に鑑み、行政庁の判断の慎重と合理性を担保してその恣意を抑制するとともに、処分の理由を名宛人に知らせて不服の申立てに便宜を与える趣旨に出たものと解される。そして、同項本文に基づいてどの程度の理由を提示すべきかは、上記のような同項本文の趣旨に照らし、当該処分の根拠法令の規定内容、当該処分に係るウ：9－処分基準の存否及び内容並びに公表の有無、当該処分の性質及び内容、当該処分の原因となる事実関係の内容等を総合考慮してこれを決定すべきである。…（中略）…

　……本件免許取消処分は上告人の一級建築士としての資格をイ：12－直接にはく奪する重大なア：6－不利益処分であるところ、その処分の理由として、……処分の原因となる事実と……処分の根拠法条とが示されているのみで、本件ウ：9－処分基準の適用関係が全く示されておらず、その複雑な基準の下では、上告人において、上記事実及び根拠法条の提示によって処分要件の該当性に係る理由は相応に知り得るとしても、いかなる理由に基づいてどのようなウ：9－処分基準の適用によって免許取消処分が選択されたのかを知ることはできないものといわざるを得ない。このような本件の事情の下においては、行政手続法14条1項本文の趣旨に照らし、同項本文の要求する理由提示としては十分でないといわなければならず、本件免許取消処分は、同項本文の定める理由提示の要件を欠いた違法な処分であるというべきであって、エ：19－取消しを免れないものというべきである。」

行政法　375

問題 27 　令和元年度本試験問題43

重要度 ★★

次の文章の空欄 ア ～ エ に当てはまる語句を、枠内の選択肢（1～20）から選びなさい。

行政事件訴訟法は、行政事件訴訟の類型を、抗告訴訟、 ア 訴訟、民衆訴訟、機関訴訟の4つとしている。

抗告訴訟は、公権力の行使に関する不服の訴訟をいうものとされる。処分や裁決の取消しを求める取消訴訟がその典型である。

 ア 訴訟には、 ア 間の法律関係を確認しまたは形成する処分・裁決に関する訴えで法令の規定によりこの訴訟類型とされる形式的 ア 訴訟と、公法上の法律関係に関する訴えを包括する実質的 ア 訴訟の2種類がある。後者の例を請求上の内容の性質に照らして見ると、国籍確認を求める訴えのような確認訴訟のほか、公法上の法律関係に基づく金銭の支払を求める訴えのような イ 訴訟もある。

 ア 訴訟は、公法上の法律関係に関する訴えであるが、私法上の法律関係に関する訴えで処分・裁決の効力の有無が ウ となっているものは、 ウ 訴訟と呼ばれる。基礎となっている法律関係の性質から、 ウ 訴訟は行政事件訴訟ではないと位置付けられる。例えば、土地収用法に基づく収用裁決が無効であることを前提として、起業者に対し土地の明け渡しという イ を求める訴えは、 ウ 訴訟である。

民衆訴訟は、国または公共団体の機関の法規に適合しない行為の是正を求める訴訟で、選挙人たる資格その他自己の法律上の利益にかかわらない資格で提起するものをいう。例えば、普通地方公共団体の公金の支出が違法だとして エ 監査請求をしたにもかかわらず監査委員が是正の措置をとらない場合に、当該普通地方公共団体の エ としての資格で提起する エ 訴訟は民衆訴訟の一種である。

機関訴訟は、国または公共団体の機関相互間における権限の存否またはその行使に関する紛争についての訴訟をいう。法定受託事務の管理や執行について国の大臣が提起する地方自治法所定の代執行訴訟がその例である。

1	規範統制	2	財務	3	義務付け	4	給付	5	代表
6	前提問題	7	客観	8	差止め	9	未確定	10	職員
11	審査対象	12	争点	13	要件事実	14	当事者	15	主観
16	国家賠償	17	保留	18	住民	19	民事	20	基準

解答 27	行政事件訴訟の類型

正解　ア—14　　イ—4　　ウ—12　　エ—18

完成全文

　行政事件訴訟法は、行政事件訴訟の類型を、抗告訴訟、 ア：14－当事者 訴訟、民衆訴訟、機関訴訟の4つとしている。

　抗告訴訟は、公権力の行使に関する不服の訴訟をいうものとされる。処分や裁決の取消しを求める取消訴訟がその典型である。

　 ア：14－当事者 訴訟には、 ア：14－当事者 間の法律関係を確認しまたは形成する処分・裁決に関する訴訟で法令の規定によりこの訴訟類型とされる形式的 ア：14－当事者 訴訟と、公法上の法律関係に関する訴えを包括する実質的 ア：14－当事者 訴訟の2種類がある。後者の例を請求上の内容の性質に照らして見ると、国籍確認を求める訴えのような確認訴訟のほか、公法上の法律関係に基づく金銭の支払を求める訴えのような イ：4－給付 訴訟もある。

　 ア：14－当事者 訴訟は、公法上の法律関係に関する訴えであるが、私法上の法律関係に関する訴えで処分・裁決の効力の有無が ウ：12－争点 となっているものは、 ウ：12－争点 訴訟と呼ばれる。基礎となっている法律関係の性質から、 ウ：12－争点 訴訟は行政事件訴訟ではないと位置付けられる。例えば、土地収用法に基づく収用裁決が無効であることを前提として、起業者に対し土地の明け渡しという イ：4－給付 を求める訴えは、 ウ：12－争点 訴訟である。

　民衆訴訟は、国または公共団体の機関の法規に適合しない行為の是正を求める訴訟で、選挙人たる資格その他自己の法律上の利益にかかわらない資格で提起するものをいう。例えば、普通地方公共団体の公金の支出が違法だとして エ：18－住民 監査請求をしたにもかかわらず監査委員が是正の措置をとらない場合に、当該普通地方公共団体の エ：18－住民 としての資格で提起する エ：18－住民 訴訟は民衆訴訟の一種である。

　機関訴訟は、国または公共団体の機関相互間における権限の存否またはその行使に関する紛争についての訴訟をいう。法定受託事務の管理や執行について国の大臣が提起する地方自治法所定の代執行訴訟がその例である。

第5章

多肢選択式問題

行政法　377

問題28 | **行政事件訴訟法（処分性①）**　重要度 ★★★

次の文章は、ある最高裁判所判決の一節である。空欄　ア　〜　エ　に当てはまる語句を、枠内の選択肢（1〜20）から選びなさい。

「……換地処分等の取消訴訟において、宅地所有者等が　ア　の違法を主張し、その主張が認められたとしても、当該換地処分等を取り消すことは公共の福祉に適合しないとして　イ　（行政事件訴訟法31条1項）がされる可能性が相当程度あるのであり、換地処分等がされた段階でこれを対象として　ウ　を提起することができるとしても、宅地所有者等の被る権利侵害に対する救済が十分に果たされるとはいい難い。そうすると、　ア　の適否が争われる場合、実効的な権利救済を図るためには、　ア　の決定がされた段階で、これを対象とした　ウ　の提起を認めることに合理性があるというべきである。

……市町村の施行に係る土地区画整理事業の　ア　の決定は、施行地区内の宅地所有者等の法的地位に変動をもたらすものであって、抗告訴訟の対象とするに足りる法的効果を有するものということができ、実効的な権利救済を図るという観点から見ても、これを対象とした抗告訴訟の提起を認めるのが　エ　である。したがって、上記　ア　の決定は、行政事件訴訟法3条2項にいう『行政庁の処分その他公権力の行使に当たる行為』に当たると解するのが相当である。」

（最大判平成20年9月10日民集第62巻8号2029頁）

1	却下判決	2	当事者訴訟	3	確認訴訟	4	争点訴訟	5	処分
6	不合理	7	行政訴訟	8	妥当	9	効果的	10	裁量的
11	民事訴訟	12	事情判決	13	事業計画	14	論理的		
15	認容判決	16	合理的	17	行政立法	18	民衆訴訟		
19	棄却判決	20	取消訴訟						

解答28 | 土地区画整理事業計画の決定の処分性（最大判平20.9.10）

正解　ア−13　　イ−12　　ウ−20　　エ−16

完成全文

「……換地処分等の取消訴訟において、宅地所有者等が ア：13−事業計画 の違法を主張し、その主張が認められたとしても、当該換地処分等を取り消すことは公共の福祉に適合しないとして イ：12−事情判決 （行政事件訴訟法31条1項）がされる可能性が相当程度あるのであり、換地処分等がされた段階でこれを対象として ウ：20−取消訴訟 を提起することができるとしても、宅地所有者等の被る権利侵害に対する救済が十分に果たされるとはいい難い。そうすると、 ア：13−事業計画 の適否が争われる場合、実効的な権利救済を図るためには、 ア：13−事業計画 の決定がされた段階で、これを対象とした ウ：20−取消訴訟 の提起を認めることに合理性があるというべきである。

　……市町村の施行に係る土地区画整理事業の ア：13−事業計画 の決定は、施行地区内の宅地所有者等の法的地位に変動をもたらすものであって、抗告訴訟の対象とするに足りる法的効果を有するものということができ、実効的な権利救済を図るという観点から見ても、これを対象とした抗告訴訟の提起を認めるのが エ：16−合理的 である。したがって、上記 ア：13−事業計画 の決定は、行政事件訴訟法3条2項にいう『行政庁の処分その他公権力の行使に当たる行為』に当たると解するのが相当である。」

第5章

多肢選択式問題

行政法　379

問題29 | **行政事件訴訟法（処分性②）**　　重要度 ★★★

次の文章は、ある最高裁判所判決の一節である。空欄　ア　〜　エ　に当てはまる語句を、枠内の選択肢（1〜20）から選びなさい。

「医療法30条の7〔改正前〕の規定に基づく病院開設中止の勧告は、医療法上は当該勧告を受けた者が　ア　にこれに従うことを期待してされる　イ　として定められているけれども、当該勧告を受けた者に対し、これに従わない場合には、相当程度の確実さをもって、病院を開設しても保険医療機関の指定を受けることができなくなるという結果をもたらすものということができる。そして、いわゆる　ウ　制度が採用されている我が国においては、健康保険、国民健康保険等を利用しないで病院で受診する者はほとんどなく、保険医療機関の指定を受けずに診療行為を行う病院がほとんど存在しないことは公知の事実であるから、保険医療機関の指定を受けることができない場合には、実際上病院の開設自体を断念せざるを得ないことになる。このような医療法30条の7の規定に基づく病院開設中止の勧告の保険医療機関の指定に及ぼす効果及び病院経営における保険医療機関の指定の持つ意義を併せ考えると、……この勧告は、行政事件訴訟法3条2項にいう「行政庁の処分その他　エ　に当たる行為」に当たると解するのが相当である。後に保険医療機関の指定拒否処分の効力を抗告訴訟によって争うことができるとしても、そのことは上記の結論を左右するものではない。

したがって、本件勧告は、行政事件訴訟法3条2項の「行政庁の処分その他　エ　に当たる行為」に当たるというべきである。」

（最判平成17年7月15日民集第59巻6号1661頁）

1	国民皆保険	2	任意	3	行政強制	4	公権力の行使
5	権力	6	行政立法	7	行政審査	8	行政行為
9	行政契約	10	自主的	11	自発的	12	私法行為
13	強制	14	福祉	15	解除	16	事実行為
17	社会保障	18	行政指導	19	行政罰	20	助言

解答 29 | 病院開設中止の勧告の処分性（最判平17.7.15）

正解　アー**2**　　イー**18**　　ウー**1**　　エー**4**

完成全文

　「医療法30条の7〔改正前〕の規定に基づく病院開設中止の勧告は、医療法上は当該勧告を受けた者が ア：2－任意 にこれに従うことを期待してされる イ：18－行政指導 として定められているけれども、当該勧告を受けた者に対し、これに従わない場合には、相当程度の確実さをもって、病院を開設しても保険医療機関の指定を受けることができなくなるという結果をもたらすものということができる。そして、いわゆる ウ：1－国民皆保険 制度が採用されている我が国においては、健康保険、国民健康保険等を利用しないで病院で受診する者はほとんどなく、保険医療機関の指定を受けずに診療行為を行う病院がほとんど存在しないことは公知の事実であるから、保険医療機関の指定を受けることができない場合には、実際上病院の開設自体を断念せざるを得ないことになる。このような医療法30条の7の規定に基づく病院開設中止の勧告の保険医療機関の指定に及ぼす効果及び病院経営における保険医療機関の指定の持つ意義を併せ考えると、……この勧告は、行政事件訴訟法3条2項にいう「行政庁の処分その他 エ：4－公権力の行使 に当たる行為」に当たると解するのが相当である。後に保険医療機関の指定拒否処分の効力を抗告訴訟によって争うことができるとしても、そのことは上記の結論を左右するものではない。

　したがって、本件勧告は、行政事件訴訟法3条2項の「行政庁の処分その他 エ：4－公権力の行使 に当たる行為」に当たるというべきである。」

第5章

多肢選択式問題

行政法　381

| 問題 30 | 行政事件訴訟法（原告適格） | 重要度 ★★★ |

次の文章は、ある最高裁判所判決の一節である。空欄 ア ～ エ に当てはまる語句を、枠内の選択肢（1～20）から選びなさい。

「都市計画事業の認可に関する同法の規定は、その趣旨及び目的にかんがみれば、事業地の周辺地域に居住する住民に対し、違法な事業に起因する騒音、振動等によってこのような ア 又は生活環境に係る著しい被害を受けないという イ 利益を保護しようとするものと解されるところ、前記のような被害の内容、性質、程度等に照らせば、この イ 利益は、一般的公益の中に吸収解消させることが困難なものといわざるを得ない。

……以上のような都市計画事業の認可に関する都市計画法の規定の趣旨及び目的、これらの規定が都市計画事業の認可の制度を通して保護しようとしている利益の内容及び性質等を考慮すれば、同法は、これらの規定を通じて、都市の健全な発展と秩序ある整備を図るなどの ウ 見地から都市計画施設の整備に関する事業を規制するとともに、騒音、振動等によって ア 又は生活環境に係る著しい被害を エ に受けるおそれのある個々の住民に対して、そのような被害を受けないという利益を個々人の個別的利益としても保護すべきものとする趣旨を含むと解するのが相当である。したがって、……都市計画事業の事業地の周辺に居住する住民のうち当該事業が実施されることにより騒音、振動等による ア 又は生活環境に係る著しい被害を エ に受けるおそれのある者は、当該事業の認可の取消しを求めるにつき法律上の利益を有する者として、その取消訴訟における原告適格を有するものといわなければならない。」

（最大判平成17年12月7日民集第59巻10号2645頁）

1	合理的	2	身体	3	公益的	4	法的	5	裁量
6	直接的	7	間接的	8	住居	9	精神	10	公共的
11	遡及的	12	全面的	13	健康	14	生命	15	有効
16	部分的	17	具体的	18	抽象的	19	私益的	20	補助的

解答30 都市計画事業の認可（最大判平17.12.7）

正解　アー13　　イー17　　ウー3　　エー6

完成全文

「都市計画事業の認可に関する同法の規定は、その趣旨及び目的にかんがみれば、事業地の周辺地域に居住する住民に対し、違法な事業に起因する騒音、振動等によってこのような ア：13－健康 又は生活環境に係る著しい被害を受けないという イ：17－具体的 利益を保護しようとするものと解されるところ、前記のような被害の内容、性質、程度等に照らせば、この イ：17－具体的 利益は、一般的公益の中に吸収解消させることが困難なものといわざるを得ない。

……以上のような都市計画事業の認可に関する都市計画法の規定の趣旨及び目的、これらの規定が都市計画事業の認可の制度を通して保護しようとしている利益の内容及び性質等を考慮すれば、同法は、これらの規定を通じて、都市の健全な発展と秩序ある整備を図るなどの ウ：3－公益的 見地から都市計画施設の整備に関する事業を規制するとともに、騒音、振動等によって ア：13－健康 又は生活環境に係る著しい被害を エ：6－直接的 に受けるおそれのある個々の住民に対して、そのような被害を受けないという利益を個々人の個別的利益としても保護すべきものとする趣旨を含むと解するのが相当である。したがって、……都市計画事業の事業地の周辺に居住する住民のうち当該事業が実施されることにより騒音、振動等による ア：13－健康 又は生活環境に係る著しい被害を エ：6－直接的 に受けるおそれのある者は、当該事業の認可の取消しを求めるにつき法律上の利益を有する者として、その取消訴訟における原告適格を有するものといわなければならない。」

第5章

多肢選択式問題

行政法　383

問題 31 | 平成19年度本試験問題43

重要度

処分取消訴訟に関する次の文章の空欄 ア ～ エ に当てはまる語句を、枠内の選択肢（1～20）から選びなさい。

処分取消訴訟を提起しても、そもそも、訴えそれ自体が訴訟要件を満たす適法なものでなければならないことはいうまでもない。しかし、訴えが仮に適法なものであったとしても、自己の法律上の利益に関係のない違法を理由に取消しを求めることはできないから、そのような違法事由しか主張していない訴えについては、 ア が下されることになり、結局、原告敗訴ということになる。さらに、処分が違法であっても、これを取り消すことにより公の利益に著しい障害を生ずる場合においては、一定の条件の下、 ア がなされることがある。このような判決のことを、 イ というが、この場合、当該判決の主文において、当該処分が違法であることを宣言しなければならない。このような違法の宣言は、判決主文において行われることから、その判断には ウ が生ずる。

取消判決がなされると、当該処分の効果は、当然否定されることになるが、その他にも取消判決の効力はいくつか挙げられる。例えば、申請の拒否処分が取り消された場合、当該拒否処分を行った行政庁は、判決の趣旨に従い、改めて申請に対する処分をしなければならない。このような効力を エ という。

1	棄却判決	2	公定力	3	拘束力
4	却下判決	5	義務付け判決	6	自力執行力
7	事情判決	8	差止判決	9	遡及効
10	無効確認判決	11	既判力	12	確認判決
13	中間判決	14	不可変更力	15	規律力
16	違法確認判決	17	認容判決	18	不可争力
19	対世効	20	将来効		

解答 31	取消訴訟の判決

正解　ア－1　　イ－7　　ウ－11　　エ－3

完成全文

　処分取消訴訟を提起しても、そもそも、訴えそれ自体が訴訟要件を満たす適法なものでなければならないことはいうまでもない。しかし、訴えが仮に適法なものであったとしても、自己の法律上の利益に関係のない違法を理由に取消しを求めることはできないから、そのような違法事由しか主張していない訴えについては、 ア：1－棄却判決 が下されることになり、結局、原告敗訴ということになる。さらに、処分が違法であっても、これを取り消すことにより公の利益に著しい障害を生ずる場合においては、一定の条件の下、 ア：1－棄却判決 がなされることがある。このような判決のことを、 イ：7－事情判決 というが、この場合、当該判決の主文において、当該処分が違法であることを宣言しなければならない。このような違法の宣言は、判決主文において行われるから、その判断には ウ：11－既判力 が生ずる。

　取消判決がなされると、当該処分の効果は、当然否定されることになるが、その他にも取消判決の効力はいくつか挙げられる。例えば、申請の拒否処分が取り消された場合、当該拒否処分を行った行政庁は、判決の趣旨に従い、改めて申請に対する処分をしなければならない。このような効力を エ：3－拘束力 という。

　直前の「訴えが仮に適法なものであった」と直後の「原告敗訴」から、 ア には「1－棄却判決」が入ります。処分が違法であっても、取り消すことにより公の利益に著しい障害を生ずる場合に、一定の条件下になされる棄却判決は、事情判決であり、判決主文には既判力が生じます。

　判決の趣旨に従い、改めて申請に対する処分をしなければならない効力は、拘束力です。

行政法　385

問題 32 | 平成23年度本試験問題43

次の文章の空欄 ア ～ エ に当てはまる語句を、枠内の選択肢（1～20）から選びなさい。

　行政と私人との間の法的紛争が訴訟となるのは、行政が何かを行った作為の場合だけではなく、何も行わない不作為の場合もありうる。このような行政の不作為についてどのような訴訟で私人が救済を求めるかは、行政救済法の領域における大きな問題である。

　行政事件訴訟法の定める抗告訴訟の中で、同法の制定当初からこの不作為に対する訴訟類型として存在したのは、行政庁が法令に基づく申請に対し、 ア に何らかの処分又は裁決をすべきであるにかかわらず、これをしないことについての違法の確認を求める「不作為の違法確認の訴え」であった。しかしこの訴訟類型は、申請に対して何らかの処分をすることを促すにとどまる消極的なものであるため、救済手段としての効果は限定されたものであった。そこで、平成16年の行政事件訴訟法の改正によって、このような場合について、 イ 訴訟の提起を認め、またその イ 訴訟にかかる処分又は裁決がされないことにより生ずる ウ を避けるため緊急の必要があり、かつ、 エ について理由があるとみえるときは、仮の イ による救済が可能となった。またこのほか、この改正によって、申請に対する処分以外の処分についても イ 訴訟を提起することができることになった。

1	併合提起された訴訟	2	速やか	3	救済の必要	4 差止め
5	義務存在確認	6	相当の期間内	7	職務執行命令	
8	公の利益に対する障害	9	公益上の必要	10	代執行	
11	重大な損害	12	義務付け	13	回復困難な損害	
14	迅速	15	償うことのできない損害	16	本案	
17	標準処理期間内	18	訴えの利益の消滅	19	手続の執行	
20	合理的な期間内				

解答32 | 不作為の違法確認訴訟・義務付け訴訟

正解　アー6　　イー12　　ウー15　　エー16

解説

　不作為の違法確認の訴えとは、行政庁が法令に基づく申請に対し、相当の期間内に何らかの処分または裁決をすべきであるにかかわらず、これをしないことについての違法の確認を求める訴訟をいう（行政事件訴訟法3条5項）ので、　ア　には「6-相当の期間内」が入ります。また、義務付けの訴えの提起があった場合において、その義務付けの訴えに係る処分または裁決がされないことにより生ずる償うことのできない損害を避けるため緊急の必要があり、かつ、本案について理由があるとみえるときは、裁判所は、申立てにより、決定をもって、仮に行政庁がその処分または裁決をすべき旨を命ずること（仮の義務付け）ができる（37条の5第1項）ので、　イ　には「12-義務付け」、　ウ　には「15-償うことのできない損害」、　エ　には「16-本案」が、それぞれ入ります。

第5章

多肢選択式問題

行政法　387

問題 33 　平成18年度本試験問題42

次の文章の空欄 ア ～ エ に当てはまる言葉を、枠内の選択肢（1～20）から選びなさい。

地方財政の適正を確保するために地方自治法242条の2が規定する住民訴訟は、行政事件訴訟法2条の規定する基本的な訴訟類型のうちの ア 訴訟の一例である。このような原告の権利利益の保護を目的としない訴訟は、一般に、 イ 訴訟と呼ばれるが、こうした訴訟は、法律が特別に認めている場合に限って提起できることとなる。ちなみに、行政事件訴訟法45条の規定する ウ 訴訟は、2条の規定する訴訟類型のいずれにも属しない訴訟であるから、行政事件訴訟ではないが、行政処分の効力を前提問題として争う エ 訴訟である。

1	民事	2	納税者	3	有権者
4	刑事	5	客観	6	民衆
7	給付	8	抗告	9	無効等確認
10	取消	11	義務付け	12	形成
13	確認	14	機関	15	差止め
16	無名抗告	17	争点	18	当事者
19	不作為の違法確認	20	主観		

解答 33 | 民衆訴訟・争点訴訟

正解　ア－6　　イ－5　　ウ－17　　エ－1

完成全文

　地方財政の適正を確保するために地方自治法242条の2が規定する住民訴訟は、行政事件訴訟法2条の規定する基本的な訴訟類型のうちの ア：6－民衆 訴訟の一例である。このような原告の権利利益の保護を目的としない訴訟は、一般に、 イ：5－客観 訴訟と呼ばれるが、こうした訴訟は、法律が特別に認めている場合に限って提起できることとなる。ちなみに、行政事件訴訟法45条の規定する ウ：17－争点 訴訟は、同法2条の規定する訴訟類型のいずれにも属しない訴訟であるから、行政事件訴訟ではないが、行政処分の効力を前提問題として争う エ：1－民事 訴訟である。

　なお、争点訴訟の例としては、農地買収処分が無効であることを理由にして、かつての地主が、農地の売渡しを受けた者に対し、当該土地の返還を求めて提起する訴えなどがあります。

行政法　389

問題34 | 平成27年度本試験問題43

重要度 ★★

次の文章は、ある最高裁判所判決の一節である。空欄 ア ～ エ に当てはまる語句を、枠内の選択肢（1～20）から選びなさい。

建築確認申請に係る建築物の建築計画をめぐり建築主と付近住民との間に紛争が生じ、関係地方公共団体により建築主に対し、付近住民と話合いを行つて円満に紛争を解決するようにとの内容の行政指導が行われ、建築主において ア に右行政指導に応じて付近住民と協議をしている場合においても、そのことから常に当然に建築主が建築主事に対し確認処分を イ することについてまで ア に同意をしているものとみるのは相当でない。しかしながら、…関係地方公共団体において、当該建築確認申請に係る建築物が建築計画どおりに建築されると付近住民に対し少なからぬ日照阻害、風害等の被害を及ぼし、良好な居住環境あるいは市街環境を損なうことになるものと考えて、当該地域の生活環境の維持、向上を図るために、建築主に対し、当該建築物の建築計画につき一定の譲歩・協力を求める行政指導を行い、建築主が ア にこれに応じているものと認められる場合においては、 ウ 上合理的と認められる期間建築主事が申請に係る建築計画に対する確認処分を イ し、行政指導の結果に期待することがあつたとしても、これをもつて直ちに違法な措置であるとまではいえないというべきである。

もっとも、右のような確認処分の イ は、建築主の ア の協力・服従のもとに行政指導が行われていることに基づく事実上の措置にとどまるものであるから、建築主において自己の申請に対する確認処分を イ されたままでの行政指導には応じられないとの意思を明確に表明している場合には、かかる建築主の明示の意思に反してその受忍を強いることは許されない筋合のものであるといわなければならず、建築主が右のような行政指導に不協力・不服従の意思を表明している場合には、当該建築主が受ける不利益と右行政指導の目的とする公益上の必要性とを比較衡量して、右行政指導に対する建築主の不協力が ウ 上正義の観念に反するものといえるような エ が存在しない限り、行政指導が行われているとの理由だけで確認処分を イ することは、違法であると解するのが相当である。

(最一小判昭和60年7月16日民集39巻5号989頁)

1	強制	2	慣習法	3	社会通念	4	特段の事情
5	通知	6	悪意	7	事実の認定	8	法令の解釈
9	併合	10	衡平	11	善意	12	政策実施
13	任意	14	適用除外	15	却下	16	先例
17	拒否	18	審査請求	19	留保	20	信頼保護

解答 34 品川区マンション事件（最判昭60.7.16）

正解　アー**13**　イー**19**　ウー**3**　エー**4**

完成文

〈前略〉もっとも、右のような確認処分の ｲ：19－留保 は、建築主の ｱ：13－任意 の協力・服従のもとに行政指導が行われていることに基づく事実上の措置にとどまるものであるから、建築主において自己の申請に対する確認処分を ｲ：19－留保 されたままでの行政指導には応じられないとの意思を明確に表明している場合には、かかる建築主の明示の意思に反してその受忍を強いることは許されない筋合のものであるといわなければならず、建築主が右のような行政指導に不協力・不服従の意思を表明している場合には、当該建築主が受ける不利益と右行政指導の目的とする公益上の必要性とを比較衡量して、右行政指導に対する建築主の不協力が ｳ：3－社会通念 上正義の観念に反するものといえるような ｴ：4－特段の事情 が存在しない限り、行政指導が行われているとの理由だけで確認処分を ｲ：19－留保 することは、違法であると解するのが相当である。

第5章

多肢選択式問題

行政法　391

問題 35　国家賠償法（1条）

重要度 ★★★

次の文章は、国家賠償請求訴訟に関する最高裁判所判決の一節である。空欄　ア　～　エ　に当てはまる語句を、枠内の選択肢（1〜20）から選びなさい。

　刑事収容施設法139条2項は、同条1項各号に掲げる信書以外の信書の発受について、その発受の　ア　との交友関係の維持その他その発受を必要とする事情があり、かつ、その発受により刑事施設の規律及び　イ　を害するおそれがないと認めるときは、刑事施設の長は、死刑確定者に対し、これを許すことができる旨を定めている。原審は、本件各信書の2枚目以降の部分が被上告人と支援者ら4名との間の良好な交友関係を維持するためのものであるとするが、同条2項の文言に照らせば、同項にいう交友関係の維持については当該信書の発受の　ア　との関係で検討されるべきものであり、専ら支援者ら4名に対する連絡事項等が記載された上記の部分が本件各信書の発信の　ア　であるa弁護士との交友関係の維持に関わるものでないことは明らかである。また、……本件各信書の内容、体裁等に照らせば、被上告人が、上記の部分を支援者ら4名各自宛ての信書として個別に発信を申請せず、本件各信書の全部をa弁護士宛ての信書として発信しようとしたことに拘置所の規律及び　イ　の維持の観点から問題があったことは否定し難く、本件各信書の発信を許可した場合には拘置所の規律及び　イ　を害するおそれがあるとした大阪拘置所長の判断に　ウ　な点があったということはできない。したがって、大阪拘置所長が、同項の規定により発信を許すことができないものとして、被上告人に対し本件各信書を返戻した行為は、国家賠償法1条1項の適用上　エ　であるとはいえない。

（最三小判平成28年4月12日集民第252号139頁）

1	相手方	2	秩序	3	適法	4	規則	5	受信先
6	妥当	7	不当	8	名宛人	9	不合理	10	不公正
11	合理的	12	問題	13	違法	14	受取人	15	不条理
16	公正	17	受領者	18	平穏	19	不都合	20	不適切

392

解答 35	国家賠償法1条（最判平28.4.12）

正解　ア-1　　イ-2　　ウ-9　　エ-13

完成全文

　刑事収容施設法139条2項は、同条1項各号に掲げる信書以外の信書の発受について、その発受の ア：1－相手方 との交友関係の維持その他その発受を必要とする事情があり、かつ、その発受により刑事施設の規律及び イ：2－秩序 を害するおそれがないと認めるときは、刑事施設の長は、死刑確定者に対し、これを許すことができる旨を定めている。原審は、本件各信書の2枚目以降の部分が被上告人と支援者ら4名との間の良好な交友関係を維持するためのものであるとするが、同条2項の文言に照らせば、同項にいう交友関係の維持については当該信書の発受の ア：1－相手方 との関係で検討されるべきものであり、専ら支援者ら4名に対する連絡事項等が記載された上記の部分が本件各信書の発信の ア：1－相手方 であるa弁護士との交友関係の維持に関わるものでないことは明らかである。また、……本件各信書の内容、体裁等に照らせば、被上告人が、上記の部分を支援者ら4名各自宛ての信書として個別に発信を申請せず、本件各信書の全部をa弁護士宛ての信書として発信しようとしたことに拘置所の規律及び イ：2－秩序 の維持の観点から問題があったことは否定し難く、本件各信書の発信を許可した場合には拘置所の規律及び イ：2－秩序 を害するおそれがあるとした大阪拘置所長の判断に ウ：9－不合理 な点があったということはできない。したがって、大阪拘置所長が、同項の規定により発信を許すことができないものとして、被上告人に対し本件各信書を返戻した行為は、国家賠償法1条1項の適用上 エ：13－違法 であるとはいえない。

問題 36 平成20年度本試験問題43

国と地方公共団体の関係に関する次の文章の空欄 ア ～ エ に当てはまる語句を、枠内の選択肢（1～20）から選びなさい。

　国と各地方公共団体は、それぞれ独立の団体であるから、それぞれの権限を独立して行使するのが原則である。しかし、広域的な行政執行等の観点から、国が都道府県の活動に、国や都道府県が市町村の活動に影響力を行使する必要がある場合もある。こうした影響力の行使について、地方自治法245条は、 ア と総称しており、同条の2は、法律や政令によって認められた場合にのみ、これをなしうることとしている。国と都道府県の関係について言えば、所管の各大臣は、都道府県の活動について、通常は、技術的な助言及び イ をなすことができるにとどまるが、その活動が違法である場合等には、自治事務については、その是正を求めることができ、法定受託事務については、その是正を指示した上で、それに従わなければ、裁判を経て、 ウ 等をすることができる。そのほか、255条の2によって、都道府県知事等の処分が法定受託事務に該当するときは、これに不服のある者は、所管の大臣に不服申立てができるものとされている。一般に、これを エ 的 ア と呼んでいるが、地方分権の見地から、その是非について議論がある。

1	裁決	2	勧告	3	協議	4	決定
5	代執行	6	取消し	7	命令	8	指導
9	同意	10	許可	11	関与	12	参与
13	通達	14	協力	15	監督	16	撤回
17	罷免	18	指揮	19	裁定	20	直接強制

解答36 | 国・都道府県の関与

正解　ア―11　　イ―2　　ウ―5　　エ―19

完成全文

　国と各地方公共団体は、それぞれ独立の団体であるから、それぞれの権限を独立して行使するのが原則である。しかし、広域的な行政執行等の観点から、国が都道府県の活動に、国や都道府県が市町村の活動に影響力を行使する必要がある場合もある。こうした影響力の行使について、地方自治法245条は、ア：11－関与 と総称しており、同条の2は、法律や政令によって認められた場合にのみ、これをなしうることとしている。国と都道府県の関係について言えば、所管の各大臣は、都道府県の活動について、通常は、技術的な助言及び イ：2－勧告 をなすことができるにとどまるが、その活動が違法である場合等には、自治事務については、その是正を求めることができ、法定受託事務については、その是正を指示した上で、それに従わなければ、裁判を経て、ウ：5－代執行 等をすることができる。そのほか、255条の2によって、都道府県知事等の処分が法定受託事務に該当するときは、これに不服のある者は、所管の大臣に不服申立てができるものとされている。一般に、これを エ：19－裁定 的 ア：11－関与 と呼んでいるが、地方分権の見地から、その是非について議論がある。

　普通地方公共団体の事務の処理に関し、国の行政機関または都道府県の機関が行う一定の行為を関与といいます。関与の類型には、助言・勧告、是正の要求、代執行、裁定的関与などがあります。

行政法　395

〈執筆者紹介〉

小池昌三（TAC行政書士講座講師）

　TAC行政書士講座専任講師。駒澤大学大学院法曹養成研究科修了。法務博士（専門職）。ビジネス法務エグゼクティブ®（商工会議所認定）。宅地建物取引士有資格者。行政書士有資格者。

　法令科目から政経・文章理解に至るまで行政書士試験全科目を幅広く講義する実力派講師。暗記にかたよらない思考型の講義と40字記述式指導に定評があり、「わかりやすさ」と「熱さ」で受験生の支持を得ている。宅地建物取引士試験やビジネス実務法務検定試験®など行政書士試験以外の法律系資格にも造詣が深く、大学の学内講座や企業研修の講師も務める。

　行政書士試験ブログ「小池昌三の《燃えていこうぜ》」
（https://ameblo.jp/shozo-law/）

　小池昌三のtwitter（@TAC_skoike）

・装丁：黒瀬章夫

みんなが欲しかった！行政書士シリーズ

2020年度版　みんなが欲しかった！行政書士の40字記述式問題集

（2017年度版　2017年3月24日　初版　第1刷発行）
2020年3月25日　初　版　第1刷発行

編　著　者　　Ｔ　Ａ　Ｃ　株　式　会　社
　　　　　　　　　　　　　　　（行政書士講座）
発　行　者　　多　　田　　敏　　男
発　行　所　　ＴＡＣ株式会社　出版事業部
　　　　　　　　　　　　　　　（ＴＡＣ出版）
　　　　　　　〒101-8383
　　　　　　　東京都千代田区神田三崎町3-2-18
　　　　　　　電話　03 (5276) 9492 (営業)
　　　　　　　FAX　03 (5276) 9674
　　　　　　　https://shuppan.tac-school.co.jp
組　　　版　　株　式　会　社　グ　ラ　フ　ト
印　　　刷　　今　家　印　刷　株　式　会　社
製　　　本　　株　式　会　社　常　川　製　本

© TAC 2020　　　　　Printed in Japan　　　　ISBN 978-4-8132-8478-9
　　　　　　　　　　　　　　　　　　　　　　N.D.C. 327
　　　　　　　　　　　　　　　落丁・乱丁本はお取り替えいたします。

本書は、「著作権法」によって、著作権等の権利が保護されている著作物です。本書の全部または一部につき、無断で転載、複写されると、著作権等の権利侵害となります。上記のような使い方をされる場合、および本書を使用して講義・セミナー等を実施する場合には、小社宛許諾を求めてください。

視覚障害その他の障害により視覚による表現の認識が困難な方のためにする本書の複製にあたっては、著作権法の規定で認められる範囲内において行ってください。

行政書士講座のご案内

自分に合ったコースを選べる！ 開講コース一覧

一般教育訓練給付制度

厚生労働大臣の指定する一般教育訓練に対して、受講修了後に受講料の一部がハローワークから支給される制度です。マークのついたコースは、教育訓練給付制度が利用できます。ご利用にあたってはTAC発行の「教育訓練給付制度パンフレット」をご覧いただくか、TAC受付窓口にご相談ください。

各種割引制度もご用意しております 大変お得な受講料に！

- 受験経験者割引制度
- 他資格合格者割引制度
- 再受講割引制度（TAC本科生受講者限定）
- 学生応援割引制度

対象者	開講コース名・講義回数	学習メディア
初学者にオススメ 本科生	全受験者対象 **プレミアム本科生Plus** 全84回（Web受講10回）	教室講座／ビデオブース講座／Web通信講座／DVD通信講座
	全受験者対象 **プレミアム本科生** 全77回（Web受講10回）	教室講座／ビデオブース講座／Web通信講座／DVD通信講座
	全受験者対象 **ベーシック本科生** 全70回（Web受講5回）	教室講座／ビデオブース講座／Web通信講座／DVD通信講座
	全受験者対象 **チャレンジ本科生** 全43回（Web受講5回）	教室講座／ビデオブース講座／Web通信講座／DVD通信講座
学習経験者にオススメ	受験経験者対象／独学者対象 **サクセス180本科生** 全33回	教室講座／ビデオブース講座／Web通信講座／DVD通信講座
	受験経験者対象／独学者対象 **スーパー答練本科生Success** 全61回	教室講座／ビデオブース講座／Web通信講座／DVD通信講座
	受験経験者対象／独学者対象 **スーパー答練本科生** Aコース 全36回／Bコース 全20回／Cコース 全11回 ※Aコースは1st stageから、Bコースは2nd stageから、Cコースは3rd stageから受講開始	教室講座／ビデオブース講座／Web通信講座／DVD通信講座

パック生

法律資格学習経験者の方、本試験形式での問題演習をしたい方にオススメ！

- 受験経験者対象／独学者対象 **司法書士受験経験者パック**
- 受験経験者対象／独学者対象 **スーパー答練パック**
- 受験経験者対象／独学者対象 **直前答練パック**

資格の学校 TAC

安心・充実のフォロー制度

Webフォロー・音声DLフォロー 本科生・パック生 標準装備！

講義の復習や弱点補強としてとても役立つ「Webフォロー」「音声DLフォロー」を標準装備！もちろん、パソコンだけでなくスマートフォンやタブレット端末にも対応！

パソコンでも！
スマートフォンでも！

その他のフォロー制度も充実！
- i-support
- クラス振替出席フォロー制度
- スクーリング など。

※お申込みコースによってフォロー制度の内容は異なります。詳細は「2020年合格目標 行政書士講座パンフレット」をご請求の上、ご確認ください。

カリキュラム

📋 INPUT　📄 OUTPUT　📋📄 INPUT & OUTPUT

申込開始日	カリキュラム
2019年 8月～	基礎マスター[全7回] → 基本講義[全55回] → 過去問集(トレーニング)ミニテスト → 実力完成講義[全5回] → 科目別答練[全7回] → 記述対策講義[全2回] → 総合答練[答練2回/解説2回] → 公開模試[全2回] → 最終答練[答練1回/解説1回]
2019年 9月～	基本講義[全55回] → 過去問集(トレーニング)ミニテスト → 実力完成講義[全5回] → 科目別答練[全7回] → 記述対策講義[全2回] → 総合答練[答練2回/解説2回] → 公開模試[全2回] → 最終答練[答練1回/解説1回]
2020年 3月予定	基本講義[全55回] → 過去問集(トレーニング)ミニテスト → 科目別答練[全7回] → 総合答練[答練2回/解説2回] → 公開模試[全2回] → 最終答練[答練1回/解説1回]
2020年 5月予定	チャレンジ講義[全30回] → 基本講義[全5回] → 過去問集(トレーニング) → 科目別答練(教材配付のみ) → 総合答練[答練2回/解説2回] → 公開模試[全2回] → 最終答練[答練1回/解説1回]
2019年 11月予定	サクセス講義[全25回] → 過去問集(トレーニング) → 総合答練[答練2回/解説2回] → 公開模試[全2回] → 最終答練[答練1回/解説1回]
2019年 11月予定	サクセス講義[全25回] → 過去問集(トレーニング) → スーパー答練1st stage[全16回] → スーパー答練2nd stage[全9回] → スーパー答練3rd stage[全3回] → 総合答練[答練2回/解説2回] → 公開模試[全2回] → 最終答練[答練1回/解説1回]
Aコース 2019年 11月予定 / Bコース Cコース 2020年 3月予定	過去問集(トレーニング) → スーパー答練1st stage[全16回] → スーパー答練2nd stage[全9回] → スーパー答練3rd stage[全3回] → 総合答練[答練2回/解説2回] → 公開模試[全2回] → 最終答練[答練1回/解説1回]

開講月一覧 教室講座

	2019年10月	11月	12月	2020年1月	2月	3月	4月	5月	6月	7月	8月	9月
プレミアム本科生Plus	●	●										
プレミアム本科生		●	●	●	●	●						
ベーシック本科生							●	●	●			
チャレンジ本科生									●	●	●	
サクセス180本科生					●	●						
スーパー答練本科生Success					●	●						
スーパー答練本科生A・B・Cコース					Ⓐ	Ⓐ			Ⓑ			Ⓒ

※上記のご案内は2019年10月時点の予定です。コースの詳細や最新情報は、「2020年合格目標 行政書士講座パンフレット」またはTACホームページをご確認ください。

行政書士講座のご案内

出題可能性の高い予想問題が満載
全国公開模試

TACでは本試験さながらの雰囲気を味わえ、出題可能性の高い予想問題をそろえた公開模擬試験を実施いたします。コンピュータ診断による分野別の得点や平均点に加え、総合の偏差値や個人別成績アドバイスなどを盛り込んだ成績表（成績表はWebにて閲覧）で、全国の受験生の中における自分の位置付けを知ることができます。

TAC全国公開模試の3大特長

① 厳選された予想問題と充実の解答解説
TACでは出題可能性の高い予想問題をこの全国公開模試にご用意いたします。全国公開模試受験後は内容が充実した解答解説を活用して、弱点補強にも役立ちます。

② 全国レベルでの自己診断
TACの全国公開模試は全国各地のTAC各校舎と自宅受験で実施しますので、全国レベルでの自己診断が可能です。
※実施会場等の詳細は、2020年8月上旬完成予定の「全国公開模試リーフレット」にてお申込み前に必ずご確認ください。

③ 本試験を擬似体験
本試験同様の緊迫した雰囲気の中で、真の実力が発揮できるかどうかを擬似体験しておくことは、本試験で120％の実力を発揮するためにも非常に重要なことです。

高い的中率を誇る問題が勢揃い！

2020年10月中旬 実施予定！

ご注意
2020年合格目標TAC行政書士講座の「プレミアム本科生Plus」「プレミアム本科生」「ベーシック本科生」「チャレンジ本科生」「サクセス180本科生」「スーパー答練本科生Success」「スーパー答練本科生A～C」および「司法書士受験経験者パック」「直前答練パック」を受講されている方につきましては、「全国公開模試」がカリキュラムに含まれておりますので、別途お申込みいただく必要はございません。
なお、上記のコースを通信講座で受講されている方で、「全国公開模試」を会場受験ご希望の方につきましては、別途手続が必要となります（後日TACよりご案内をお送りいたします）。
※上記のご案内は2019年10月時点の予定です。本試験日程やその他諸事情により変更となる場合がございます。予めご了承ください。

資格の学校 TAC

いつでもどこでも学習スタート! TACおススメの通信講座

TACの通信講座では、短期合格を目指すための教材・カリキュラムをご用意しているのはもちろん、質問体制・スクーリング制度などのフォロー体制も万全です。あとは規則正しい学習習慣を身につけ、合格への道を歩んでください。自由に学習プランを立てられるのも通信学習の大きな魅力なので、お仕事が忙しい方にもおすすめです。

▣Web通信講座 ◎DVD通信講座

プレミアム本科生

2019年10月より随時開講

「実力完成講義」・「記述対策講義」もついて初学者にも安心!

法律を初めて学習する方はもちろん、基本からしっかりと学びたいという方も対象にしたコースです。「プレミアム本科生」は入門・基礎期でじっくりと時間をかけて定着させた知識がしっかりと身についているかを、ミニテストや科目別答練などのアウトプットでその都度チェックしていきながら進みます。さらに【実力完成講義】では、「問題の解き方(=解法テクニック)」というプラスアルファの要素を取り入れた解説講義を展開することにより、本試験への対応力を高めていきます。しかも【記述対策講義】まで設定。記述式問題の解法テクニックも学べます。

スーパー答練本科生Success
(サクセス)

2020年2月より開講予定

2Stepの講義(サクセス講義)と3Stepの答練(スーパー答練)で着実・確実に実力UP!

受験経験がある方、独学者など学習経験者を対象とした「問題演習中心」のコースが「スーパー答練本科生」です。3段階に分かれた問題演習を通じて、基礎力の確認と、実戦力を養います。さらに!インプットに不安がある方や知識レベルを落としたくない方には、充実のテキストとポイントをついた講義の「サクセス講義」がおすすめです!サクセス講義でインプット&スーパー答練でアウトプットが可能な「スーパー答練本科生Success」は、受験経験者必見の"革命的"答練コースです!

サクセス180本科生
(one-eighty)

2020年2月より開講予定

効率的学習にトコトンこだわったコンパクト型合格コース!

サクセス180本科生は、学習論点を「180テーマ」に絞り、学習負担を極力減らしたカリキュラムです。しかもコンパクトでありながら、応用力まで身につくポイントを押さえた講義は、学習経験者にとっておすすめです。さらに、使用する教材はわかりやすさ抜群の「合格革命 行政書士基本テキスト(早稲田経営出版)」です。また本試験答案練習も5回分ついていますので、アウトプットも万全です。

直前特訓オプション講座

2020年9月より開講予定

ポイント整理&弱点補強の決定版!

毎年多くの受験生に受講していただいている「直前特訓オプション講座」。直前期に必要な重要ポイントの整理、弱点補強など多彩な講座をご用意します。出題予想も兼ねて講義をしますので、最後の総仕上げに最適です。

カリキュラム・開講日・受講料など、より詳細な情報・資料請求はこちら⬇

TACホームページ | TAC 行政書士 |検索|

https://www.tac-school.co.jp/

通話無料 | **0120-509-117**
ゴウカク イイナ
月〜金 9:30〜19:00／土日祝 9:30〜18:00

TAC出版 書籍のご案内

TAC出版では、資格の学校TAC各講座の定評ある執筆陣による資格試験の参考書をはじめ、資格取得者の開業法や仕事術、実務書、ビジネス書、一般書などを発行しています！

TAC出版の書籍

*一部書籍は、早稲田経営出版のブランドにて刊行しております。

資格・検定試験の受験対策書籍

- 日商簿記検定
- 建設業経理士
- 全経簿記上級
- 税理士
- 公認会計士
- 社会保険労務士
- 中小企業診断士
- 証券アナリスト
- ファイナンシャルプランナー(FP)
- 証券外務員
- 貸金業務取扱主任者
- 不動産鑑定士
- 宅地建物取引士
- マンション管理士
- 管理業務主任者
- 司法書士
- 行政書士
- 司法試験
- 弁理士
- 公務員試験(大卒程度・高卒者)
- 情報処理試験
- 介護福祉士
- ケアマネジャー
- 社会福祉士　ほか

実務書・ビジネス書

- 会計実務、税法、税務、経理
- 総務、労務、人事
- ビジネススキル、マナー、就職、自己啓発
- 資格取得者の開業法、仕事術、営業術
- 翻訳書 (T's BUSINESS DESIGN)

一般書・エンタメ書

- エッセイ、コラム
- スポーツ
- 旅行ガイド (おとな旅プレミアム)
- 翻訳小説 (BLOOM COLLECTION)

(2018年5月現在)

書籍のご購入は

1 全国の書店、大学生協、ネット書店で

2 TAC各校の書籍コーナーで

資格の学校TACの校舎は全国に展開！
校舎のご確認はホームページにて

資格の学校TAC ホームページ
https://www.tac-school.co.jp

3 TAC出版書籍販売サイトで

CYBER BOOK STORE TAC出版書籍販売サイト

24時間ご注文受付中

TAC出版 で 検索

https://bookstore.tac-school.co.jp/

- 新刊情報をいち早くチェック！
- たっぷり読める立ち読み機能
- 学習お役立ちの特設ページも充実！

TAC出版書籍販売サイト「サイバーブックストア」では、TAC出版および早稲田経営出版から刊行されている、すべての最新書籍をお取り扱いしています。
また、無料の会員登録をしていただくことで、会員様限定キャンペーンのほか、送料無料サービス、メールマガジン配信サービス、マイページのご利用など、うれしい特典がたくさん受けられます。

サイバーブックストア会員は、特典がいっぱい！(一部抜粋)

通常、1万円（税込）未満のご注文につきましては、送料・手数料として500円（全国一律・税込）頂戴しておりますが、1冊から無料となります。

専用の「マイページ」は、「購入履歴・配送状況の確認」のほか、「ほしいものリスト」や「マイフォルダ」など、便利な機能が満載です。

メールマガジンでは、キャンペーンやおすすめ書籍、新刊情報のほか、「電子ブック版TACNEWS（ダイジェスト版）」をお届けします。

書籍の発売を、販売開始当日にメールにてお知らせします。これなら買い忘れの心配もありません。

2020年度版 行政書士試験対策書籍のご案内

TAC出版では、独学用、およびスクール学習の副教材として、各種対策書籍を取り揃えています。
学習の各段階に対応していますので、あなたのステップに応じて、合格に向けてご活用ください！

※装丁、書籍名、刊行内容は変更することがあります

入門書

『みんなが欲しかった！
行政書士
合格へのはじめの一歩』
A5判
● フルカラーでよくわかる、本気でやさしい入門書！資格や試験の概要、学習プランなどの「オリエンテーション編」と科目別の「入門講義編」を収録。

基本書

『みんなが欲しかった！
行政書士の教科書』
A5判
● こだわりの板書でイメージをつかみやすい、独学者のことを徹底的に考えた最強にわかりやすいフルカラーの教科書。分冊で持ち運びにも便利。

問題集

『みんなが欲しかった！
行政書士の問題集』
A5判
● 過去問題8割、オリジナル問題2割で構成された、得点力をアップする良問を厳選した問題集。

総まとめ

『みんなが欲しかった！
行政書士の最重要論点150』
B6判
● 見開き2ページが1論点で構成された、試験によく出る論点を図表で整理した総まとめ。

判例集

『みんなが欲しかった！
行政書士の判例集』
B6判
● 試験によく出る重要判例を厳選して収録。最重要判例には事案を整理した関係図付き。

過去問

『みんなが欲しかった！
行政書士の5年過去問題集』
A5判
● 過去5年分の本試験問題を、TAC講師陣の詳細な解説とともに収録。各問題に出題意図を明示。

一問一答式

『みんなが欲しかった！
行政書士の肢別問題集』
B6判
● 選択肢を重要度ランクとともに体系的に並べ替え、1問1答式で過去問を攻略できる問題集。

記述対策

『みんなが欲しかった！
行政書士の40字記述式問題集』
A5判
● 解法テクニックと過去＋予想問題を1冊に集約した、40字記述式対策の1冊。多肢選択式問題も収録。

TAC出版

直前対策

『本試験をあてる
　TAC直前予想 行政書士』
B5判
● 出題傾向の徹底分析に基づく予想問題3回分。

『究極のファイナルチェック』
B5判
● 出題可能性の高い60テーマについて、直前期の1週間で学習できるように構成！
※画像は2019年度版のものです。

『無敵の行政書士 直前対策』
B5判
● 試験範囲を完全網羅した、直前総まとめの決定版！
※画像は2019年度版のものです。

スッキリ行政書士シリーズ

『スッキリわかる
　行政書士』
A5判
● 試験に出るとこだけを極限まで絞り込んだ、図表とイラストで楽しく読めるテキスト。
※画像は2019年度版のものです。

『スッキリとける
　行政書士 頻出過去問演習』
A5判
● 頻出論点・重要論点のみをモレなくカバーして、徹底的にていねいな解説の問題集。
※画像は2019年度版のものです。

『スッキリ覚える
　行政書士 完全無欠の直前対策』
A5判
● 試験に出るポイントが一目瞭然で、暗記用赤シートにも対応した最短最速の要点整理。
※画像は2019年度版のものです。

その他　以下は年度版ではありません

『しっかりわかる 講義生中継シリーズ』
A5判
● TAC人気講師の講義を再現した、科目別のテキスト。
各法律科目をより深く学習したい方向け。
全4巻
1. 憲　法
2. 民　法
3. 行政法
4. 商法・会社法

TAC出版の書籍は
こちらの方法でご購入
いただけます

1 全国の書店・大学生協　　2 TAC各校 書籍コーナー
3 インターネット　CYBER TAC出版書籍販売サイト
BOOK STORE　アドレス https://bookstore.tac-school.co.jp/

・2019年10月現在　・とくに記述がある商品以外は、TAC行政書士講座編です

書籍の正誤についてのお問合わせ

万一誤りと疑われる箇所がございましたら、以下の方法にてご確認いただきますよう、お願いいたします。

なお、正誤のお問合わせ以外の書籍内容に関する解説・受験指導等は、**一切行っておりません。**
そのようなお問合わせにつきましては、お答えいたしかねますので、あらかじめご了承ください。

1 正誤表の確認方法

TAC出版書籍販売サイト「Cyber Book Store」の
トップページ内「正誤表」コーナーにて、正誤表をご確認ください。

URL:https://bookstore.tac-school.co.jp/

2 正誤のお問合わせ方法

正誤表がない場合、あるいは該当箇所が掲載されていない場合は、書名、発行年月日、お客様のお名前、ご連絡先を明記の上、下記の方法でお問合わせください。
なお、回答までに1週間前後を要する場合もございます。あらかじめご了承ください。

文書にて問合わせる

● 郵送先　〒101-8383 東京都千代田区神田三崎町3-2-18
　　　　　TAC株式会社 出版事業部 正誤問合わせ係

FAXにて問合わせる

● FAX番号　**03-5276-9674**

e-mailにて問合わせる

● お問合わせ先アドレス　**syuppan-h@tac-school.co.jp**

お電話でのお問合わせは、お受けできません。

(2018年1月現在)